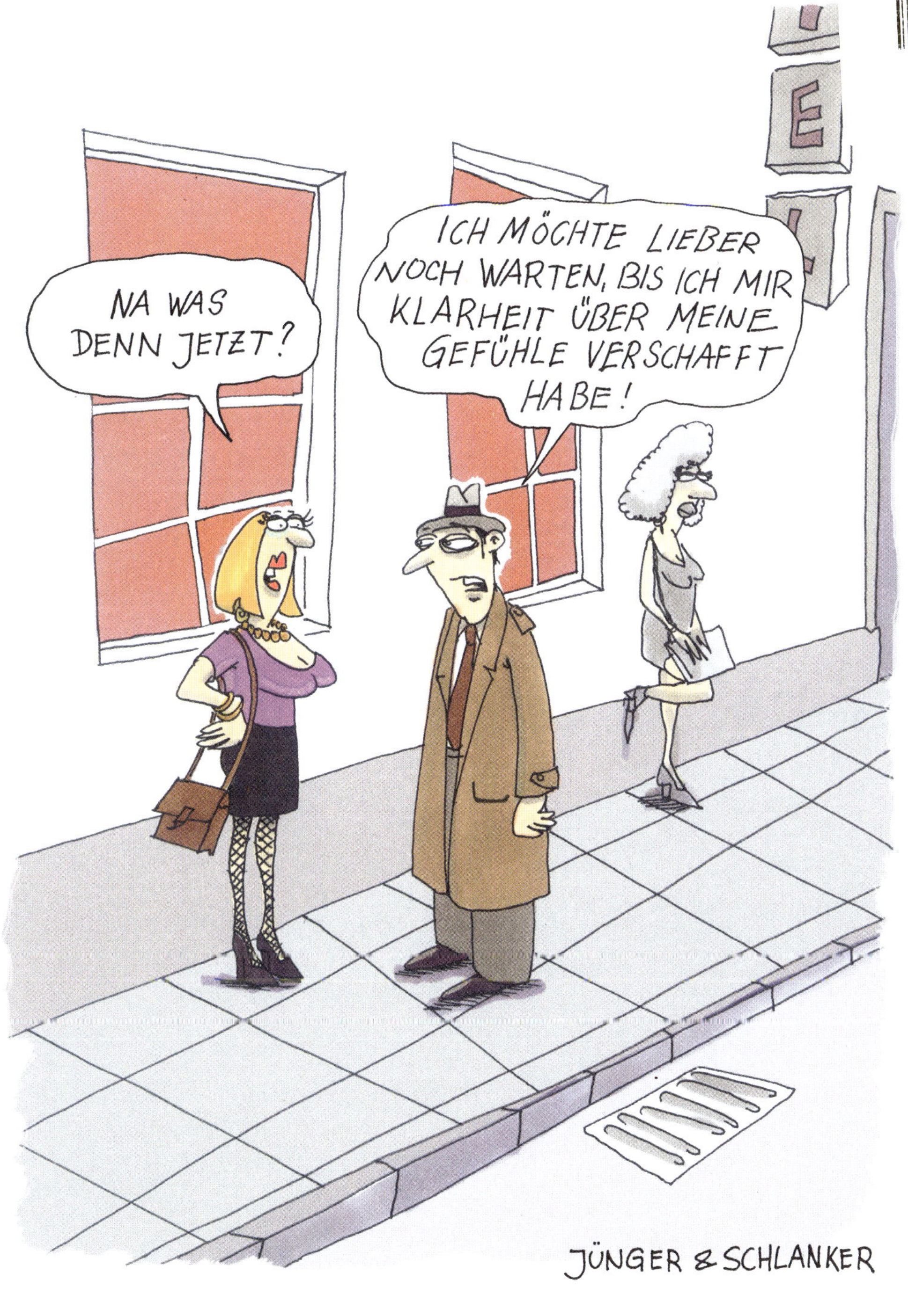

IMPRESSUM

Jürgen Lentes/Jürgen Roth (Hg.)
Im Bahnhofsviertel – Expeditionen in einen legendären Stadtteil

© 2011 B3 Verlags und Vertriebs GmbH · Markgrafenstraße 12 · 60487 Frankfurt
Alle Rechte vorbehalten. Das Werk einschließlich seiner Teile ist urheberrechtlich geschützt. Jede Verwertung außerhalb der engen Grenzen des Urheberrechtsgesetzes ist ohne Zustimmung des Verlages unzulässig und strafbar. Das gilt insbesondere für Kopien, Einspeicherung und Verarbeitung in elektronischen Systemen.

Weitere Titel des B3 Verlages unter www.bedrei.de

Layout, Satz und Umschlag: Robin Pillmann
Umschlag unter Verwendung eines Fotos von Andreas Stimpert
Lektorat: Jürgen Roth
Druck und Bindung: Holtz AG, Neudrossenfeld

ISBN 978-3-938783-71-9

IN MEMORIAM

Andrea Große Entrup, Ulli Moritz und Edeltrud Werle

BILDNACHWEIS

Thomas Goos: Seite 10, 12, 16, 32, 68, 90, 98, 127, 204, 210, 213, 222, 226, 233, 235, 236
Institut für Stadtgeschichte (IfS) Frankfurt am Main: 46, 105, 106, 109, 113, 117, 118, 171, 184, 187, 188, 225
Seite 37, Nordbayern.de; Seite 41, 76, 77 Urheber nicht zu ermitteln
Alle weiteren Fotos: Andreas Stimpert

Im Bahnhofsviertel

EXPEDITIONEN IN EINEN LEGENDÄREN STADTTEIL

Für John!

In Erinnerung an den nächtlichen Spaziergang durchs Frankfurter Bahnhofsviertel…

Herzlichst, Dein Jürgen

Frankfurt, Buchmesse 2014

bedrei.de

JÜRGEN LENTES / JÜRGEN ROTH (HG.)

INHALT

Straßenstrich .... VORSATZ
JÜNGER UND SCHLANKER

Willkommen in Frankfurt/Main Hauptbahnhof 1
TERESA HABILD

Impressum / Bildnachweis 2

Ist der Ruf erst ruiniert ... – Schlaglichter auf die
Geschichte des Bahnhofsviertels 6
SILKE WUSTMANN

Neulich im Bahnhofsviertel 9
STEPHAN RÜRUP

DER BAHNHOF 11

Musik und Gebüsch 13
MATTHIAS BELTZ

Eintritt in die Stadt: Der Bahnhof 14
WOLFGANG SCHIVELBUSCH

Titanen oder: Gut, daß wir einen Atlas haben 23
NORBERT ROJAN

You have a car? 28
HENRY JAEGER

Die Rache der verschmähten Braut 33
UVE SCHMIDT

Raddatz rockt 36
JÜRGEN ROTH

Lola-Club, zum Essen zur Mutter 39
GRESER & LENZ

Die Furie der Funktionalisierung 43
JÜRGEN LENTES

Der berühmte Zug nach nirgendwo 49
ANDREAS DOSCH

Früher war die Currywurst am Koblenzer
Hauptbahnhof besser 52
CHRISTIAN JÖRICKE

Noch zu früh für Rudi 57
ANGELIKA BARTH

Lied über den Bahnhofskiosk an Gleis 6 63
SVEN KEMMLER

Willkommen und Abschied 65
SEVERIN GROEBNER

Kultur und Bahn 66
HEINER BOEHNCKE

DAS VIERTEL 69

Kapitel 71 71
PETER O. CHOTJEWITZ

Das Mädchen Rosemarie 74
ERICH KUBY

Lebenslänglich 78
PETER KUPER

Initiation am Hauptbahnhof 83
LUDWIG HOMANN

Altbauglück 87
ANDREAS MAIER

Das Ereignis 91
THOMAS GSELLA

Abends in Deutschland 94
MATTHIAS ALTENBURG

Happy birthday, Türke! 99
JAKOB ARJOUNI

Slibulsky und ich 103
RATTELSCHNECK

Das zeitweilige Nachleben der ehemaligen
Vergangenheit in Bildern 104
PETER KURZECK

Maus und Katz 112
PETER ZINGLER

Wenn der Kobold kichert 120
LUDWIG LUGMEIER

Der Überfall 124
THOMAS GSELLA

Bahnhofsviertel 126
EVA DEMSKI

Bleiben oder gehen? 129
ANNE LEMHÖFER

Im Hotel Metropol 134
MARTIN MOSEBACH

Nächte im Nizza 139
JÜRGEN PLOOG

Laterna magica 144
STEFAN BEHR

Wo Elvis und ich gerne hingehen 149
MARK-STEFAN TIETZE

Tante Mohrle 155
HUBERT SPIEGEL

Kaiser Sixty-six 160
MATTHIAS BISCHOFF

Wo Haare sind, ist Freude 166
STEFAN GEYER

Blaue Stunde 172
MATTHIAS ALTENBURG

Ein Überbleibsel 174
JÜRGEN ROTH

Sauna & Fleisch 178
ALBAN NIKOLAI HERBST

Happyaua 183
KITTYHAWK

Härtere Bandagen 185
TORSTEN SCHILLER

Zehn Minuten vergehen 191
BODO KIRCHHOFF

Du oder ich – Die Botschaft eines architektonischen
Invaliden des Bahnhofsviertels 195
DIETER BARTETZKO

Las Vegarisierung – Devianz als Attraktion 200
CHRISTOPH PALMERT

Interaktionsgeheimnisse – Mythen des Alltags
in der Laufhausprostitution 205
THORSTEN BENKEL

Vor dem Gesetz oder im Recht? 214
KAI GUTHKE

Irgendwas Braunes 223
OLIVER MARIA SCHMITT

Disneyland der selbsternannten Bohème 229
CHRISTOPH SCHRÖDER

DIE DROGEN 231

Sex and Drugs and Rock 'n' Roll 232
ULRICH GOTTSCHALK

In Frankfurt ausgestiegen, aber nicht angekommen 239
HARALD HANS KÖRNER

Drogenkonsumräume 242
JÜRGEN KLEE

Herausgeber, Photographen, Gestalter, Autoren,
Zeichner und Nachweise 246

Blau 252
ARI PLIKAT

Eintracht vom Main .... NACHSATZ
HAUCK & BAUER

Ist der Ruf erst ruiniert ...
– Schlaglichter auf die Geschichte des Bahnhofsviertels

Die erste gesicherte Nachricht über das Terrain des heutigen Bahnhofsviertels ist seine Nutzung als Begräbnisstätte im frühen Mittelalter. Spätestens seit dem 14. Jahrhundert befand sich hier dann das Hochgericht der Stadt, „Galgenfeld" genannt. Ein gewisser Sinn für historische Kontinuität ist den Frankfurtern also nicht abzusprechen. Profaner Grund für das „Outsourcing" war allerdings der enorme Zuschaueraandrang bei Exekutionen, dem man innerhalb der Stadtmauern nicht mehr Herr werden konnte. Wo genau der Galgen stand, ist nicht überliefert. Meistens wird er zwischen Kaiser- und Taunusstraße, ungefähr auf Höhe der Moselstraße, vermutet. An dem auf einem steinernen Podest errichteten Holzgerüst konnten bis zu vier Delinquenten gleichzeitig aufgeknüpft werden, ohne daß die Konstruktion zusammenbrach. Üblicherweise baumelten die Erhängten so lange daran, bis sie sich in Wohlgefallen auflösten. Das hatte den großen Vorteil, daß sie noch über den Tod hinaus als abschreckendes Beispiel dienen konnten.

1806 wollte man im französisch besetzten Frankfurt anläßlich des Geburtstages von Napoleon ein spektakuläres Feuerwerk ausrichten. Wegen der Brandgefahr wählte man das Galgenfeld als Veranstaltungsort. Da die bunt illuminierte Richtstätte jedoch keine würdige Kulisse abgegeben hätte, ließ man sie einfach abreißen. Damit ging eine Ära zu Ende. Um das schlecht beleumundete Areal nach Schleifung der Befestigungsanlagen zu Beginn des 19. Jahrhunderts zur Wohngegend aufzuwerten, mußte man ihm einen neuen Namen geben. Denn wer würde schon gern ein Haus mit der Adresse „Am Galgenfeld 17" beziehen? So besann man sich auf einen Brunnen, der bei seiner Renovierung im Jahr 1783 mit einer Statue des heiligen Gallus versehen worden war. Dieser irische Mönch, der um die Wende vom 6. zum 7. Jahrhundert herum die Alemannen zum christlichen Glauben bekehrt hatte, war zwar niemals auch nur in der Nähe des Rhein-Main-Gebiets gewesen, teilte sich aber mit dem Wort „Galgen" die ersten drei Buchstaben. Man hoffte, die Bürger würden sich auf diese Weise die neuen Ortsbezeichnungen „Gallusgasse" (für „Galgengasse"), „Gallustor" (für „Galgentor") und „Galluswarte" (für „Galgenwarte") leichter merken; tatsächlich verschwand aber insbesondere der Ausdruck „Galgenfeld" erst mit der Erbauung des Hauptbahnhofs endgültig aus der Umgangssprache.

Schon 1838, das heißt nur drei Jahre nach der Einweihung der ersten deutschen Zugverbindung zwischen Nürnberg und Fürth, war auch Frankfurt per Bahn zu erreichen. Jahrzehntelang gab es hier eine Vielzahl kleiner Bahnhöfe, beispielsweise die drei Westbahnhöfe Taunus-, Main-Weser- und Main-Neckar-Bahnhof, dazu noch den Lokal-, den Ost- und den Südbahnhof. Die Koordination des Verkehrs zwischen ihnen wurde durch die wachsende Bedeutung des Schienenverkehrs immer schwieriger, was bei den Truppentransporten im Zuge des Deutsch-Französischen Krieges 1870/71 besonders evident wurde, als der Nachschub just in Frankfurt mehrfach ins Stocken geriet. Der Bau eines „Centralbahnhofs" wurde für dringend erachtet und in den Jahren 1883 bis 1888 realisiert.

Sechshundert Meter außerhalb der Stadt lag nun auf freiem Feld der seinerzeit größte deutsche Bahnhof, erreichbar ausschließlich über die schnurgerade auf ihn zulaufende Kaiserstraße. Den freien Raum nutzte man für die „Internationale Elektrotechnische Ausstellung" (IEA), die von Mai bis Oktober 1891 stattfand und eine riesige Resonanz fand. 1,2 Millionen Besucher

SILKE WUSTMANN

aus aller Welt bestaunten die Sensationen, die der technische Leiter Oskar von Miller, der spätere Gründer des Deutschen Museums in München, präsentierte. Hauptattraktion war die Demonstration einer Stromübertragung über eine Entfernung von 175 Kilometern: Die in einem Kraftwerk in Lauffen am Neckar erzeugte Energie brachte die tausend Glühlampen des Eingangstores der IEA zum Strahlen. Ausgesprochen beliebt bei den Einheimischen waren übrigens die mit viel Elektrotechnik bestückten Lokale, beispielsweise die oberbayerische Gebirgswirtschaft *Zum fidelen Transformator*. Die allgemeine Begeisterung für Elektrizität läßt sich heute noch an der Dekoration des Hauptbahnhofs ablesen. Die Empfangshalle ziert die erste elektrisch betriebene Uhr der Stadt, flankiert von den Personifikationen von „Tag" und „Nacht", und auf ihrem Gewölbe trägt Atlas die Weltkugel mit Hilfe der Allegorien „Dampf" und „Elektrizität", erkennbar an den Strahlenkränzen rund um das Haupt. Kein Wunder, daß Frankfurt damals den Spitznamen „Elektropolis" erhielt.

Unmittelbar nach der IEA erfolgte die dauerhafte Bebauung des Bahnhofsviertels nach dem Vorbild der architektonischen Umgestaltung von Paris durch Baron Georges-Eugène Haussmann in den Jahren 1853 bis 1870. Ausgehend vom halbrunden Bahnhofsvorplatz, ließ man die Hauptstraßen abstrahlen, die wiederum von Querstraßen im Winkel von knapp neunzig Grad geschnitten wurden, so daß fast ein Schachbrettmuster entstand. Die Magistrale und zugleich den Prachtboulevard bildet bis heute die Kaiserstraße. Das einheitliche Erscheinungsbild des neuen Quartiers als repräsentatives Entree der Stadt erreichte man durch eine neue Bauverordnung, die unter anderem die Geschoßhöhe (fünf Etagen) und die Fassadengestaltung vorschrieb. Außerdem waren alle an der Realisierung beteiligten Architekten Schüler des großen Gottfried Semper.

Mag man diese behördlichen Vorgaben heute auch als künstlerische Einengung empfinden, haben sie doch unbestreitbar *ein* dekoratives Detail hervorgebracht, das man einfach nur als liebenswert bezeichnen kann: das Belvederchen. Ursprünglich bezeichneten die Frankfurter die kleinen Dachgärten, die manche Fachwerkhäuser der Altstadt besaßen, mit dem für sie typischen Hang zum Euphemismus als „Belvedersche". Als Reminiszenz an dieses traditionelle Bauelement bekrönte man nun im Bahnhofsviertel die Eckgebäude, die alle nach Pariser Art zur Kreuzung hin abgeflacht wurden, um einen achteckigen Platz zu erhalten, mit einer Kuppel. Das sehenswerteste und prachtvollste Exemplar findet sich auf dem Kaiser-Friedrich-Bau (Kaiserstraße 68) und ist als begehbarer Pavillon gestaltet. Man kann sich sehr gut vorstellen, wie hier einst die Tea-Time mit Blick auf den Taunus zelebriert wurde. Da der Stadtteil im Zweiten Weltkrieg zu zirka vierzig Prozent zerstört wurde und man danach aus Raumnot oftmals ein zusätzliches Geschoß aufgesetzt hat, sind im Bahnhofsviertel leider nicht mehr viele Belvederchen zu bewundern.

Ähnlich schwierig ist es heute, seine Bedeutung als Hotelquartier nachzuvollziehen. Es gab hier Anfang des 20. Jahrhunderts insgesamt vierundvierzig Beherbergungsbetriebe, die alle hohen bis höchsten Ansprüchen genügten und sich explizit an die Bahnreisenden richteten. Die vornehmsten betonten ihre Exklusivität schon mit der Wahl der Namen, die sich entweder auf Länder (Englischer Hof, Am Hauptbahnhof 10) oder auf Herrscher (Parkhotel Kaiserhof, Wiesenhüttenplatz 28–38) bezogen. Letzteres ist interessanterweise das einzige Haus am Platz, das nach

SILKE WUSTMANN

wie vor als Luxusunterkunft dient. Die anderen wurden spätestens nach dem Ersten Weltkrieg überflüssig – zum einen, weil das Zugfahren schneller wurde, wodurch sich die Aufenthalte verkürzten, zum anderen, weil es preisgünstiger und somit für den Normalbürger erschwinglich wurde. Der konnte sich jedoch keine teuren Übernachtungen leisten. Die meisten Hotels wandelte man daher in Bürogebäude um.

So erging es auch dem Palasthotel Fürstenhof (Gallusanlage 2–4), das 1902 eröffnet wurde und für seine Modernität berühmt war. Zu den technischen Neuerungen gehörten Telephone und elektrische Uhren in jedem der hundertzwanzig Zimmer; man befand sich ja schließlich in Elektropolis. Der Umbau in ein Geschäftshaus erfolgte trotzdem bereits 1914. Es hält sich hartnäckig das Gerücht, der Fürstenhof sei durch den Schah von Persien ins Verderben gestürzt worden. Er hatte sich im Frühjahr 1910 mit seinem riesigen Hofstaat für längere Zeit eingemietet. Was eigentlich ein Glücksfall hätte sein müssen, erwies sich als Bumerang: Der Geruch der für die häufigen und tagelang andauernden traditionellen Feste gebratenen Hammel am Spieß hielt sich so hartnäckig in allen Räumen, daß sich die anderen Gäste belästigt fühlten und auszogen. Kurz darauf mußte die Geschäftsleitung Konkurs anmelden.

Das Bahnhofsviertel bestand von Anfang an nicht nur aus noblen Hotel-, Wohn- und Geschäftshäusern, sondern auch aus vielen Vergnügungslokalen, so daß man mit Fug und Recht behaupten kann, daß seit den Tagen der Nutzung als Galgenfeld an diesem Standort für des Volkes Unterhaltung gesorgt wird. Im Haus Kaiserstraße 67–69 war zum Beispiel seit 1902 *Castans Panoptikum* untergebracht, eine Kombination aus ethnographischer Sammlung mit zirka zweitausend Exponaten und Wachsfigurenkabinett à la Madame Tussauds.

Frankfurts erstes Kino, 1906 eröffnet, stand an der Ecke Kaiserstraße 66 und Moselstraße. Das Haus existiert heute nicht mehr, an gleicher Stelle unterhält aber Dr. Müller's Sex-World passenderweise ein Blue Movie Center.

1911 nahm das Neue Theater (Mainzer Landstraße 55) den Spielbetrieb auf, eine durch Spenden hiesiger Bürger finanzierte Bühne, die für viele junge Schauspieler wie Hans Albers, Heinrich George, Marianne Hoppe, Victor de Kowa und Theo Lingen zum Karrieresprungbrett wurde. Leider wurde es im Zweiten Weltkrieg ebenso zerstört wie das beliebteste Etablissement überhaupt, das Schumann-Theater, benannt nach seinem ersten Direktor Albert Schumann. Sein Torso stand noch bis 1961 an der Straße Am Hauptbahnhof, zwischen Karl- und Taunusstraße. In dem 1905 fertiggestellten Jugendstilgebäude wurden abwechselnd Zirkus-, Varieté- und Operettenaufführungen gezeigt, zumal da es Platz für bis zu fünftausend Besucher bot. Nicht nur deutsche Künstler wie die Kabarettistin Claire Waldoff hatten hier Engagements, sondern auch viele internationale wie die Clowns Grock und Charlie Rivel oder die Ballettänzerin Anna Pawlowa. Legendär ist der Auftritt von Josephine Baker im Bananenröckchen.

Für Amüsement unterschiedlichster Couleur war im Bahnhofsviertel in der ersten Hälfte des 20. Jahrhunderts also gesorgt. Die Form von Entertainment, für die das Quartier inzwischen über die Stadtgrenzen hinaus berühmt-berüchtigt ist, etablierte sich allerdings erst nach dem Zweiten Weltkrieg – die Prostitution. Wie gesagt: „Ist der Ruf erst ruiniert ..."

Der Bahnhof

Aber man fühlt die bedrohliche Nähe der Franzosen: Vor dem Bahnhof steht ein Autobus für die Fahrgäste nach Wiesbaden. Die Fahrt kostet: zwanzigtausend Mark für eine Person. Es gibt keine Bahnverbindung mit den nächsten Nachbarstädten, mit den lieben Städten aus dem Familienkreis sozusagen. Und eine halbe Stunde vor beziehungsweise hinter Frankfurt fordert eine „Zugrevision" Paß und Ausweis, etappenmäßig, zwecklos und etappenmäßig.

Joseph Roth

Musik und Gebüsch

MATTHIAS BELTZ

Die Öffentlichkeit unterliegt einem Strukturwandel, den ich nicht begreife. Überall geschehen Dinge, die kein Mensch wollen und niemand erklären kann. Im Frankfurter Hauptbahnhof erschallt aus extra angebrachten Lautsprechern eine Musik, wie man sie aus Supermärkten kennt. Als ich sie das erstemal hörte, suchte ich auf Bahnsteig 8 sofort die Käsetheke. Doch sie war nicht zu finden, wenn es auch an einer Stelle nach altem Limburger roch. Es handele sich um ein Experiment, das von oben angeordnet sei, erklärte mir ein Bahnmann.

Wozu dient das Experiment „Musik im Bahnhof", also an einem Ort, der sehr viel angestammte Geräusche erzeugt und wo eigentlich nie peinliche Stille herrscht? Sollen wir durch den Rhythmus fröhlich gestimmt werden, sollen wir aus der Depression gerissen und durch die Musik daran gehindert werden, uns später vor den ICE zu werfen, was zu der unerfreulichen Durchsage von „einer betriebstechnischen Störung mit Personenschaden" zwangsläufig führt? [...]

„Früh auf und mit dem Zuge nach Frankfurt. Dort am Bahnhof hatte ich den Eindruck der stärksten Massierung, die ich jemals sah. Selbst in Tokio war ich nicht so im Mahlstrom von Menschen, deren Eigenart sich auflöst wie inmitten eines Heringsschwarms oder der schnell rotierenden Grisaille eines Kaleidoskops." Das schreibt Ernst Jünger für den 23. April 1971 in sein Tagebuch. Noch ist die Drogenszene nicht am Bahnhof, noch wird der eine verkehrstechnische Haupteingang der Markt- und Messestadt Frankfurt nicht von Junkies und anderen Losern unerfreulich bevölkert. Was wurde später und wird heute noch lamentiert über Heroin und Methadon, Todestrip und Drogensucht als unerträgliche Umweltverschmutzung rund um den Bahnhof. Schön ist das nicht, wenn jemand sich vor deinen Augen die letzte Nadel setzt und dann letal ins Gebüsch kippt, wenn die weißen Gesichter vorüberziehen. Und sie könnten auf dem Kopf gehen, die Junkies, es wäre dennoch kein Himmel unter ihren Füßen. „Die Drogenszene gleicht einem Kampfplatz mit Schwerverwundeten und Toten; man sieht die Opfer, ohne zu wissen, worum es geht. Wer hier mitreden will, muß experimentiert haben; sonst gleicht er einem Offizier, der nicht im Feuer gestanden hat."
(Ernst Jünger, 1979)

Eintritt in die Stadt:
Der Bahnhof

WOLFGANG SCHIVELBUSCH

Der vorindustrielle Überlandverkehr war eingebunden in den Landschaftsraum, durch den er führte. Daran änderte sich auch nichts, wenn er sein Ziel erreichte, die Stadt. Die Postkutsche verhielt sich zur Stadt genauso wie zur offenen Landschaft. Ihre Abfertigungslokale, die Poststationen, lagen im Stadtzentrum, in der Regel Teil des nach ihnen benannten Gasthofes *(Zur Post)*, als Baulichkeit kaum von den umliegenden Häusern zu unterscheiden. Die Integration ins urbane Leben war vollkommen.

Die Eisenbahn bereitet diesem vertraulichen Verhältnis ein Ende. Ihre Stationen, die Bahnhöfe, lassen sich mit den alten Poststationen vergleichen wie der Eisenbahnzug mit der Kutsche und wie der Schienenstrang mit der Landstraße; sie sind etwas grundsätzlich Neues. Der Bahnhof ist kein integraler Bestandteil der Stadt – was schon aus seiner Lage außerhalb der alten Stadtmauern hervorgeht –, und er bleibt ihr für eine lange Zeit fremdartiger Appendix. Die unmittelbar an ihn grenzenden Stadtteile erhalten bald das Stigma des Industriellen und Proletarischen. Sie werden zur verrufenen Bahnhofsgegend. Wie eine Bemerkung in der dritten Auflage von Perdonnets Handbuch (1865) zeigt, die in der ersten Auflage von 1855 noch fehlt, ist dies eine durchaus nicht erwartete Entwicklung. Unter der Überschrift „Abneigung der Stadtbewohner gegen die Bahnhöfe" heißt es: „Man hat lange Zeit fälschlicherweise angenommen, die Bahnhöfe würden für die Bewohner der Städte zu Anziehungspunkten werden. Ganz im Gegenteil jedoch steht heute fest, daß man sich eher von diesen lärmenden Zentren fernhält. Die Hotels, die den Bahnhöfen am benachbartesten sind, gehen in der Regel schlecht." (1)

Wenn die Gegend um den Bahnhof als industriell verseucht erscheint, dann muß dieser selber als ihr Zentrum einen extrem industriellen Charakter haben. Tatsächlich wird der Bautyp Bahnhof durchweg zur Eisenarchitektur gerechnet, also zu jenen fürs 19. Jahrhundert so charakteristischen Bauten, die man zu Recht als „Verkehrsbauten" bezeichnet hat. (2) Die Verkehrsfunktion findet im Bahnhof sogar auf eine weit unmittelbarere Weise ihren architektonischen Ausdruck als in den übrigen Bautypen der Eisenarchitektur. Denn während in Markthallen, Ausstellungshallen, Passagen, Kaufhäusern et cetera der Warenverkehr sich sozusagen im Stillstand der Lagerung beziehungsweise Präsentation befindet, findet im, nein *durch* den Bahnhof der Verkehr in actu statt, als Strom der Reisenden vor und zu den Zügen. Schließlich erscheint der Bahnhof, anders als die übrigen transitorischen Bauten der Eisenarchitektur, als unmittelbar industrieller Bau, indem hier sichtbar, hörbar und fühlbar die Transportindustrie Eisenbahn erlebt wird.

Dennoch stellt dieses industrielle Gesicht nur die eine Seite des Bahnhofs dar. Der großstädtische Personenbahnhof, um den allein es hier geht, ist nicht rein industrielle Zweckkonstruktion aus Eisen und Glas, sondern charakterisiert durch eine merkwürdige Zweiteilung seiner Gesamtanlage: die in Eisen ausgeführte eigentliche Bahnhalle sowie das in Stein ausgeführte Empfangsgebäude, jene dem offenen Land, dieses der Stadt zugekehrt. Diese Aufteilung in zwei grundverschiedene Bereiche, die man einmal treffend als „mi-usine, mi-palais" (halb Fabrik, halb Palast) bezeichnet hat (3), ist, wie Alfred Gotthold Meyer feststellt, eine architekturgeschichtliche Novität: „Für die Baukunst zwei

ganz verschiedene Welten, denn in der Tat kennt die Architektur keine Baugattung, in der ein einziges Gebäude zwei formal so grundverschiedene Hauptteile vereinte, wie es heute bei unseren großen Bahnhöfen die in Steinarchitektur errichteten Empfangsgebäude und die Eisen-Glas-Hallen des eigentlichen ‚Bahn-Hofs' sind." (4) Dieses Janusgesicht des großstädtischen Bahnhofs ist ein Resultat von zwei Jahrzehnten Eisenbahnexpansion. Erst um 1830 beginnen die Bahnhallen in Eisen und Glas gebaut zu werden. Ein Impuls war zweifellos der europäische Erfolg des Londoner Chrystal Palace von 1851, der der kommerziellen Glasarchitektur insgesamt zum Durchbruch verhalf. (5) Doch entscheidend war die Entwicklung der Eisenbahn selber, die neue technische Lösungen auch für die Bahnhöfe forderte. In den dreißiger Jahren, als sich der Eisenbahnverkehr auf bilaterale Verbindungen zwischen Städten beschränkte, waren die Dimensionen der Bahnhöfe bescheiden. Die Endpunkte der Bahnhöfe bestanden in der Regel aus einem einzigen Bahnsteig, Abfahrts- und Ankunftsgebäude waren räumlich voneinander getrennt, die Überdachung oft nur eine Holzkonstruktion. (6) Mit der Verdichtung des Eisenbahnnetzes in den vierziger Jahren begannen sich auch die Verkehrsanforderungen an die Bahnhöfe zu erhöhen. Die Anzahl der in einem Bahnhof zusammenlaufenden Schienen nahm zu – und damit die Zahl der Bahnsteige. Diese mußten miteinander in Verbindung gebracht werden, um das Umsteigen von einem zum anderen Zug zu ermöglichen; zusätzlich mußte der gesamte Bereich, der nun wesentlich erweitert war, überdacht werden. Im neuen Bautyp des Kopfbahnhofs mit seinem die Bahnsteige verbindenden Querbahnsteig und der Bahnhalle aus Eisen und Glas fand sich die Lösung des Problems.

Wir sind in dem Riesenvestibüle einer großen Stadt, durch das Millionen in sie ein- und aus ihr ausströmen, Tausende von Menschen nimmt der Raum in einer Minute auf, um sie in der anderen nach allen Richtungen zu zerstreuen.
Richard Lucae, 1869

Der Kopfbahnhof prägt von der Jahrhundertmitte an das Gesicht der europäischen Großstädte. An der Peripherie des Stadtzentrums gelegen, empfängt er den Eisenbahnverkehr aus jeweils einer Himmelsrichtung und leitet ihn weiter in die Stadt beziehungsweise umgekehrt. Die Kopfbahnhöfe, so beschreibt Meyer den Vorgang, „empfangen ihn [den Verkehr; W. Sch.] von der Stadt her in ihren Vestibülen, geleiten ihn auf den Kopfbahnsteig an der Haupthalle und verteilen ihn auf diese Weise durch Zugänge zu ihren Schienenwegen. Und gleichzeitig vollzieht sich eine gleichgroße Verkehrsbewegung in umgekehrter Richtung, von der Bahn zur Stadt hin, am Beginn zusammengeschlossen, dann zerteilt und auseinanderflatternd." (7)

Der Kopfbahnhof wirkt dergestalt wie eine Schleuse. Seine Funktion ist, zwei sehr verschiedene Arten von Verkehr und Verkehrsraum miteinander zu vermitteln, den Verkehrsraum der Stadt und den der Eisenbahn. Auf der einen Seite ist er, in seinem klassizistischen steinernen Empfangsgebäude, Teil der Stadt, auf der anderen Seite, in der Eisenkonstruktion der Bahnhalle, ganz und gar Funktion des ‚industriellen' Bereichs der Eisenbahn.

In dieser Doppelgesichtigkeit hat sich die Schleusen- und Transformatorenfunktion des Bahnhofs ihren architektonischen Ausdruck geschaffen. Der Reisende, der sich von der Stadt durchs Empfangsgebäude in die Bahnhalle begibt, macht im Durchmessen dieser qualitativ verschiedenen Räume einen Vorgang der Raumvergrößerung oder sogar Industrialisierung durch. Er verläßt die – um die Mitte des 19. Jahrhunderts noch vergleichsweise heimelige – urbane Räumlichkeit der Stadt und wird durch den Bahnhofsraum für den industriellen Raum der Eisenbahn konditioniert. Der ankommende Reisende macht entsprechend einen Vorgang der Raum-Intimisierung durch. Der grenzen- und formlose Raum der Eisenbahnreise erhält in der Bahnhofshalle, in die der Zug einfährt, wieder eine erste Begrenzung und verkleinert sich weiter in der traditionellen Steinarchitektur des Empfangsgebäudes. Damit wird ein kontinuierlicher Übergang in die urbane Räumlichkeit der Stadt geschaffen. Diese Funktion der Raumformation des Bahnhofs hat Richard Lucae im Sinn, wenn er die unterschiedliche Wirkung beschreibt, die der Raum der Bahnhalle auf abfahrende und auf ankommende Reisende ausübe. Der Raum der Bahnhalle, sagt Lucae, „wird mit seiner gegen die Welt gekehrten völlig offenen Seite in Gegensatz zu den geschlossenen Räumen der Stadt einen unbehaglichen und sogar einen wüsten Eindruck machen können. Den aber, der von draußen kommt, kann die mächtige Halle im Vergleich zu dem unbegrenzten Raume, durch den ihn meilenweit eben die Räder getragen haben, mit der steinernen festen Umschließung und dem weitgespannten schützenden Dache trotz der gewaltigen Dimensionen – die ersten Momente wenigstens – geradezu traulich berühren." (8)

Die klassizistische Gestaltung der Bahnhofsfronten ist sicherlich auch zu erklären mit dem für das 19. Jahrhundert so charakteristischen Bestreben, das industrielle Gesicht der Dinge durch Ornamentierung zu verdecken. (9) Im Unterschied jedoch etwa zu den Ausstellungsbauten des Zweiten Kaiserreichs, deren Stuckfassaden keinen anderen Zweck hatten als den, die dahinterliegende Eisen-Glas-Konstruktion vergessen zu machen, erfüllen die steinernen Fronten der Bahnhöfe die reale Funktion, die Reizschutzfunktion, die so grundverschiedenen Bereiche von Stadtraum und Eisenbahnraum miteinander zu vermitteln. Das steinerne Empfangsgebäude, das die Bahnhalle verdeckt, ist ▹

notwendig, solange die Stadt noch wesentlich vorindustriell in ihrem Charakter ist. Ein abrupter, nicht durch die Steinarchitektur ‚abgebremster' beziehungsweise gefilterter Eintritt der industriellen Apparatur Eisenbahn in die Stadt wäre zu diesem Zeitpunkt zu schockierend.*

Sehr bald jedoch, und wesentlich mit Hilfe der Eisenbahn, verliert die Stadt ihren mittelalterlichen Charakter und nimmt selber einen industriellen, vom moderneren Verkehr geprägten Charakter an. Auf Grund dieser Entwicklung gibt es dann auch keine raison d'être mehr für ein der Bahnhofshalle vorgeschlagenes Empfangsgebäude, wie umgekehrt die großräumige Bahnhofshalle selber verschwindet. (10)

Wie sich der Transformationsvorgang vom Stadtbereich in den Eisenbahnbereich im Lauf der Zeit verändert, vereinfacht, beschleunigt, läßt sich an einer interessanten Modifikation zeigen, die etwa ab 1860 mit dem inneren Raumarrangement des Bahnhofsgebäudes vorgenommen wird. Bis zu diesem Zeitpunkt gibt es keine direkte Verbindung zwischen Empfangshalle und Bahnsteighalle. Die Bahnsteighalle ist nur zugänglich über die Warteräume. Dort haben sich die Reisenden – vergleichbar heutiger Flughafengewohnheit – zu versammeln und zu warten, bis kurz vor der Abfahrt des Zuges die auf den Querbahnsteig führenden Türen geöffnet werden. Diese Regelung bezweckte, einen unkontrolliert individuellen Zugang der Reisenden zu den Zügen zu verhindern. Man mißtraute, zumal auf dem industriell noch nicht so entwickelten Kontinent, der Fähigkeit des Publikums, ohne genaue Regelung in Kontakt mit maschineller Industrie zu treten. (11) In den sechziger Jahren ändert sich das. Eine direkte Verbindung zwischen der Empfangshalle und der Bahnsteighalle wird hergestellt. Die Warteräume verlieren damit ihre Funktion als Durchgangsschleusen, sie rücken an die Peripherie des Verkehrsgeschehens. Die Empfangshalle übernimmt die Schleusenfunktion der Warteräume sowie des Querganges, der ursprünglich Empfangshalle und Warteräume miteinander verband (engl.: midway), sie wird zum „Concourse" (Meeks) einer „weitläufigen Durchgangshalle [...], die als sich selbst regelndes Verkehrszentrum fungiert". (12) „Nachdem man die Funktion des Concourse einmal begriffen hatte", faßt Meeks die Entwicklung zusammen, „war es möglich, den Quergang (midway) vollkommen abzuschaffen. Der gesamte Verkehr wurde über den Concourse abgewickelt, davon völlig getrennt richtete man ruhige Warteräume ein." (13)

Man sieht, wie dieses neue Raumarrangement einen beschleunigten Vorgang ausdrückt. Der Aufenthalt der Reisenden in den Warteräumen, dieses Innehalten der Verkehrsbewegung von der Stadt in die Eisenbahn, macht vielleicht den Schleusencharakter des Bahnhofs am deutlichsten. Dieses Innehalten, so könnte man sagen, war notwendig, um den Wechsel der Raumqualität zu verarbeiten. Daß in der kontinuierlichen Bewegung durch die zum „Concourse" gewordene Empfangshalle hin zur Bahnhalle die Raumveränderung nun ‚im Gehen' erledigt werden kann, ist ebenfalls ein Beleg dafür, daß Stadtraum und Eisenbahnraum sich einander angenähert haben müssen. Der direkte Zugang von der Stadt zur Eisenbahn ist möglich geworden, weil die Stadt, mit Lucae zu sprechen, inzwischen ebenso „wüst" aussieht wie die Bahnhalle. ∴

EINTRITT IN DIE STADT: DER BAHNHOF 19

* Auch hier verläuft allerdings die amerikanische Entwicklung ganz unterschiedlich. Der Schienenweg wird im 18. Jahrhundert in den USA nicht oder zumindest nicht in dem Ausmaß als von normalen Straßen unterschieden angesehen wie in Europa. Es kommt oft vor, daß statt von ‚railroads' einfach von ‚roads' die Rede ist, aber dennoch Eisenbahnen gemeint sind. Diese Vertrautheit mit der Eisenbahn führt zu der in Europa unvorstellbaren Situation, daß der Zug unvermittelt in der Stadt erscheint, lediglich die Lokomotive wird abgehängt und durch Pferde ersetzt: „In einigen der größten amerikanischen Städte werden die Eisenbahnen bis in das Herz der Stadt geführt; die Wagen folgen allen Windungen der Straßen, drehen sich ohne jede Schwierigkeit um die schärfsten Kurven", gibt Lardner die Lage in den vierziger Jahren wieder (*Railway Economy*, London 1850, S. 338). Das ändert sich bis gegen Ende des Jahrhunderts nicht: „Die Bahnen fahren auf weiten Strecken in gleicher Ebene mit den Straßen, und das Publikum und der Straßenverkehr lassen sich Störungen durch solche Kreuzungen innerhalb der Städte mit unglaublicher Geduld gefallen. Während der Fahrt durch bewohnte Straßen läßt die Lokomotive überdies ununterbrochen ein lautes nervenerschütterndes Geläute mit der Glocke erschallen." (Alfred von der Leyen: *Die nordamerikanischen Eisenbahnen in ihren wirt-*

schaftlichen und politischen Beziehungen, Leipzig 1885, S. 221)

1 Auguste Perdonnet: *Traité élémentaire des chemins de fer*, Paris 1865, 3. Auflage, Bd. 4, S. 401–2.

2 Hermann Muthesius in einem Vortrag „Die Einheit der Architektur" 1908: „In den Verkehrsbauten, den Bahnhöfen, den Markthallen, den Versammlungshäusern [haben es] moderne Bedingungen vermocht, moderne Bautypen zu schaffen […]. Diese neuartig gestalteten Bauten dienten dem im 19. Jahrhundert zu rapider Entwicklung gelangten Verkehr. In den Bedürfnissen des Verkehrs sehen wir diejenige gestaltende Idee, die die Baukunst heute vorzugsweise in ihren Dienst nimmt" (zitiert nach Monica Hennig-Schefold/Helga Schmidt-Thomsen: *Transparent und Masse – Passagen und Hallen aus Eisen und Glas 1800–1880*, Köln 1972, S. 19).

3 Peter J. Wexler: *La Formation du Vocabulaire des chemins de fer en France (1778–1842)*, Genf 1945, S. 83.

4 Alfred Gotthold Meyer: *Eisenbauten – Ihre Geschichte und Ästhetik*, Esslingen 1907, S. 146.

5 „[…] die Eisen-Glas-Architektur […], die vor 1845 wenig Bedeutung hatte, strebte um 1850 einem Höhepunkt zu" (Henry-Russell Hitchcock: *Early Victorian architecture in Britain*, New Haven 1954, Bd. 1, S. 511).

6 Siehe das bis jetzt nicht übertroffene architekturhistorische Standardwerk über den Bahnhof: Carroll L. V. Meeks: *The Railroad Station – An Architectural History*, New Haven 1956, S. 37 ff. Euston Station (1839) etwa hat lediglich eine Überdachung von 40 Fuß Spannweite, erst der dritte Bahnhof von Liverpool (1850) erreicht die damalige Weltrekordspannweite von 153 Fuß (ebenda, S. 38–39).

7 Meyer, a. a. O., S. 146.

8 Richard Lucae: „Über die Macht des Raumes in der Baukunst", in: *Zeitschrift für Bauwesen*, Jg. 19, Berlin 1869, S. 298.

9 Bedeutsam ist in diesem Zusammenhang die Vorstellung des Bahnhofs als moderner Nachfolger des Stadttors. Das hat zweifellos die Gestaltung der Empfangsgebäude mit beeinflußt, am deutlichsten in Philip Hardwicks Euston Station (1835–39), einem monumentalen griechischen Portikus, der bereits die zeitgenössische Architekturkritik herausforderte, weil sich hier die Ornamentfunktion vollkommen verselbständigte: Es handelte sich um eine Fassade ohne dahinterliegendes Gebäude, allein die Bahnanlage sollte ornamentiert werden (Meeks, a. a. O., S. 40 ff.).

10 Die großräumige Bahnhalle verschwindet zu Beginn des 20. Jahrhunderts zuerst in den USA. Sie wird ersetzt durch die billige Überdachung der einzelnen Bahnsteige durch die sogenannten ‚Bush-Sheds': „Eine derartige Überdachung war in der Herstellung und Wartung billiger und gewährte annähernd so viel Schutz wie die Kolossalbauten" (Meeks, a. a. O., S. 122). Ebenfalls zuerst in den USA nehmen die Empfangshallen deutlich erkennbar die Form der Bahnhallen des 19. Jahrhunderts an, das heißt sie übernehmen die Form ihres ‚Widersachers', auch dies eine Art architektonischer Variante des ‚Verinnerlichungs'-Prinzips, über das im vorangehenden Kapitel gehandelt wird.

11 Perdonnet, der diese Regelung des Bahnsteigzugangs in Frankreich beschreibt, konstatiert sie mit der in England herrschenden Freizügigkeit, die er sehr wohl als Ergebnis der fortgeschrittenen Industrialisierung erkennt: „[…] das großartige und schöne Schauspiel, das sich dort entfaltet, vermittelt einen guten Eindruck von der Macht und dem Liberalismus der Gesellschaften, die ihrem Land diese herrlichen Arbeitsinstrumente zur Verfügung gestellt haben. Die Reisenden, die den Bahnhof jederzeit in aller Freiheit betreten können, machen sich mit den Maschinen vertraut, indem sie sie studieren, und indem sie sie bewundern, fürchten sie sich nicht mehr vor ihnen. Auf diese Weise werden die Eisenbahnen volkstümliche (*Traité élémentaire des chemins de fer*, Paris 1856, 1. Auflage, Bd. 2, S. 30).

12 Meeks, a. a. O., S. 79.

13 Ebenda.

Titanen
oder: Gut, daß wir einen Atlas haben

.... NORBERT ROJAN

Aus dem Himmelsgewölbe verbannt, stürzten sie zur Erde hinab und mußten harte Strafen auf sich nehmen – die Titanen. Einer von ihnen, Atlas, wurde nach der Niederlage gegen die Götter des Olymp damit gezüchtigt, von nun an den äußersten Punkt der bekannten Welt zu tragen. Damals stellte man sie sich ja noch als Scheibe vor. Auf späteren Darstellungen, jetzt war die Kugelform der Erde bekannt, ist er mit einem riesigen Globus auf den Schultern zu sehen.

Herakles überredet ihn eines Tages, die goldenen Äpfel der Hesperiden für ihn zu holen, er halte solange seine Last. Atlas willigt ein, holt die Äpfel, möchte dann aber nicht wieder an seine alte Stelle zurück – ist ja auch bequemer so, ohne Weltkugel im Kreuz. Herakles überlistet ihn jedoch. Er behauptet, er werde die Erde schon weiter tragen, er müsse sich nur ein Steinchen aus der Sandale entfernen, das ihn sehr störe. Jeder, der Sandalen trägt – und damals trugen alle Sandalen, wie man aus unzähligen Hollywood-Streifen weiß –, kann das nachvollziehen. Das ist fast unangenehmer, als so eine Weltkugel zu stemmen. Atlas kennt das Gefühl wohl auch und läßt sich noch mal die Erde auf die Schultern laden. Da war er aber angeschmiert! Denn Herakles hatte natürlich nichts Besseres zu tun, als sich seine Sandalen und die goldenen Äpfel zu schnappen und schleunigst zu verduften. Nun steht er da, der Atlas. Besonders klug scheint er nicht zu sein.

Andere Sagen überliefern, daß Atlas auch ein ungastlicher Geselle gewesen

sei und Perseus, als der seinen Trip durchs Himmelsgewölbe unternahm, keine Unterkunft gewährt habe. Darüber war Perseus nun ziemlich sauer und hielt Atlas das abgeschlagene Haupt der Medusa vor die Nase. Was dann passiert, haben wir alle auch schon in Technicolor gesehen – schwups bist du versteinert. So soll das Atlasgebirge – das damals den äußersten Rand der Welt markierte – entstanden sein.

Ich glaube das ja nicht. Ich denke, Atlas hat sich angesichts seines dämlichen Verhaltens Herakles gegenüber ein zweites Loch in den Allerwertesten geärgert und ist vor Zorn versteinert. Ich verstehe aber auch nicht, warum er nicht einfach alles hingeschmissen hat. Heute ist doch jeder mit einem einigermaßen bedeutungsvollen Job bei der kleinsten Kleinigkeit sofort beleidigt oder amtsmüde. Die fackeln nicht mehr lange, unsere Weltverantwortlichen. Die schmeißen den ganzen Bettel einfach hin und tauchen an anderer gutdotierter Stelle sofort wieder auf.

TITANEN ODER: GUT, DASS WIR EINEN ATLAS HABEN : 25

Atlas nicht. Nein, der nicht! Er ist eher der Typ treuer Schichtarbeiter. Er ärgert sich lieber grün und blau und schimpft wahrscheinlich die ganze Zeit vor sich hin, statt die Brocken hinzuschmeißen. Das muß man ihm schon zugute halten. Er ist so etwas wie der Oka Nikolov vom Titanen FC.

Und dann gibt es da noch die Atlas-Skulptur auf dem Frankfurter Hauptbahnhof. Da hat sich einer was ganz Besonderes ausgedacht. Da dem Atlas diese Weltkugel auf Dauer viel zu schwer sein muß – jetzt ist er zwar aus Stein, aber was soll's –, helfen ihm zwei Gesellen, nämlich Dampf und Elektrizität. Die stehen neben dem versteinerten Atlas und halten ihre Hände so an die Welt, daß man als erfahrener Handwerker förmlich aus der Haut fahren möchte. Jeder kennt das. Ich hatte soweit alles ganz gut im Griff, bis die Hilfe kam! Danach ging nix mehr! So ähnlich sieht es da auch aus, à la öffentliche Baustelle. Einer schuftet sich unten im Loch kaputt, vier andere stehen oben drum herum und tragen die Verantwortung.

Eigentlich war ja alles in Ordnung. Atlas trägt die Welt sicher auf seinen Schultern – vielleicht etwas antiquiert, so ohne allen technischen Schnickschnack, aber stabil und seit Jahrtausenden bewährt. So etwas kann aber der moderne Mensch nicht leiden! Da muß ja alles weiterentwickelt werden: Das Rad soll runder, das Buch eckiger, aber vor allem muß alles schneller werden. Angeblich würde man dadurch Zeit gewinnen. Ich bin da ganz anderer Ansicht. Seitdem alles runder, eckiger und schneller ist, ist auch die Zeit knapper geworden – zumindest hat heute keiner mehr welche!

Also kommt nun dieser Dampf daher – sicherlich war zuerst der Dampf vor Ort, der kommt ja überall hin – und fummelt an der Welt rum. Wenig später tanzt dann noch sein Kumpel an, die Elektrizität, die zwei gehören zusammen wie Pech und Schwefel, und fummelt auf der anderen Seite rum, gerade so, als wollten sie die Erde aus dem Gleichgewicht bringen.

Sie ziehen, stoßen, ruckeln, sie geben sich wahrlich alle Mühe, dem armen Atlas zu helfen. Fast möchten sie die Welt aus den Angeln heben! Aber unser Atlas hält seine Kugel fest! Er steht da, obwohl man ihm vor Tausenden von Jahren diesen beschissenen Job gegeben und ihn Herakles dermaßen übers Ohr gehauen hat. Er hält die Welt, an der Dampf und Elektrizität zerren, unbeirrbar fest – noch.

PS: Das Wort „Atlas" oder „Atlant" geht auch auf unseren Freund zurück. Die ersten Karten wurden oft mit der Figur des Atlas verziert, später auch ganze Sammlungen von Karten, die zwischen großen Buchdeckeln aufbewahrt wurden. Damit Sie bei dieser Geschichte etwas gelernt haben!

TITANEN ODER: GUT, DASS WIR EINEN ATLAS HABEN

You have a car?

.... HENRY JAEGER

„Bei diesem Geschäft kann nichts passieren." Johann wußte es, denn er war vor ein paar Tagen beim Wiesel eingestiegen und gab mir den Rat: „Guck dir die Sache mal an. Dabei kommt was rum."

Es gab zu wenig Taxis in Frankfurt. Die amerikanischen Soldaten kamen aus ihren Garnisonen, und in der Gegend um den Hauptbahnhof fanden sie viele Mädchen, aber nicht genug Autos für die Heimfahrt. Sie standen in Schlangen und mußten bis zu einer Stunde auf ein Auto warten. „Du siehst doch ein, daß das ein Geschäft ist?" fragte Johann.

Ich fing in der gleichen Nacht an. Manche Soldaten kamen ungefragt auf uns zu: „You have a car?" Sie hatten genug von Frankfurt, hatten eine Nacht hinter sich, die sie enttäuscht oder befriedigt, in jedem Fall aber müde gemacht hatte. Jetzt wollten sie noch ein paar Stunden schlafen. Sie kamen aus Hanau, Gießen, Gelnhausen, Darmstadt, aus den Kasernen in Frankfurt oder bei Frankfurt. Ich fuhr siebenmal in der Nacht.

Es war tatsächlich ein Geschäft, und das Wiesel beherrschte es perfekt, obwohl er erst seit ein paar Tagen mitmachte. Von Anfang an hieß er bei uns das Wiesel. Sein Gesicht war wach, mit schnellen, neugierigen Augen. Er war schlank, fast hager, schien keine Kraft in den Armen zu haben und war doch ein flinker Schläger. Sein Englisch war eine phantasievolle Mischung aus deutschen und englischen Vokabeln. Er ging an der Schlange der

wartenden Soldaten auf und ab und rief: „We have a quick Wagen nach Darmstadt. We brauch noch two men!"

Dieses Geschäft war noch zu steigern. Das Wiesel sagte: „Wir müssen volle Wagen haben. Nach Darmstadt fahre ich nur, wenn ich fünf Mann beisammen habe." Ich sagte: „Fünf Mann ist zuviel. Ich nehme vier."

Die Amerikaner waren geduldige Fahrgäste. Sie quetschten sich in sein altes Vehikel, und jeder zahlte, ohne zu murren, den vollen Preis. Das Wiesel fuhr ein für seinen Wagen mörderisches Tempo, kam schon nach einer erstaunlich kurzen Zeit aus Darmstadt zurück, ging wieder auf und ab und rief: „Come on, boys, time is money!" Er hielt die gespreizten fünf Finger hoch: „Five Mann nach Darmstadt!"

Das alles spielte sich genau vor dem Hauptbahnhof ab. Straßenbahnen rumpelten aus allen Richtungen heran, hielten mit kreischenden Bremsen. Reisende eilten auf das große Portal zu. Ich sah ein Mädchen aussteigen, das solide aussah, aber ich hörte sie dann sagen: „Ich nehme noch einen Ami mit nach Hause." Und ein Soldat fragte: „How much?" Sie sagte: „Thirty Marks. Die ganze Nacht."

Die legalen und illegalen Taxis flitzten hin und her, wobei die echten den unechten Fahrern manchmal mit den Fäusten drohten, weil sie dachten, es würde ihnen etwas weggenommen. Dabei waren sie nicht einmal fähig, auch nur die Hälfte des Andrangs zu bewältigen. Von den hohen Häusern, die den Bahnhofsvorplatz umrahmten, leuchteten die Neonröhren und färbten die Gesichter fahl. Dort oben hatte er irgendwo auf einem Schornstein gesessen und auf die Feuerwehr gewartet. „Das ist ein Leben, was?" sagte er und zählte sein Geld.

Der Wirbel vor dem Bahnhofsplatz hielt an bis gegen vier Uhr morgens, dann erlahmte die Bewegung allmählich und sackte völlig ab, als die Zeiger der Bahnhofsuhr die halbe Stunde erreicht hatten.

Der große Platz schien eine Viertelstunde zu schlafen.

Und wieder eine Viertelstunde später kamen die Arbeiter mit den ersten Zügen aus den Vororten. Die Männer, die zur Arbeit gehen, tragen kleine Aktentaschen, darin haben sie ihr Essen für den Tag. Die Frauen haben um diese Uhrzeit Kopftücher um, ihre großen, vollgestopften Henkeltaschen haben sie im angewinkelten Arm. Sie gehen die Büros putzen. Sie beeilen sich alle, haben wenig Zeit, schauen weder rechts noch links. Es sieht so aus, als dächten sie schon jetzt an die Arbeit und litten bereits darunter.

Das Wiesel, Johann und ich stehen noch vor dem Bahnhof. Wir haben die beiden Wagen nebeneinander auf dem Parkplatz abgestellt. Wir wollen im Bahnhofsrestaurant eine warme Wurst essen und eine Tasse Kaffee trinken. Danach müssen wir bei Isaak unsere Dollars umtauschen.

Die Rache der verschmähten Braut

UVE SCHMIDT

Als ich mal vor langer Zeit einem verdienstvollen hiesigen Bordellier vorschlug, seinem nicht im Bahnhofsviertel, aber zentral gelegenen renommierten Hause den eher landpuffhaften Namen zu nehmen und gegen ein mondänes NITRIBITT einzutauschen, übergab er meine Idee seinem Rechtsberater, und ich hörte nimmer davon. Ungeachtet der denkbaren Einwände hinterbliebener Namensträger der Edelhure läßt sich das Für und Wider diverser Entscheidungsträger denken, eine Gemengelage diffuser Gefühle und wankender Grundsätze zumal, wenn es um eine delikate Materie geht wie Humanität und Allzumenschlichkeit, Libertinität und Volksgesundheit. Gewiß haben Stadtkämmerer und Freudenhausbetreiber prinzipiell dasselbe im Sinn, doch Imagepflege als Schwerpunkt politischen Kunsthandwerks ist selten ihr Lieblingsfach. Man ist Mann, und man fängt klein an, zum Beispiel am ersten Samstagabend nach meiner Konfirmation (im Frühjahr 1954 in Luthers Predigtkirche zu Wittenberg), als ich abermals meinen neuen dunklen Anzug anzog und das zeremoniöse Tuch mit einer amerikanischen Seidenkrawatte und Ringelsokken belebte. Ähnlich gewandet waren wir zu viert und spazierten ohne nähere Absichtserklärungen gegenüber Erziehungsberechtigten zum Hauptbahnhof, wo der uns geleitende, beinahe volljährige evangelische Sonntagshelfer unsere Grundausstattung mit Weinbrand, Zigaretten und Kondomen besorgte, ein paar Lagen Bier & Korn im bewirtschafteten Wartesaal veranlaßte und, als der Mond aufzog, ein Taxi orderte, welches uns über die Stadtgrenze hinaus in eine fidele Dorfschänke zu Musik & Tanz beförderte. Es war nicht das erstemal, daß ich einen dörflichen Schwof besuchte, daß ich Alkohol trank, Mietdroschke fuhr, Tabak probierte und Pariser kennenlernte, es war mein erstes Hauptbahnhoferlebnis der dritten Art: Die Inanspruchnahme mir gesetzlich untersagter Genüsse beziehungsweise Dienste durch die Konzessionäre eines Staatsbetriebs an einem öffentlichen Ort, Leistungen, die in keinem direkten Zusammenhang mit dem eigentlichen gesellschaftlichen Auftrag standen, sondern ihn – amtlich und bildlich gesprochen – verkehrsgefährdend konterkarierten. Tatsächlich war dieses Bahnhöfchen in meiner Heimatstadt die einzige geschäftsförmige Baulichkeit, an der man zu fast allen Tag- und Nachtstunden Tabakwaren, Spirituosen sowie die eine oder andere ❖

weibliche Schnapsdrossel kaufen konnte; daß die Herrentoilette als allgemein zugänglicher Annex der Bahnhofsgaststätte über den einzigen Präservativautomaten im Umkreis (40.000 Einwohner) verfügte, spricht Bände über die DDR und über die Bahnhöfe des Abendlandes als aller Laster Anfang, denn von den ersten Karawansereien, in denen Marco Polo die Pastarezepte vereinnahmte, bis zum Faßbieranstich 1835 in Fürth war schon alles drin, was nicht den Herren Watt und Stephenson in die Eisernen Schuhe zu schieben wäre, da lange vor den verrußten und verruchten Fernfahrbetrieben des Industriezeitalters das Reisegeschäft mit Pferdekräften in vielerlei Hinsicht eine gewagte Unternehmung war, umlauert von Verführungen und Verbrechen, dann zumal, wenn die Herbergen und Gasthöfe sich als überwältigende Endstationen entlarvten.

Zwei Jahre nach meiner eher lausbübischen Initiation verließ ich den Bahnhof Zoo in Westberlin erstmals als entschlossener Republikflüchtling, der als Ankömmling allerdings kein Neuland betrat. Ich war mit der deutschen Hauptstadt und ihren Großbahnhöfen seit früher Kindheit vertraut, soweit man mit Ruinen in ihren wechselnden Erscheinungszuständen vertraut werden konnte per Stippvisite. Der Stadtbahnhof Zoologischer Garten bot seinerzeit ein vielschichtiges, in Teilen auch ganovisches Gewimmel und ein Stück Gosse im Hinblick auf Stricher und Stadtstreicher, im ganzen aber eine gastliche Gegend und im Gegensatz zu den verschiedenen Bahnhofsvierteln der BRD einen geordneten und gefälligen Kiez weitab von Zilles Milljöh und den echten Sumpflöchern der Kriminalität im Westsektor. Kein Wunder, daß unter den westdeutschen Metropolen alsbald Frankfurt am Main den Ruf eines Sündenbabels erlangte und unter Hinzuziehung Offenbachs zum Sodom & Gomorrha aufstieg, denn wer in Ffm-Hbf ankam und in die Stadt strebte, geriet gleichsam vom Gleiskörper unter die Glücksräder und andere Dreheffekte, und wer als Fußgänger das Goethe-Haus und den Römer, die Oper und die Sprechbühnen, das Bankenviertel und die City samt Mittelerdes größter Einkaufsmeile aufzusuchen gedachte, mußte durch das Bahnhofsviertel wie ein Magenbitter durch den Verdauungstrakt. In Westberlin konnte man in jedem beliebigen Stadtbezirk von der Straße weg nach Sibirien entführt werden, falls man zur falschen Zeit am falschen Ort die richtige Knopflochblüte trug, nur nich' aufm Kudamm, und der lag einen Steinwurf entfernt vom Bahnhof Zoo. Als ich 1959 Westberlin verließ, um in Stierstadt am Taunus ein Buchstabenarbeiter zu werden, verließ ich den Frankfurter Hauptbahnhof, um die Reise aufs Dorf mit dem Postbus fortzusetzen, allein, ich hatte noch Zeit, und so lief ich ins Bahnhofsviertel, „um mir einen ersten Eindruck zu verschaffen" (wie ich hernach Freunden schrieb); der fiel ernüchternd aus, weil mir das hessische Hausbier nicht schmeckte und die Horden zivil gekleideter GIs mir mißfielen, und überhaupt dämmerte mir, daß Berlin zwar nicht Goethes Geburtsstadt ist und so weiter, aber doch weit weltbürgerlicher als dieses amerikanisch aufgetakelte Einfallstor zur Buchmesse, zur Pelztierjagd und zur aggressivsten Herrentoilette der damaligen Welt. Dabei war ich weder über die Randzone des Quartiers hinausgekommen noch eingedrungen in die Kasematten des Bösen, und alsbaldige spätere Besuche (das heißt unvermeidliche Gänge zur EVA, zu *Jean Eimuth*, in den *Picassokeller* et cetera) verführten mich zwar zur Milde und zu neuen Ansichten, doch kein Zoll am Wesentlichen vorbei in die Niederungen der Toleranz und des Lokalpatriotismus: „Es wollt mer net inne Kopp hinein, daß so was sollte ein Willkomm' sein!" Vorsichtig gefragt: Hatte die verprellte Kapitale der Zweiten Republik beschlossen, Pendlern, Geschäftsreisenden und Kulturtouristen mit dem nackten Arsch ins Gesicht zu springen, sobald sie die Busse und Bahnen verlassen hatten? Konrad Adenauer, der Frankfurt ebensowenig liebte wie Adolf Hitler einst, mochte sich bestätigt fühlen, in dem politischen Ringen um den künftigen Sitz der Bundesregierung seine nähere Heimat durchgesetzt zu haben gegen das jüdisch-protestantische, freisinnige und sozialdemokratische Paulskirchenpflaster, obwohl gerade das der Stadt zur zukünftigen Zierde gereichte – und mehr der historischen, wirtschaftlichen, geographischen und kulturellen Gegebenheiten, recte: Vorzüge; doch selbstredend boten Karneval und Küferkultur, Burgenromantik und Beethoven dem diplomatischen Korps verlockendere Freizeitwerte als die Frankfurter Streuobstwiesen und Grzimeks erste Gehege. War das Bahnhofsviertel die Ursache oder die Folge der gescheiterten Kandidatur? Die Weltgeschichte steckt voller Anekdoten, an was für Lappalien politische Begegnungen, Missionen und Gipfelkonferenzen angeblich oder de facto gescheitert sind, zumeist natürlich am Beharrungsvermögen des stärkeren Gegenübers.

Die entscheidenden Gründe waren sicherlich nicht Adenauers Bequemlichkeit und das rheinische Reizklima für akkreditierte Ausländer, sondern es war der Wunsch der Demokraten nach einer putzigen Provinzidylle voller Beamter und Privatiers, die nicht daran denken, das Votum der Straße zu verkörpern, gelenkt oder aus freien Stücken. Und natürlich wollte sich das zertrümmerte Frankfurt auf diesem Wege sanieren, Bonn indessen war überwiegend heil geblieben. Hatten die Brauteltern zu hoch gepokert? Daß die Rache der verschmähten Braut ausgerechnet in den Armen der Halbwelt, wenn nicht gar an der Frackbrust Mackie Messers selbst sich vollzöge, aus purem Daffke und nicht enden wollend, ist zumindest durch die Vernunftheirat mit dem neuen Geldadel wieder gutgemacht (City of the Euro) und in verschiedenen kosmetischen Operationen offensichtlich angelegt. Soweit, so gut wie unklar, denn mich quält die Frage, ob das an seiner chronischen Profilneurose laborierende Mainhattan sich des Bahnhofsviertels jemals rechtschaffen schämte oder gelegentliche Gänsehautgefühle als wohlige Schauer empfand, welche das Etikett „Die Weltstadt im Herzen Europas" hundertprozentig abdeckten. Immerhin mußten die Stadtväter und -mütter jahrzehntelang damit leben, die deutsche Kriminalstatistik anzuführen, als Deutschlands Drogendrehkreuz zu gelten, als Mädchenhandelsstadt, als Underground und Zündfläche der RAF. Tempi passati, doch dem Bahnhofsviertel haftet weiterhin der Ruf eines Klein-Chicago an, solange die Voraussetzungen fortbestehen: Huren und Hehler, Zuhälter und Zocker, Schmuggler und Stehler, Dealer und User, Nepper, Schlepper, Bauernfänger. Und Bauern, recte: Männer. Soviel ich weiß, hat noch keine relevante Rathausfraktion je den Vorschlag verfolgt, die Prostitution und alle sie begünstigenden Lokale, Labors und Ladengeschäfte im Bahnhofsviertel zu verbieten. Unpopulär wäre ein solches Vorhaben und Vorgehen sicherlich nicht gewesen, im Gegenteil, und natürlich hätte anderswo in unserem Steuerhoheitsgebiet ein Rotlichtviertel etabliert werden können, gegebenenfalls so unterirdisch wie der künftige Stuttgarter Hauptbahnhof. Es waren ganz gewisse geschichtliche, geschäftliche und gesellschaftspolitische Gründe, die eine Beseitigung (meinetwegen: „eine behutsame Umstrukturierung") des Sexbezirks als äußerst inopportun erscheinen ließen, und es gab gute Gründe, selbst Gegner und Verächter des Viertels für eine Erhaltung des Status quo zu gewinnen, bei „null Toleranz" freilich gegenüber allen Ungesetzlichkeiten, welche in der Vergangenheit (albanische Hütchenspieler, lateinamerikanische Dirnen, deutsche Rauschgiftler) größere Polizeieinsätze erforderten, nachdem man monatelang mit freundlichen Ermahnungen auszukommen geglaubt hatte. Sonst kann von einer permanenten Bedrohung der Passanten durch das sündige Stammpersonal kaum die Rede sein; den Keuschen ist eh alles unkeusch, für die pubertierende Schuljugend alles Anschauungsunterricht, für die nicht geringe muslimische Population ihr jeweiliges christliches Gastland sowieso der Abschaum unseres Planeten – ergo gibt es keine Veranlassungen, die zwielichtigen Steuerzahler umzusiedeln, nötigenfalls die ganze Gegend zu exorzieren. Die Lage als solche ist das Verhängnis und deshalb so prekär wie eine Müllkippe unter unsren dezent gedüngten Balkonblumenkästen. Seit Anbruch des technischen Zeitalters widmen sich die deutschen Kommunen der stetigen Aufrechterhaltung von Ordnung, Sauberkeit und Sicherheit; obwohl Petra Roth seit Jahren als Galionsfigur den Deutschen Städtetag ziert, ist es ihr kläglich nicht eingefallen, einen Wanderpokal (SPIESSERSTADT 20XY) zu stiften für Gemeinden, von deren Marktplätzen man essen und in deren Mauern man nachts ruhig schlafen kann. Welches intakte Gemeinwesen wünscht sich ein immobiles Problem direkt vor der Haustür? Denn das ist die Hauptbahnhofspforte in unseren Städten immer noch – nicht die entlegenen Luftlandebrücken und Autobahnzufahrten sind's, nicht die Weltraumportale und Internetplattformen. Hereinspaziert!

Raddatz rockt

JÜRGEN ROTH

Nachdem im September 2010 die *Tagebücher* des Fritz J. Raddatz aus den *Jahren 1982–2001* erschienen waren, brach in den Feuilletons der Republik, wie abermals kaum zu erwarten gewesen war, jener Sturm der Begeisterung respektive Entrüstung los, der stets nichts anderem geschuldet ist als der unausrottbaren Selbstbezüglichkeit all der Damen und Herren, die sich unverdrossen einer merkwürdigen Sache widmen, die man „Kulturbetrieb" nennt und doch lieber zu Wörtern wie „Kasperltheater", „Kindergarten" oder „Irrenanstalt" in Beziehung setzt.

Der *Spiegel* (37/2010) beispielsweise huldigte unter der Überschrift „Nächtebücher" seitenlang einem Konvolut teils schon sagenhaft vernagelter und vor Gekkenhaftigkeit dampfender Notate, in dem wenigstens die *taz* vom 2. November nicht viel mehr zu erblicken vermochte als „umgekippten Kulturbetriebsnudelsalat" und einen „schweren Fall von Doublebind", ein Dokument schier titanisch-schizophrener „Angeberei" also.

Da sich alles, was von der tiefen, tiefen Weisheit der Welt im Zeichen des Marktes zeugt, in elender Regelmäßigkeit wiederholt, hätte man getrost auf die Lektüre des 940seitigen Vanitas-Bombers verzichten können. Es hätte ausgereicht – und niemand hätte es gemerkt –, all die Rezensionen und Repliken zu und auf Raddatz' Autobiographie *Unruhestifter* aus dem Jahr 2003 wiederabzudrucken und neuerlich zu senden, Heinz Ludwig Arnolds Annotationen im Deutschlandfunk etwa, in denen er Raddatz' „larmoyante Überheblichkeit" und dessen „zu monströser Selbstüberhebung aufgeblasenen Minderwertigkeitskomplex" tadelte, oder Theo Sommers Klage über die „boshafte, nein: bösartige Darstellung", die Raddatz dem *Zeit*-Verleger Gerd Bucerius, Marion Gräfin Dönhoff oder Helmut Schmidt hatte angedeihen lassen.

Den ganzen verrammelt-vergammelten Schmonzes konnte man nun gleichwohl noch einmal in streckenweise vollkommen identischen Formulierungen nachlesen, und einig waren sich zumindest der *Spiegel* und die *taz* darin, daß das „Zentrum" des diarrhöischen Diariums ein Vorfall sei, der mit dem Frankfurter Hauptbahnhof und der seit Jahr und Tag offenbar ebenfalls grunzdummen Buchmesse zu tun hat.

Bekanntlich hatte Fritz J. Raddatz als Feuilletonchef der *Zeit* für die Ausgabe vom 11. Oktober 1985 anläßlich der Buchmesse eine Glosse zusammengepatzt, die den dämlichen, alliterations- und allusionsschwangeren Titel „Bücher-Babylon" und die es in praktisch jedem Kleinabsatz sprachlich aus der Kurve trug. „Der Charme, der Witz, die Bosheiten und Banalitäten dieses Riesenbücherzirkus – das tobt um/für/gegen die Literatur" – einen derart zerschredderten Satz zum Beispiel hätte man jedem Volontär um die Wascheln gehauen.

Der nichtige Unfug endete schließlich mit einem bildungshuberischen Verweis auf einen Dichter namens Goethe, der laut Raddatz „das Entstehen der Messestadt Frankfurt" beobachtet und in diesem Zusammenhang angeblich zu Papier gebracht hatte: „Man begann damals das Gebiet hinter dem Bahnhof zu verändern. Die alten Schreberhäuslein wurden niedergelegt. Verleger hielten mit ihren Bücherständen

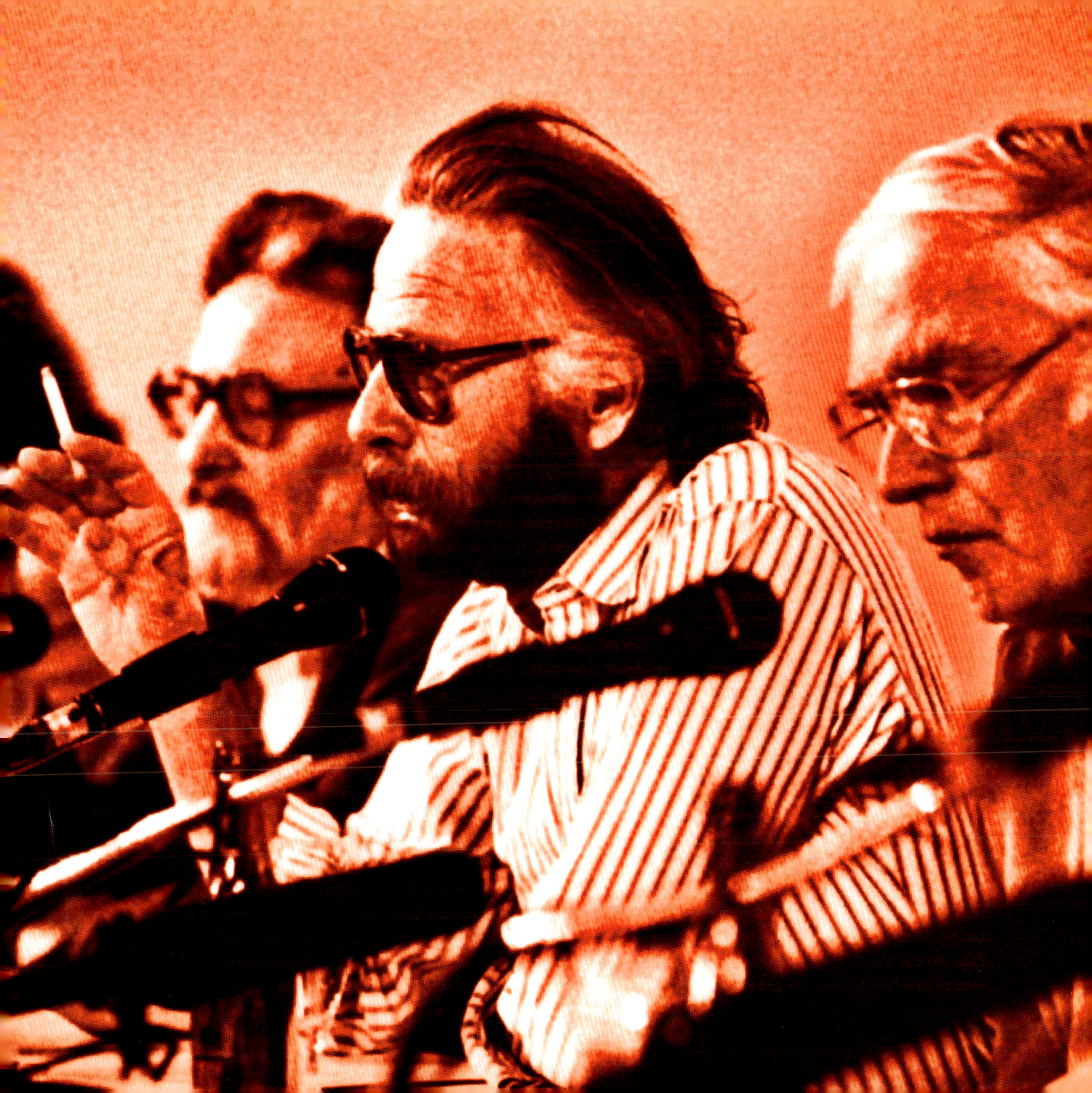

Einzug. Aber bald herrschte, wo vordem des Lebens Rankenwerk gewuchert, die neue Unübersichtlichkeit des Geistes. Modische Eitelkeit."

Der große Fritz J. Raddatz war einer Parodie in der *Neuen Zürcher Zeitung* aufgesessen; er hatte die Passage abgepinselt, war nicht mal beim damals kurrenten Terminus „Neue Unübersichtlichkeit", den Jürgen Habermas 1985 just ins Spiel gebracht hatte, stutzig geworden, und nun stand er vor einem Scherbenhaufen. Goethe und der Frankfurter Hauptbahnhof? Der 1832 verstorbene Dichterfürst hatte über den arschgenau sechsundfünfzig Jahre später fertiggestellten Bau räsoniert? Und über eine Frankfurter Buchmesse, die im 19. Jahrhundert halt doch eher in Leipzig stattfand?

Immerhin, der *Spiegel* 45/1985 konzedierte ein paar Wochen später halbherzig: „Wahr ist, daß der Geheimrat das neue Transportmittel in Briefen, in Tagebucheintragungen und nicht zuletzt gegenüber dem getreuen Eckermann erwähnt hat. Er fürchtete die Auswirkungen der ‚maschinellen Ensembles' (wie Züge seinerzeit auch genannt wurden) auf Mensch und Gesellschaft – sie galten ihm als Symbol für das ‚überhandnehmende Maschinenwesen': ‚Es wälzt sich heran wie ein Gewitter, langsam, langsam; aber es hat seine Richtung genommen, es wird kommen und treffen' *(Wilhelm Meisters Wanderjahre).*" Doch Fritz J. Raddatz, der allzu distinguierte Protzer und dandyhafte Motzer, war von der *FAZ* zum „Oberscharlatan des deutschen Feuilletons" ernannt und von seiner Gräfin, die ihre Sätze ebenfalls aus Katachresenkübeln zu schöpfen pflegte, öffentlich der „Schludrigkeit" geziehen worden. Häme, Ächtung, Rausschmiß, Bumsfallera.

Könnte man Gebäuden etwas hoch anrechnen, man müßte dem Frankfurter Hauptbahnhof das Verdienst bescheinigen, diese bis heute ins affige Hochkulturleben abstrahlende Posse gewissermaßen ausgelöst zu haben. Zu schön, zu putzig, zu flamboyant faselt sich Raddatz auch in den *Tagebüchern*, die er ja durchaus hätte bearbeiten können, noch einmal um Kopf und Kragen:

„12. Oktober 1985 – Was ist es nun, was mich so furchtbar verhaßt macht? Es kann ja wohl nicht die ewig vorgehaltene Automarke, die Hemden aus England oder die Bilder an den Wänden eine Ursache sein?" Kann es sein, daß in diesem Satz der Numerus falsch ist? Und daß er gar kein Fragesatz ist? „Homosexuell, jüdischschnell, zu sehr und zu oft Überlegenheit vorführend?"

„Die schlimmste Erfahrung dabei allerdings", fährt Raddatz fort: „die absolute Dis-Loyalität; in der *Zeit* und, mit ganz wenigen Ausnahmen, außerhalb." Disloyalität? Zwei Absätze weiter: „Immerhin kam Enzensberger gestern extra für 2 Stunden angeflogen, haben Hochhuth, Habermas, Rühmkorf Briefe geschrieben und wollen Anders und Hrdlicka und noch ein paar … aber *in toto*: nix."

Nein, er merkt's nicht mal fünfundzwanzig Jahre danach. Seiten über Seiten schlägt der angeblich Ramponierte und Demolierte seine häßlichen Pfauenräder, unterrichtet uns über Austernessen mit seinem Chef Theo Sommer, Kungeleien mit Wolf Biermann, tituliert Rudolf Augstein als „Verräter" und verbreitet, er sei ein Opfer des „alltäglichen Faschismus", der folgende Gestalt angenommen hat, und zwar auf einer Geburtstagsfeier der ehrenhaften Eheleute Henkel am 25. Oktober 1985: „Manchmal habe ich wirklich den Eindruck, daß man IN der Zeitung

LOLA-CLUB
Ich muß heim, meine Mutter wartet mit dem Essen
GRESER & Lenz

einfach nicht weiß, wer und was ich bin. Von Scheel zu Hamm-Brücher, von Höfer bis Ehmke, von Liebermann bis Ledig: Was wollen die überhaupt, wieso verteidigen die Sie nicht, das alles wegen eines läppischen Fehlers? Man kann NIRGENDS begreifen, daß eine solche Lappalie überhaupt ernst genommen wird."

Doch, doch: Disloyalität und alltäglicher Faschismus. Beziehungsweise: „Es ist wirklich alles wie im Osten ..." (3. November 1985) – „Nicht mal der sich so links gebende Reemtsma antwortet mehr auf meinen Brief." (Ebenda)

Am 25. März 1986 notiert Fritz J. Raddatz: „Manchmal komme ich mir vor wie Brandt nach seinem Rücktritt, als 2 Minuten danach keine Kamera mehr auf ihn gerichtet war." Damit ist zu dieser Causa alles gesagt, beinahe. Denn tatsächlich alles zu ihr gesagt hatte Robert Gernhardt bereits im *Spiegel* 43/1985.

„Die letzte Frankfurter Buchmesse hatte zwar kein Motto, doch der Literaturprofessor und Feuilletonchef verhalf ihr wenigstens zu einem Thema: Fritz ‚Joethe' Raddatz", begann Gernhardt und merkte an: „Wenn die Herausgeberin der *Zeit* ihren Feuilletonchef erst jetzt in die Tiefe stürzen sieht, dann unterstellt sie die Tatsache, er sei jemals oben gewesen, sei es auf der Höhe der *Zeit* oder im Vollbesitz seiner geistigen Kräfte – was weiß ich. Und das wiederum wirft die Frage auf, ob die Herausgeberin der *Zeit* ihren Raddatz jemals gründlich gelesen hat."

Das hatte Gernhardt getan. Er führte aus: „Seit 1977 steht FJR an der Spitze des *Zeit*-Feuilletons, 1979 wurde ich erstmals auf ihn aufmerksam. Da erschien ein vier Seiten langes *Zeit*-Dossier aus seiner Feder in der Nummer 42 der *Zeit*. Sein Thema: ‚Die deutsche Nachkriegsliteratur', sein Inhalt, laut Marcel Reich-Ranicki, ‚fahrlässig und böswillig', seine mutmaßlichen Folgen, laut Walter Boehlich: Natürlich müsse Raddatz jetzt seinen Hut nehmen. Nahm der natürlich nicht, ich aber nahm mir die Zeit, den ganzen Schamott durchzulesen, las mich immer häufiger fest und beschloß schließlich, meine Lesefrüchte zu sammeln und vor Lesern auszubreiten. Das geschah in der gerade erst aus dem Ei geschlüpften *Titanic* und las sich beispielsweise so:

Raddatz: In einem langen Gespräch kommt Böll zu dem Schluß, daß allenfalls das Materialangebot der Kriegs- und Nachkriegsliteratur sich unterschiede ...

Ich: Zwar heißt das Verb ‚unterscheiden', der Konjunktiv Präsens also ‚unterscheide', aber Unterschiede müssen sein, einigen wir uns also auf ‚sich unterschieden würde'. Ein schlichtes Beispiel für schlampigen Umgang mit der Sprache, gewiß, aber doch nicht mehr als die Spitze eines Eisbergs von weiteren, sehr viel vertrackteren Unbeholfenheiten und Fahrlässigkeiten, von einem insgesamt wirren Sprachgebilde, das ich, so gut es ging, vermaß."

Gernhardt stieß auf ein „Dickicht von schiefen, unsinnigen und falschen Behauptungen". Ein Beispiel noch an dieser Stelle: „,Das Buch *Kopfgeburten* von Günter Graß setzt diese Prosastruktur fort ... Es ist gearbeitet wie das, was man in der Malerei eine Gouache nennt, es wirbelt Techniken und Methoden durcheinander ...' Hier spricht der Raddatz, ich aber rieb mir erst mal lediglich verwundert die Augen. War denn die ‚Gouache' nicht gleichfalls eine Maltechnik, der Ölmalerei verwandt, nur wasserlöslich? Wie aber konnte dann diese Technik andere Techniken durcheinanderwirbeln? So grübelte ich, bis plötzlich des Rätsels Lösung mir grell vor Augen sprang: Raddatz hatte natürlich die ‚Collage' gemeint, und ich, sein

Leser, konnte noch von Glück reden, daß er nicht ‚Gulasch' gedacht und geschrieben hatte."

„Unter Raddatz' Füßen wurde das *Zeit*-Feuilleton zu einer ganzjährigen Scherzausgabe, so hemmungslos trampelte er auf den tradierten Fakten herum", urteilte Gernhardt und schloß: „Was für ein Kultur-König, dieser Fritz J. R.! Im *Hamburger Abendblatt* wedelte er am 15. Oktober nun noch einmal huldvoll mit dem Zepter: ‚Der Fehler stimmt, ich habe mich verlesen. Der Schlenker ist mißglückt … Der Herr Literaturprofessor kennt nicht mal seinen Goethe auswendig – wer kann das schon.' Genau! Wer kennt dem seinen Goethe schon auswendig! Sein Goethe, der doch immer mit dem Intercity von Frankfurt nach Weimar gedüst ist, weil die unselige Zonengrenze ja erst 1850 gebaut wurde – jawoll, dieser Raddatz und dieser Goethe sollen uns bitte schön noch so lange wie möglich erhalten bleiben", mindestens so lange, bis im Frankfurter Hauptbahnhof eine ungekürzte Lesung der *Tagebücher* von Fritz J. Raddatz runtergerockt und anschließend von den Feuilletons der Republik abgefackelt, Pardon: abgefeiert wird.

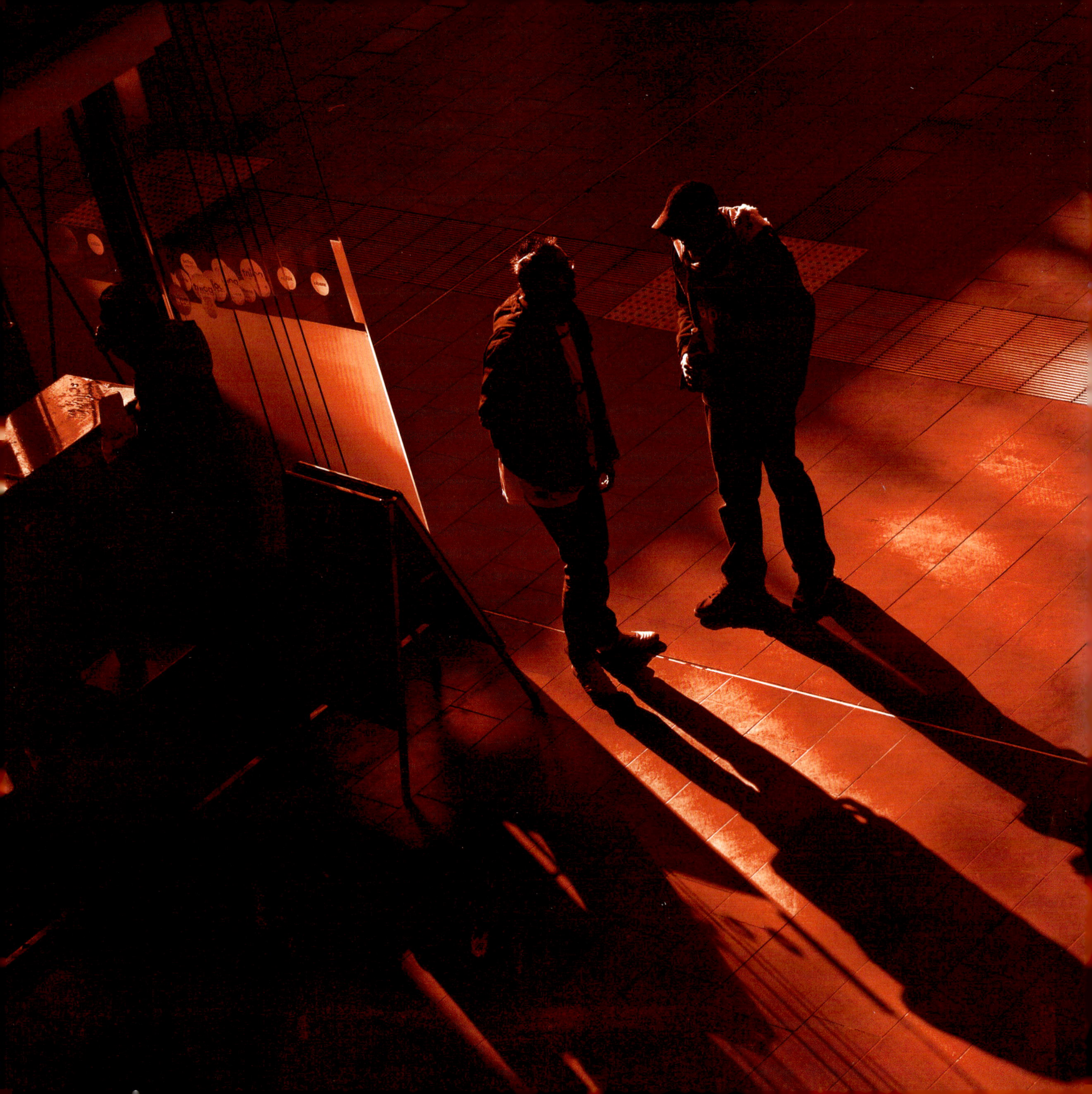

Die Furie der Funktionalisierung

JÜRGEN LENTES

Mit nur wenigem aus meinem Leben kann ich in geselliger Runde Punkte sammeln. Aber daß ich an der Mosel in einem Wingert gezeugt worden sein soll, in einem Altenheim zur Welt kam (als ein Benjamin-Button-Derivat), mich in dem dem Altenheim gegenüberliegenden Kindergarten (nicht weit entfernt vom Friedhof, also quasi alles in der Reichweite von drei Minuten) zum erstenmal verliebte (natürlich in die Kindergärtnerin) und meine ersten vier Schuljahre in der Reichweite von einer Minute von meinem Elternhaus verbrachte (kleine Wege, die mich geprägt haben), das reicht für eine Minute Aufmerksamkeit.

Ach ja, und die Geschichte vom Kaplan (der Exkurs gehört dazu), der uns kleinen Menschen in der Grundschule die katholische Heilslehre nahezubringen versuchte. Er war ein Virtuose mit dem Rohrstock. Es gab drei Abstufungen seiner quasi göttlichen Bestrafung auf Erden. Nummer eins: Für leichte Vergehen bekamen die Mädels und Jungs was auf den Rücken. Nummer zwei: Für mittelschwere Vergehen bekamen die Mädels und Jungs was auf die Handteller. Nummer drei: Für schwere Vergehen bekamen die Jungs (waren die Mädchen zu solchen Verstößen nicht fähig?) was auf die Handknöchel. Das tat dann wirklich weh. Bis heute habe ich davon Abstand genommen, Schmerzensgeld für die Qualen und Demütigungen zu verlangen, die mir diese sadistische Ausgeburt einer repressiven Ideologie zugefügt hat, und ich habe auch nicht vor, daran etwas zu ändern. Mit der verlogenen und perversen Institution der katholischen Kirche will ich schon lange nichts mehr zu tun haben.

Als ich nach der Grundschule aufs Gymnasium ging, mußte ich als nachhaltig im Namen christlicher Nächstenliebe verprügeltes Kind, das seine Mutter am liebsten nie von der Hand gelassen hätte, mit dem Zug nach Trier fahren. Zum erstenmal hatte ich mehr als drei bis vier Minuten zu Fuß zurückzulegen (zwanzig, um genau zu sein, bei Wind und Wetter), zum außerhalb des Dorfes gelegenen Schweicher Provinzbahnhof (hier hat Jimi Hendrix der Legende nach seinen großen Sehnsuchtsblues übers Abhauen geschrieben, „Hear My Train Comin'").

Der Trierer Hauptbahnhof galt für ein Wingertkind vom Tor zur Mittelmosel als Moloch. Dazu gaben die Trierer noch mächtig an – mit Gleisnummern à la 10, 11, 12 und 13. Dabei hatte der Trierer Hauptbahnhof nur zwei Gleise mehr als der Schweicher DB-Nothalt. Die Gleise 1 bis 9 suchte man vergebens. Höchstens irgendwas mit 1 F oder 3 T war auf der nach oben offenen Richterskala dieser revolutionären Trierer Gleiszählung zu finden. Doch eines zeichnete den Trierer Hauptbahnhof aus, und das war sensationell für einen verängstigten jungen Menschen vom Tor

*Wer nichts wird, / wird Wirt. / Wer gar nichts wird, /
wird Bahnhofswirt. /
Ist ihm dieses nicht gelungen, /
reist er in Versicherungen.*
Jürgen Wissarionowitsch Jonas

zur Mittelmosel. Dieses Wunder entdeckte man allerdings erst zusammen mit „Kindkollegen" (Gerhard Polt), als man größer und stärker wurde und sich die Wartezeit, die man dann gerne auch mal verlängerte, zunächst mit Cola und später mit Bier in einer gigantischen Bahnhofskneipe vertrieb. Aus den Tiefen meiner Erinnerung taucht eine geradezu herrschaftliche Lokalität riesigen Ausmaßes auf – Tische über Tische, soweit das Auge reichte. Das hatte Stil, und da war sie zum erstenmal zu riechen und zu schmecken, die große weite Welt, auch wenn sie nur bis Koblenz, Saarbrücken oder Metz reichte. Hier saßen sie alle beieinander, schwätzten, qualmten und soffen manchmal mehr oder minder um die Wette: Pendler, Fernreisende, Bahnarbeiter, Schüler und Studenten, und dazwischen huschten wieselflinke, schwarzweiß gekleidete Kellner aufmerksam umher.

Hier traf man auch zuverlässig das Schweicher Schachgenie, versorgt mit einem Brotjob bei der DB. Wundersam krumm im Kopfe war der Mann, und er hatte, während er mit beeindruckender Konstanz, die an das Rattern und Ruckeln der Züge erinnerte, seine Bierchen zischte, viel zu erzählen. In Frankfurt war er schon oft gewesen, sogar im Bordell. Er war ein ausnehmend lieber Mensch. Ich weiß nicht, ob er noch lebt. Hie und da denke ich gerne an ihn zurück.

„Bahnhof: eine Art Ersatzheimat der Menschen mit Heimweh", schreibt ein mir hingegen nicht näher bekannter Silvio Mazzinghi. Stimmt. Für mich könnte man das Wort „Bahnhof" durch „Bahnhofskneipe" ersetzen. Wenn ich viele Jahre später aus Frankfurt mit dem Zug an die Mosel fuhr, hatte ich weniger Heimweh nach den Gleisen 10 bis 13, sondern ich freute mich stets auf ein Ankommenspils in der Trierer Bahnhofswirtschaft. Eines Tages war sie nicht mehr da. Seither ist der Trierer Hauptbahnhof für mich eine Wüste, ein „Nicht-Ort".

Nicht-Orte heißt ein Klassiker des französischen Ethnologen Marc Augé. Für Augé hatte schon Anfang der neunziger Jahre des vergangenen Jahrhunderts im Urbanen ein Paradigmenwechsel stattgefunden: „So, wie ein Ort durch Identität, Relation und Geschichte gekennzeichnet ist, so definiert ein Raum, der keine Identität besitzt und sich weder als relational noch als historisch bezeichnen läßt, einen Nicht-Ort. Unsere Hypothese lautet nun, daß die ‚Übermoderne' Nicht-Orte hervorbringt, also Räume, die selbst keine anthropologischen Orte mehr sind und, anders als die Baudelairesche Moderne, die alten Orte nicht integrieren; registriert, klassifiziert und zu ‚Orten der Erinnerung' erhoben, nehmen die alten Orte darin einen speziellen, festumschriebenen Platz ein. Eine Welt, die Geburt und Tod ins Krankenhaus verbannt, eine Welt, in der die Anzahl der Transiträume und provisorischen Beschäftigungen unter luxuriösen oder widerwärtigen Bedingungen unablässig wächst (die Hotelketten und Durchgangswohnheime, die Feriendörfer, die Flüchtlingslager, die Slums, die zum Abbruch oder zum Verfall bestimmt sind), eine Welt, in der sich ein enges Netz von Verkehrsmitteln entwickelt, die gleichfalls bewegliche Behausungen sind, wo der mit weiten Strecken, automatischen Verteilern und Kreditkarten Vertraute an die Grenze des stummen Verkehrs anknüpft, eine Welt, die solcherart der einsamen Individualität, der Durchreise, dem Provisorischen und Ephemeren überantwortet ist", in einer solchen Welt verschwinden die klassischen Bahnhofswirtschaften, in einer Welt, die zunehmend „Nicht-Orte" schafft, an denen die Menschen als numerische Einheiten in hoher Geschwindigkeit durchgeschleust und individuelle Identitäten von der unmerklichen Furie der Funktionalisierung verwischt werden und die Herstellung sozialer Beziehungen zusehends unmöglich wird. Situationen wie in der Fürther Bahnhofsgaststätte, wie sie Mitherausgeber Jürgen Roth in dem Zeitungsartikel „Das Verschwinden des dicken Luftraums" 2003 so eindrücklich geschildert hat, werden bald nur noch Teil der Erinnerungsfolklore sein:

„Wie sie da sitzen und bald nicht mehr sitzen werden – die vier Schafkopfer, seelenstumm in ihre spielerische Wirklichkeit versenkt, jeweils ein Halbliterglas Helles vor sich. Die Karten platschen auf die klebrige Tischplatte, die zerknitterten Gesichter verschwimmen im Zigarren- und Zigarettenrauch, das Lampenlicht durchdringt den dunkeldicken Qualm kaum. Ein Endfünfziger bringt Bier – Stirn und Wangen eine Schluchten- und Kraterlandschaft, die Augen wäßrig und weich, Schildkrötenhaut bedeckt seine knochigen Finger. Das mache vier Euro zwanzig, sagt er, für zwei Halbe. Das sei ja, würde der Metropolenmensch jetzt ausrufen, hätte er hierher gefunden, ‚fast geschenkt!' Bald aber wird man in Fürths Bahnhofsgaststätte wohl nichts mehr geschenkt bekommen, und man wird nicht mehr bewirtet werden von einem Mann, der dies sehr gut kann – ohne Sperenzchen, ohne Tamtam – und der wahrscheinlich nichts anderes kann, weil er wahrscheinlich nie etwas anderes werden konnte als Bedienung in der Bahnhofsgaststätte zu Fürth. Auch die vier Schafkopfer werden ihre Raucherhölle verlassen müssen, in der sie niemand belästigt und in der sie sein können, was sie noch sein können, denn die Modernisierung der Bahnhöfe schreitet voran. Fürth, so steht zu vermuten, ist demnächst dran, in Nürnberg nebenan hat die ‚Unternehmensbereichsleitung DB Station&Service' ihr Werk ja schon vollendet und ganze Aufräumarbeit geleistet, nämlich ein an innerstädtische Einkaufspassagen erinnerndes, durch Securitykräfte geschütztes, luftig-lichtes Konsumparadies aus Boutiquen, Hot-Snack-Points, Wok-Opens, Rail-Ins und Coffee-Table-Lounges geschaffen, in dem für Nichtsnutze, Gescheiterte, Deklassierte und Müßiggänger kein Platz mehr ist. Bis 2010, vermeldet die Deutsche Bahn AG denn auch stolz, werde man weitere fünfhundert Millionen Euro ‚in unsere Bahnhöfe investieren' und sie unwiderruflich ruinieren."

Was hier in Nürnberg begann und in Fürth unterdessen wohl nach Kräften „nachgeholt" worden ist (Ironie der Geschichte: Die erste Bahnstrecke in Deutschland verlief zwischen Fürth und Nürnberg), ist natürlich auch anderswo schon lange Realität.

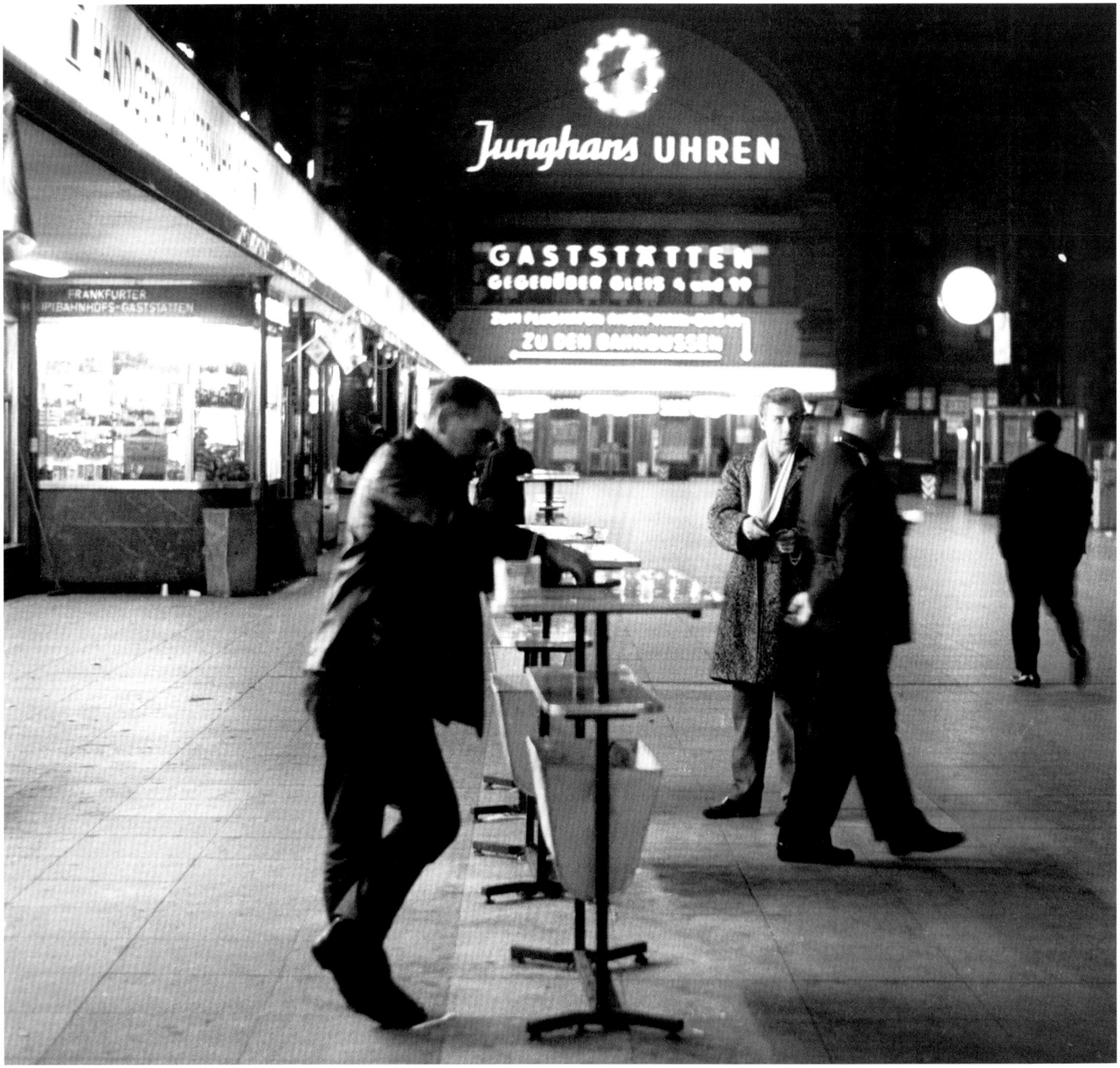
Junghans UHREN
GASTSTÄTTEN
FRANKFURTER

Ich sagte, daß ich ein furchtsamer Mensch sei, einer, der nicht viel von der Welt gesehen hat. Doch von einem zweiten Bahnhof, der damals noch kein „Nicht-Ort" war, kann ich erzählen. Es war Anfang der achtziger Jahre. Wer erinnert sich noch daran, daß die Ankommenden und Abreisenden am Haupt des Frankfurter Kopfbahnhofs schlichte Biertische empfingen und ihnen einen Platz der Muße boten? Wann immer ich, bevor ich nach Frankfurt zog, meinen Freund Rainer Dorner in Frankfurt besuchte, war Zeit für ein, zwei helle Halbe. Rauchen konnte man dabei auch. Man wußte, daß man angekommen war, man wußte, daß man wieder wegfahren und wiederkommen würde, möglicherweise. So viel Zeit sollte sein.

Man stand in aller Bierruhe mit Pendlern, Reisenden, Beamten, Malochern und Lebenskünstlern, Hausfrauen und Nutten, Trinkern und Junkies an den langen Tischen, und leicht entstanden wunderbar flüchtige Gespräche. Diese Gespräche machten aus dem Frankfurter Hauptbahnhof einen *Ort*.

Ich habe nicht recherchiert, wann diese Bierträngegesprächsanstalt verschwunden ist. Es würde mich zu traurig stimmen. Der Frankfurter Hauptbahnhof hat aber für mich seitdem jeden Reiz verloren. Wenn ich heute mal wegfahre oder ankomme, bin ich froh, diesen Nicht-Ort möglichst schnell verlassen zu können. Das ist ja wohl Sinn der Sache.

Die Mehdornisierung, eine Cousine der Blatterisierung, hat ganze Arbeit geleistet. Beide Organisationen, DB und FIFA, agieren nach Gutsherrenart: die eine ist Staat im Staat, supranational die andere. Hier wird das Eigentum des Volkes im Hinblick auf einen möglichen Börsengang verscherbelt, dort der Volkssport Fußball pervertiert. Nicht nur die Einkommen zwischen Arm und Reich klaffen immer weiter auseinander, auch die verdeckten No-go-Areas für Außenseiter und Verlierer der Gesellschaft werden kontinuierlich mehr.

„Ich könnte jahrelang zu Hause sitzen und zufrieden sein. Wenn nur die Bahnhöfe nicht wären", notierte Joseph Roth. Ich brauche die Bahnhöfe, und seien sie nur dazu da, um mal hinzufahren, ohne die Stadt zu verlassen, nicht mehr, um meine Sehnsucht zu stillen. Gegen eine solche Haltung hätte wohl auch der große Reisende und Unstete Joseph Roth nichts einzuwenden gehabt. Es gilt, neue Orte zu finden. Es soll ja Menschen geben, aus denen nichts geworden ist und die trotzdem keine Lust haben, in Versicherungen zu machen. Diese Leute schaffen möglicherweise die neuen Orte, die man gerne aufsuchen und an denen man gerne verweilen wird. Wir müssen sie nur finden. Wir brauchen die Entschleunigung jenseits aller Ghettos – und sei es im Waschsalon.

Wagenreihung Mannheim – Kaiser[slautern] Saarbrücken

Paris Est

Der berühmte Zug nach nirgendwo

ANDREAS DOSCH

„**K**omm", sagte der junge Mann mit fremdem Akzent. „Komm mit mir mit."
„Nein!" rief Pia laut. „Laß den doch in Ruhe!"
„Komm mit", sagte der Mann wieder und packte mich am Arm. „Ist nicht weit von hier."
„Laß ihn los!" rief Pia noch lauter, aufgebracht, wie sie war.
„Ach, weißt du", sagte ich zu dem Typ, als es mir langsam dämmerte, „ich bleib' doch lieber hier."
Er versuchte es noch einige Minuten lang, zerrte an mir herum, dann zog er endlich ab.
„Der hat mitgekriegt, daß du nach Paris willst", sagte Pia und schob mich in eine Ecke des nächtlichen Kaisersacks. „Der weiß, daß du viel Geld dabei hast."
Stimmt. Tausend Mark von meinem Dispo, um genau zu sein. Das mit Paris traf ebenfalls zu. Einfach so, kurz nach Mitternacht, zwei Flaschen Riesling intus, vom Fernweh befallen, war ich losgeeilt. Schnell ein paar Sachen in den Rucksack, ab zum Geldautomaten, letzte S-Bahn Richtung Hauptbahnhof, der nächste Zug gen Frankreich wartete schon.
Das Problem war nur: Nachts um zwei fahren keine Züge von Frankfurt nach Paris. Der erste wäre nach Norddeich gegangen, irgendwann gegen sechs. Doch da wollte ich nicht hin. In Paris, Abfahrt 7.56 Uhr, hätte ich ins Kino gehen können. Belegte Baguettes futtern. Abends ein Weinchen am Eiffelturm. Romantische Vorstellung. In Norddeich erwarteten mich höchstens Windböen und Räucherfisch. Und danach war mir nicht, Fernweh hin, Fernweh her.
Um die Zeit zu überbrücken, streifte ich benebelt und ziellos durchs Bahnhofsviertel, bis mich, in der Höhe des alten Pornokinos kurz vor dem Bahnhofsvorplatz, eine nicht mehr ganz junge, blaßgelbhäutige Frau mit hennaroten Haaren um eine Zigarette anschnorrte.
Nicht mehr ganz junge, blaßgelbhäutige Frauen mit hennaroten Haaren mochte ich schon immer, irgendwie, und diese mit ihrem hübschen Gesicht, dessen weiche Züge vom Heroinkonsum schon ausgesprochen deutlich in Mitleidenschaft gezogen worden

waren, auch sofort. Sie sah nicht gut aus, aber sie gefiel mir.

Ihr Name war Pia, sie war ein Junkie, wir kamen ins Gespräch. Ich hatte mich bislang noch nie mit einem Junkie unterhalten und war diesen Leuten bei Tag auch lieber aus dem Weg gegangen. Jetzt aber fühlte ich mich plötzlich sehr wohl in Pias Nähe. Denn uns verband gerade ein Gefühl von Einsamkeit, Sehnsucht, Flucht, die ganze Soße. Wir wollten raus aus dem Alltag. Irgendein Weg. Irgendein diffuses Ziel. Für mich war das Paris. Für sie war das ihr Ding. Der Wunsch nach dem schnellen Glücksmoment. Zack – und du bist weg.

„Das ist echt verrückt, was du da machst", sagte sie zu mir. „Find' ich aber gut."

„Und du, macht dir das Spaß?" erkundigte ich mich.

„Nee", antwortete sie, „längst nicht mehr. Ist ziemlich scheiße."

Ja, das war es tatsächlich. Was hätte ich auch in Paris gewollt? Als ich mich in Gedanken allein, todmüde und verkatert die Champs-Élysées hochlatschen sah, nur mit einer Zahnbürste bewaffnet, von Heimweh geplagt, kam mir mein Verhalten plötzlich sehr kindisch vor. Die Wirkung des Weins schien auch nachzulassen, ich merkte langsam, wo ich mich befand: Nachts um drei im Bahnhofsviertel, auf einem Treppeneingang sitzend, tausend Mark in der Tasche und keinen Plan. Ein Anblick, der meiner Mutter nicht besonders gefallen hätte.

Dann kam dieser Typ des Weges. Er tauchte einfach so aus dem Dunkel auf und steuerte direkt auf uns zu.

Pia kannte ihn, denn er fragte sofort: „Brauchst du was?"

„Nee, laß mich in Ruhe!" sagte Pia und winkte schroff ab. Sie schien ihn nicht besonders zu mögen.

Dann nahm er mich ins Visier. An seinem Blick konnte ich erkennen, daß er die Situation schnell durchschaute. Kein Wunder, so einer wie ich gehörte nicht hierher.

„Und du? Willst du was?"

In meinem Kopf ratterte es. Aber nicht lange genug, bis ich mich selbst sagen hörte: „Hast du was zu rauchen?" Warum nach Frankreich, wenn das Gute liegt so nah …

„Klar", antwortete er. „Komm."

Ich stand auf, um ihm zu folgen. Er nahm meinen Arm und zog mich mit.

Da ging Pia dazwischen.

Noch heute schüttele ich den Kopf ob meiner naiven Dummheit. Hatte man nicht bereits als Pimpf immer wieder eingetrichtert bekommen, auf keinen Fall mit fremden Männern mitzugehen? Frühmorgens im Frankfurter Bahnhofsgebiet? Hallo, ist das wer?

Als ich mich schließlich von Pia verabschiedete, umarmten wir uns.

„Brauchst du Geld?" fragte ich. Sie nickte, ich gab ihr einen Hunderter.

„Laß dich mal wieder sehen", sagte Pia, als ich von dannen trottete.

Im Bahnhof war mittlerweile wieder Leben eingekehrt. Der Zug nach Norddeich fuhr gleich ab. Während ich benommen durchs Gebäude schlich, lief mir mein alter Sozialkundelehrer über den Weg. Er grüßte mich freundlich.

Am Metzgereistand, der zu meiner Überraschung bereits geöffnet hatte, kaufte ich mir eine warme Schweinshaxe und ließ sie in eine Tüte packen.

Dann nahm ich die S-Bahn und fuhr nach Hause.

DER BERÜHMTE ZUG NACH NIRGENDWO : 51

Früher war die Currywurst am Koblenzer Hauptbahnhof besser

CHRISTIAN JÖRICKE

Immerhin waren ihre Macken ungewöhnlich. Sie mochte es nicht, wenn man ihr Haar berührte, der Anblick langer Fingernägel löste bei ihr einen Würgereiz aus, und ihr Puls stieg, wenn sie Knöpfe anfassen mußte. Dafür gibt es sogar einen Fachbegriff: Koumpounophobie. Sie konnte nicht mit Silberlöffeln essen und nicht aus Plastikbechern trinken (oder waren es Plastiklöffel und Silberbecher?). Hinzu kam ihre Lust am Nölen. Wenn sie mich mit dem Auto vom Bahnhof abholte – wir wohnten zweihundert Kilometer voneinander entfernt –, motzte sie als erstes über den Verkehr. „Nörgeln ist der Tod der Liebe", soll Marlene Dietrich laut einem früheren Werbeplakat der *Bild*-Zeitung mal gesagt haben, und die Frau Dietrich muß es ja wissen.

Gekleidet war Steffie stets wie eine an Depressionen leidende Zwölfjährige. Ihre Lieblingsjacke war grau und hatte eine Kapuze, darunter trug sie karierte Blusen und an den Beinen weite Jeans. Das hat mich fertiggemacht. Denn sie hatte einen Körper, bei dem man in Zeichentrickfilmen jaulen und hecheln würde wie ein liebestoller Hund. Ihre Haut war so zart und hell, daß sich auf ihren prächtigen Brüsten Adern abzeichneten. Mit ihrem runden, festen Po hätte sie Nüsse knacken können. Sie machte keinen Sport, wohnte aber im vierten Stock in einem Haus ohne Aufzug, was ihr sichtlich guttat. Dennoch mochte sie ihren Körper nicht. Der Sex fand im Dunkeln und unter der Bettdecke statt. Am 10. Juni 2006 habe ich die Beziehung beendet, einen Tag nach dem Beginn der Fußballweltmeisterschaft in Deutschland. Ich bin mir sicher, daß sie darin einen Zusammenhang sah.

Gut drei Monate später wurde bei ihr in der Nähe mein Neffe getauft. Den Vorabend nutzte ich für einen Besuch beim Kollegen Roth. Wenn man mit dem Zug von Trier nach Frankfurt reist, kann man sich aussuchen, ob man in Koblenz oder in Saarbrücken umsteigen möchte. Direktverbindungen gibt es nur in Städte, in denen man sich nie aufhalten muß. Die Strecke entlang der Mosel ist, wenn man den Anblick schöner Landschaften zu schätzen weiß, derjenigen entlang der Saar vorzuziehen. Zudem gab es damals während des Umbaus des Koblenzer Bahnhofs im ausgelagerten Mitropa-Imbiß die beste Currywurst im Umkreis von neunzig Kilometern. Das ist heute nicht mehr so, da der Betreiber offenbar gewechselt hat und der neue davon auszugehen scheint, daß man die Kundschaft eh nicht mehr wiedersieht.

Im Gegensatz zu Koblenz ist es für mich nicht nur wegen der Skyline immer wieder beeindruckend, in den Frankfurter Hauptbahnhof einzufahren. Anders als in Trier, Saarbrücken oder Koblenz versucht man hier nicht, mit hohen Nummern eine große Gleisanzahl zu suggerieren. Die Menge an Bahnsteigen stimmt mit ihren Ziffern überein. In Trier gibt es vier Gleise. Sie heißen 10, 11, 12 und 13.

Bis zu Herrn Roth ist es mit der S-Bahn nur eine Station. Er wartete schon in einer Kneipe. Nach dem achten Weizen brach ich auf, weil ich noch zu einer

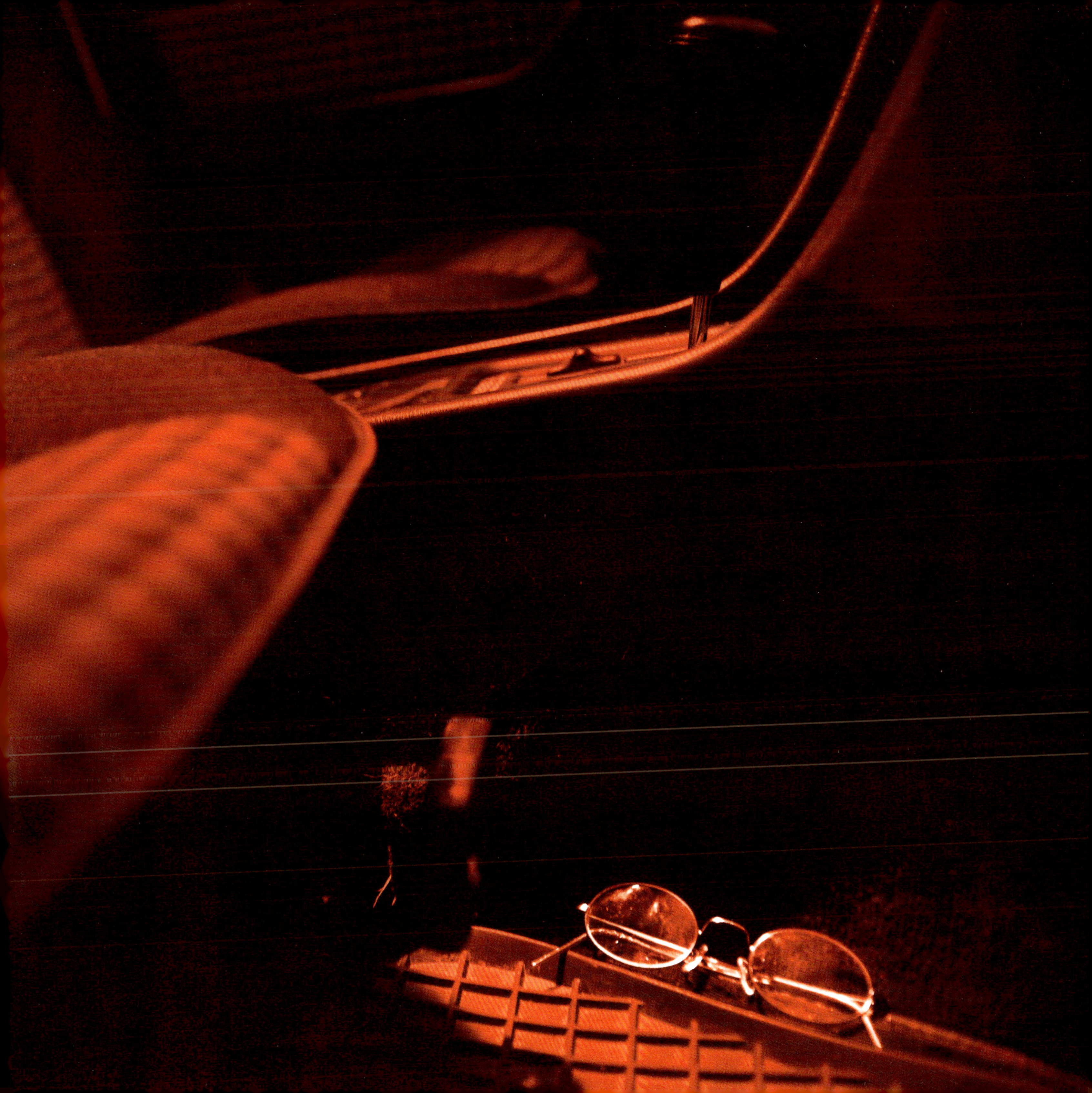

Willi Butzer
Moselstraße 31
Frankfurt a.M.
Bockwurst
mit Brötchen
2.50
Rindswurst
mit Brötchen
2.50
Paprikawurst
mit Brötchen
2.50
Hot-Dog
mit Zwiebeln, Gurken, Ketchup, Majo
2.50
Dogs

Geburtstagsparty wollte. „Du kannst mein Auto nehmen", bot mir der Freund an. „U-Bahn ist viel zu gefährlich."

Karsten wohnte südlich des Grüneburgparks. Beim Fahren hielt ich mir ein Auge zu, um wenigstens einigermaßen klar gucken zu können. Auf dem Weg vom Gallusviertel ins Westend – ich weiß bis heute nicht, wie ich zur richtigen Adresse gelangt bin – kamen mir insgesamt vier Streifenwagen entgegen. Hätte man mich angehalten, wäre ich den Lappen bis 2036 losgewesen.

Auf der Party fühlte ich mich schrecklich unwohl, weniger, weil ich mich im achtzehnten Semester meines noch weit von den Abschlußprüfungen entfernten Germanistikstudiums befand und nur von jungen Bankern mit Eigenheim und Frauen, die schon mit fünfundzwanzig einen Doktortitel hatten, umgeben war, sondern weil trotz fortgeschrittener Veranstaltungsdauer niemand außer mir betrunken war. Um drei Uhr beschloß ich, zu meiner Schwester nach Heidelberg zu fahren, wo in wenigen Stunden die Taufe ihres Kindes stattfinden sollte. Es dauerte ewig, bis ich eine Autobahnauffahrt fand. Mein Sehvermögen war inzwischen zusätzlich eingeschränkt, weil ich irgendwo meine Brille verloren hatte. Tage später bat ich Karsten, in seiner Wohnung nach ihr zu suchen, und schließlich – weil er sie nicht fand –, in seinem Viertel Zettel aufzuhängen für den Fall, daß sie auf dem Weg zum Wagen verlustig gegangen war. Es sollte sich niemand melden.

Um fünf kam ich in Heidelberg an, zu früh, um bei meiner Schwester zu klingeln. Im Auto suchte ich vergeblich noch ein bißchen nach der Brille und drehte schließlich die Rückenlehne des Fahrersitzes nach hinten, um etwas zu schlafen.

Am Nachmittag brachte ich Herrn Roth sein Auto zurück und wartete danach im Hauptbahnhof auf meinen Zug nach Trier. Von Steffie hatte ich einige Wochen nach unserer Trennung liebe Kurznachrichten erhalten, und im Bahnhofs-Burger-King schrieb ich ihr, daß ich in der Nähe sei und zu ihr käme, wenn ihr das passe. Es paßte ihr.

Sie sah toll aus. Kajalstriche brachten ihre großen dunklen Augen besonders zur Geltung, und ihre enge schwarze Bluse gab den Blick auf ein prächtiges Dekolleté frei. Entscheidend war, daß sie sich anscheinend wohl darin fühlte und sich nicht nur so zurechtgemacht hatte, um mir zu gefallen. Natürlich waren die Begrüßung und die ersten Minuten etwas verklemmt, aber ich wußte ziemlich schnell wieder, warum ich mich damals in sie verliebt hatte. Ihre Charakterstärke war faszinierend. Steffie verbog sich für niemanden. Sie zeigte der Welt den Stinkfinger und blieb stets ihren Prinzipien treu. Ich habe nie wieder eine Frau kennengelernt, die so straight ist. Wir verbrachten einen amüsanten Abend an einem künstlichen Strand am Neckar und eine irre Nacht bei ihr. Am nächsten Tag wollte sie wissen, wie es mit uns weiterginge. Ich konnte es ihr nicht sagen. Die Entscheidung wollte ich nicht von einem einzigen Treffen abhängig machen.

Ich habe danach nie wieder etwas von ihr gehört. Sie reagierte nicht auf E-Mails und nicht auf Kurznachrichten, wechselte die Arbeitsstelle und zog irgendwann in eine andere Stadt. Ich glaube, sie ist inzwischen verheiratet und hat den Namen ihres Mannes angenommen. Selbst im Internet hat sich ihre Spur verloren.

Dafür meldete sich vor einigen Monaten Herr Roth bei mir. Er habe in seinem Wagen eine Brille gefunden. Ob ich wisse, von wem die sei. ∴

Lust auf Lesen

Bücher   Zeitschrif

Noch zu früh für Rudi

ANGELIKA BARTH

Endlich sehe ich ein orangefarbenes Ampellicht vor uns. Jetzt wird er den Wagen nach seiner rasanten Fahrt stoppen. Auf keinen Fall darf ich auf dem Bahnsteig warten. Am liebsten würde ich ja in die Lounge gehen. Da oben hat man den besten Überblick. Der Anzeigentafel ist nicht zu trauen. Erst wenn der Zug eingefahren ist, ist er auch angekommen. Genau das kann man von dort aus sehen. Nur in Frankfurt, abgesehen vom eingeschränkten Blick auf die hinteren Bahnsteige in der Lounge der 1. Klasse in München, sieht man vom ersten Stock direkt auf die Gleise. Dann ist immer noch Zeit, das Gepäck zu schnappen und notfalls, der Aufzug braucht immer eine Weile, die lange, steile, aber breite Treppe herunterzugehen. Die Lounge hat um diese Zeit aber leider noch geschlossen.

Auf Schillers lorbeerbekränztem Kopf sehe ich eine Taube sitzen. Der Taxifahrer hat an der Taunusanlage noch einmal Gas gegeben. Ich habe ihn weder mit einem winkenden Geldschein noch mit einem demonstrativen, sich alle dreißig Sekunden wiederholenden und von tiefen Seufzern begleiteten Blick auf die Armbanduhr dazu veranlaßt. Im Gegenteil. Entspannt sitze ich im Fond und schaue aus dem Fenster. Einmal auf die eine, dann auf die andere Seite der leeren Straße. Er fährt nicht auf den Taxistand, sondern hält vor dem Haupteingang in der verbotenen Zone, um gleich nach dem Ausladen meiner Koffer in einer mir unbekannten Sprache telephonierend davonzubrausen.

Ich blicke auf die Bahnhofsuhr. Fünfundzwanzig Minuten zu früh. Weiter oben schaut von der geschwungenen Dachmitte Atlas auf mich herab. Unterstützt von Dampf und Elektrizität, trägt er die Last der Weltkugel auf seinen breiten Schultern, während an meinen schmalen die beiden Koffer zerren. Ich schleppe mich zum Hauptportal.

Eine südliche Stimmung könnte sich angesichts des großen freien Platzes mitten in der Stadt einstellen, wäre da nicht der Biergarten – oder vielmehr das, was sich die Menschen außerhalb Bayerns unter einem Biergarten vorstellen –, der den halben Vorplatz beansprucht. Dort stehen ungefähr hundertfünfzig Stühle, auf denen um diese Zeit noch niemand sitzt. Auch im Laufe des Tages finden sich nicht viele Gäste ein. Nur alle zwei Jahre. Dann läßt *Mövenpick* für wenige Wochen während der Fußballwelt- oder Europameisterschaften zwei Fernseher aufstellen. Damit sich ausschließlich zahlungswillige Gäste einfinden, ist der braune Plastikzaun zusätzlich von baumhohen weißen und rosafarbenen Oleanderbüschen, die sich mit Bambuspflanzen abwechseln, umgeben. Das Kunststoffensemble wird nur einmal, in der Nähe der Bahnhofsfassade, von einer echten Fächerpalme unterbrochen.

Gestern mittag trat ich in Hamburg auf den gastronomiefreien Bahnhofsvorplatz. Bei hochstehender Sonne wurde ich von Mozarts „Kleiner Nachtmusik" aus den Lautsprechern begrüßt. „Laß dich ruhig nieder, böse Menschen haben keine Lieder", kam mir beim Anblick des vollen Platzes in den Sinn. Einer Studie zufolge soll klassische Musik von bestimmten Bevölkerungsschichten nicht gemocht werden. Um die ungern Gesehenen abzuschrecken, wird der gesamte Platz permanent mit „Freude, schöner Götterfunken" und anderen Klassikern beschallt. Wie immer mußte ich den dort campierenden Herrchen von Kampf- und Schäferhunden, den Besitzern von leeren Flaschen und vollen Einkaufswagen und den nach Kunden für den besonderen Kick Ausschauhaltenden ausweichen.

Anstelle des Götterfunkens aus der Retorte hat man auf dem ehemaligen Galgenfeld eine Frankfurter Plastikoase angepflanzt. Ich betrete die Haupthalle und entscheide mich für den zweiten Fahrkartenautomaten. Dort ist man nicht sofort zu sehen. Das Reisezentrum hat noch nicht geöffnet. Die Fahrkarte hatte ich gestern abend telephonisch im Zug bestellt.

Wieder die falsche Taste. „Sie müssen erst die Karte einführen und dann dort drücken." Ich drehe mich um. Die Frau hat halblanges strähniges Haar, trägt einen langen braunen Rock und hält einen grasgrünen Jutebeutel in der Hand, auf dem in Schwarz „K 21" steht. Darunter, auf die Zahl ist ein Pfeil gerichtet, heißt es: „Nein zu Stuttgart 21". Wenn Frankfurt 21 seinerzeit nicht an der Finanzierung gescheitert wäre, gäbe es statt des Schwaben- nun ein Hessenloch, und ich würde jetzt nicht hier oben stehen.

„Vielen Dank für die Hilfe." Ich krame nach einer Münze.

„Danke", sagt sie und stellt sich wieder nebenan auf.

„Lust auf Lesen" sehe ich oben in großen roten Buchstaben stehen. Zwanzig Minuten bis zur Abfahrt. Ich gehe in die Bahnhofsbuchhandlung. Noch früher macht der Presseladen auf, eine halbe Stunde, nachdem jeder wieder Zugang zum Bahnhofsgebäude hat. Von ein bis vier Uhr gestatten die Sicherheitsleute nur den Fahrgästen der beiden in dieser Zeit abfahrenden Züge das Betreten der Halle.

Ich lasse mir Zeit bei der Auswahl meiner Lektüre. Da der ICE in Frankfurt losfährt, ist er in der Regel schon mindestens zehn Minuten vorher bereitgestellt. Wenige Minuten vor der Abfahrt laufe ich, so schnell ich kann, auf dem Bahnsteig gegenüber dicht am Zug entlang, der gerade angekommen ist. Viele Fahrgäste steigen ein und aus, so daß ich mich unerkannt unter sie mischen kann.

Erleichtert schaue ich auf die glitzernde Oberfläche des Mains. Ich habe es geschafft. Ohne meinem Kollegen Rudi zu beggenen, sitze ich im Abteil, das ich sogar für mich alleine habe. Eigentlich heißt er Rudolf, aber alle nennen ihn Rudi und in seiner Nichtanwesenheit „Rudi nie ratlos", weil er immer und zu allem etwas zu sagen hat und dies auch ungefragt tut. Sein Spezialgebiet sind Statistiken aller Art. Ich finde Statistiken auch interessant, doch ist es mir jetzt einfach noch zu früh für Rudi.

Durchs rechte Fenster sehe ich den Henninger-Turm. Dann nah den Gleisen ein weißes Schild. Nur zwei Buchstaben sind erkennbar. In der Mitte sind sie bunt übermalt. O und H. Offenbach. Ich schließe die Augen und rechne aus, wie lange ich bis zur Ankunft schlafen kann.

„1,908 Milliarden Menschen steigen im Laufe des Jahres in die Züge der Deutschen Bahn, pro Tag 5,2 Millionen, davon in

Frankfurt täglich 350.000. Und wie findet man eine Stecknadel im Heuhaufen?" fragt der Mann mit Halbglatze und den etwas zu kurzen, kognakfarbenen Hosen, der gerade die Tür aufgeschoben hat und fortfährt, ohne eine Antwort abzuwarten: „Ganz einfach. Eine Stecknadel findet man mit einem Magnet."

„Den du immer in der Tasche hast", entgegne ich schläfrig.

„Nein, das Ruheabteil ist in diesem Fall der Magnet."

Rudi nimmt gegenüber Platz. Er packt sein Notebook, eine viereckige Plastikdose und eine Thermoskanne aus.

„Du hast hoffentlich gut geschlafen", sage ich in der Hoffnung, er habe ausnahmsweise Schlaf nachzuholen.

„Ausgezeichnet. Ich bin zwei Stunden früher als sonst, also um 20.15 Uhr ins Bett gegangen, damit ich heute fit bin."

„Na, dann wird es ja ein guter Tag", entgegne ich und schaue aus dem Fenster auf die Schienen, was Rudi sofort mißversteht.

„342 Fernzüge kommen täglich in Frankfurt auf fünfundzwanzig Gleisen an, nur in Hamburg sind es mehr."

„Von da kam ich gestern nacht mit dem letzten ICE." Vielleicht versteht er den Hinweis.

Rudi packt seine mit mehreren Gummibändern gesicherte Frühstücksbox aus, dann das sorgfältig mit einem Verschluß versehene Plastiksäckchen, dem er ein in Alufolie eingewickeltes belegtes Brot entnimmt.

„Hat deine Mutter dir auch das Abendbrot eingepackt?" will ich von ihm wissen.

„Woher weißt du …"

Ich winke ab.

Rudi darf heute abend nach der Konferenz wieder zurückfahren. Während er ein Heim hat, habe ich lediglich eine Unterkunft mit einem notorisch leeren Kühlschrank. „Für den Rückweg Rindswurst. Leider dann kalt. Eine von 5.600, die Gref-Völsings täglich produziert."

*

„Sind wir schon zu Hause? Die Zeit verging ja wie im Flug." Ich schaue mein Gegenüber an. Er hat ein schwarzes Hemd an statt eines seiner üblichen karierten. Der neue Blazer sieht nicht mehr nach Theaterfundus aus. Rudi hat sicher geschlafen, so erholt, wie er wirkt. Er schultert seine Tasche, schnappt meinen großen, dann meinen kleinen, nicht weniger schweren Koffer und steht wenig später an der Tür, um als erster auszusteigen. Rudi stellt mein Gepäck auf den Bahnsteig und reicht mir seine Hand, damit ich sicherer aussteigen kann.

„Willkommen am Frankfurter Hauptbahnhof." Die Durchsage übertönt mein verblüfftes „Danke!"

„Ist mir eine Ehre und ein Vergnügen. Ein noch größeres hätte ich, wenn ich dich zu einem sauer Gespritzten und einem Handkäs' mit Musik einladen dürfte."

„Wenn wir jetzt nach Sachsenhausen oder Bornheim fahren, bekommst du deinen Anschluß nach Rumpenheim nicht mehr", sage ich besorgt.

„Wir haben doch den größten Taxistand der Stadt vor der Tür."

Rudi zieht mich durch die Bahnhofshalle. Neben dem Blumenladen, dort, wo vorher eine Pilsstube war, hängt ein Kranz mit einem Bembel über der Tür. Wir treten ein. Sofort ist die Bedienung zur Stelle.

60 | ANGELIKA BARTH

„Ey, was hätte' Se denn gern?" Die Kellnerin kenne ich irgendwoher.

„Zwei Handkäs' mit Musik, dann zweimal Grüne Soße mit Tafelspitz und zwei Schoppen", kommt mir Rudi zuvor.

„Sauer und hochgespritzt", ergänze ich.

„Nemme' Se doch gleich en' klaane' Bembel."

Mit dem Bembel kommen die Gerippten. Die Gläser sind jedoch nicht durchsichtig, sondern rosa und blau.

„Bunte Apfelweingläser", merkt Rudi kopfschüttelnd an, während ich die Augenbrauen hochziehe.

„Un' rutschfest sind sie aach", meint die Kellnerin. „Dann könne' sie im Zug net vom Klapptisch kippe', wenn er in die Kurv' geht. Rosa für die Dame, blau für den Herrn und gelb für die Kinnä."

„Aber die dürfen doch noch keinen Alkohol trinken", protestiere ich.

„Is' doch Medizin. Deshalb is' ja aach kei' Alkoholsteuer druff."

Ebbelwoi über die Gass' statt Coffee to go. Ich bin begeistert. Im Kölner Bahnhof gibt es Kölsch, Halve Hahn und Kölsche Kaviar, im Berliner Bahnhof Berliner Weiße und Frikadelle und im Münchner Bahnhof Weißbier und Weißwurst, während es in Frankfurt zwar Austern, Sushi und an jeder Ecke Wraps gibt, aber leider keinen Apfelwein und Handkäs'. Bis jetzt.

„Wie viele Weißwürste ißt ein Münchner durchschnittlich im Jahr?" will ich von Rudi wissen.

„Ist doch egal." Er zwinkert mir zu und nimmt noch einen großen Schluck.

Ich schaue ihn an. Er muß heute in der Mittagspause beim Friseur gewesen sein. Und beim Optiker. Daß mir die modische Brille erst jetzt auffällt, wundert mich.

Die Bedienung bringt den zweiten Bembel. Plötzlich erkenne ich sie und bekomme vor Aufregung kaum Luft. „Rudolf, mei' Trobbe", bringe ich gerade noch heraus.

In Windeseile hat er das gelbe Bachblütenfläschchen in der Hand und reicht es mir. Ich träufele vier Tropfen auf meine Zunge, dabei verschlucke ich mich.

Hustend schlage ich die Augen auf. Gegenüber sitzt Rudi an seinem Notebook und schaut mich über den Rand seiner goldenen Brille besorgt an. Er beugt sich herüber und macht Anstalten, mir auf die Schulter zu klopfen.

„Ist es wegen des Limburgers?" Rudi deutet auf seine geöffnete Frühstücksbox.

Noch leicht benommen schüttele ich den Kopf.

„Wußtest du, daß Frauen in Deutschland neunzehn Minuten länger schlafen als Männer?"

„Schade", sage ich.

„Daß Frauen mehr Schlaf brauchen? Oder daß du dir nichts zum Frühstück mitgebracht hast?"

„Nein, daß ich heute abend nicht mir dir zurückfahren kann. Dann hätten wir noch einen Schoppen trinken gehen können"

„36,4 Millionen Liter Apfelwein werden pro Jahr getrunken, und …"

„Und nicht ein Liter wird davon im Frankfurter Hauptbahnhof ausgeschenkt", beschwere ich mich.

„Trink erst mal einen Schluck", sagt Rudi.

Er schaut mich fast ein wenig ratlos an, während er mir seinen Kaffeebecher rüberschiebt.

TRAFFIC SNACK
home made – with love
Guten Morgen Frankfurt, Ihr Frühstück ist fertig!
Stulle & Kaffee!
2,99

Lied über den Bahnhofskiosk an Gleis 6

SVEN KEMMLER

Ein Putenbagel mit Mandarine
steht in der Vitrine
und hat Vitamine
in der Mandarine

Früher waren hier mal Fixer
heut' steht hier ein Mixer
für den Mango frappé

Neben dem Putenbagel mit Mandarine
liegt in der Vitrine
eine Tarte d'Apfelsine
frisch aus der Cuisine

Ich betrachte den Mixer
ich vermisse die Fixer
und steh' auf und geh'

Der Frankfurter Bahnhof ist etwas Wunderbares. Er ist laut, hektisch und donnert dir scheppernde Ansagen von Verspätungen ins Ohr. Im Sommer erschlägt er einen mit heiß-schwüler Luft, die dich nach einer Weißweinschorle am Main verlangen läßt, im Winter hängt er sein Gewölbe über dich, so daß der kalte Wind stets nur von hinten bläst. Man wird von abgehetzten Menschen angerempelt. Das Service-Personal weiß entweder von nichts oder verteilt Wasser. Touristen aus Asien stehen verloren im Weg herum. Liebespaare tauschen einen letzten Kuß aus, der bis zum nächsten Wiedersehen halten soll – oder wenigstens bis zur nächsten Station. Die letzten Raucher stehen zusammengepfercht in einem gelben Quadrat und ziehen an ihren Sargnägeln. Frauen um die fünfzig haben ausnahmsweise zuviel Gepäck dabei und können damit weder ein- noch aussteigen. Kinder laufen schreiend auf ihren Vater zu. Fußballfans grölen, daß die Halle erzittert, die ewig gleichen Lieder. Eine Maus verschwindet unter dem Gleis –

Willkommen und Abschied

SEVERIN GROEBNER

vielleicht wegen der Fußballfans. Zwischen den Geschwadern der Business-Soldaten in ihren grauen Anzuguniformen, die mit ihren Trollis über den Boden donnern, steht ein einsamer Gepäckträger, der seine Dienste feilbietet, und macht ein Gesicht, als hätte ihn sein Schöpfer in einen Bilderwitz verbannt. Die Frau an der Kasse im Zeitungsladen ist der desinteressierteste Mensch der Welt und lächelt nie. Beim Italiener scheißt der Typ sein Personal zusammen, bevor er dich grinsend fragt, was er für dich tun kann. Die Bahnhof-Security trägt kecke rote Kappen, unter denen sie wirkt wie ein Haufen achtjähriger Jungs, die Räuber und Gendarm spielen wollen. Vor der Post steht eine Schlange, weil die immer da steht, und der sich aufdrängende Gedanke, ob Menschen extra aus dem Odenwald oder Bad Soden anreisen, um endlich mal ihre Post in urbanem Umfeld abgeben zu können, wird nicht weiter verfolgt. In der Halle gibt es Stände, die Handgemachtes aus Olivenholz anbieten, während die potentiellen Kunden in der Pilsstube nebenan keine Notiz davon nehmen. Hoch über den Köpfen schwebt die Stahlkonstruktion aus dem 19. Jahrhundert, von den Franzosen mit ihren Reparationszahlungen nach dem Krieg von 1870/71 finanziert. Draußen kostet jede Zigarette, die man raucht, eine, die man herschenkt. Ein Polytoxikologe streitet sich mit einem Zombie, wer von ihnen der Kaputtere sei, und beide haben recht. Hinten, neben dem großen Parkplatz, warten Busse, die Menschen nach Sofia, Bukarest und Belgrad bringen. Hinter den Gründerzeithäusern des Bahnhofsviertels lugen die Türme wie eine Gruppe eingefrorener, halbstarker Pubertierender hervor, zusammengedrängt, platzgreifend, blöd im Weg stehend, und wenn der Commerzbank-Tower sprechen könnte, würde er wahrscheinlich sagen: „Ey, was guckst du?" Vor der Treppe zur U-Bahn an dem übervollen Fahrradständer, der für kleine Kinder wie ein undurchdringlicher Wald aus Rahmen, Rädern und Speichen erscheinen muß, hat jemand seinen Rollstuhl an den Laternenpfahl gekettet. Wieder drinnen steht ein alter Obdachloser herum und starrt mit leerem Gesichtsausdruck auf eine leuchtende Vitrine voller Hotelanzeigen. Im Untergeschoß kommt einem wieder die Frau entgegen, die, bevor sie Kleingeld bekommt, immer sagt: „Ah, endlich bleibt einer stehen!" Das Untergeschoß selbst ist ein Hades, ein Zwischenreich, eine Welt des ewigen Neonlichts mit Drogeriemarkt, Fahrscheinautomaten und sehr unfaustischen, wankenden Gestalten, eine Art begehbare Vorhölle. Noch tiefer, in der U-Bahnstation, hängt an der Litfaßsäule immer das Kinoprogramm der Vorwoche und erzählt einem, was man sich alles in der Zeit der eigenen Abwesenheit hatte anschauen können. Dann kommt die U-Bahn und nimmt einen mit in Richtung Zuhause. Raus aus der Stadtmaschine, fort von der großen Pumpe, die die Menschen ansaugt und wieder ausspuckt und zu der sich der Fahrgast verhält wie Jonas zum Wal. Und das ist vielleicht das Wunderbarste am Frankfurter Bahnhof. Aber man kommt ja sicher wieder.

Kultur und Bahn

.... HEINER BOEHNCKE

„Kommen Sie doch hoch zu uns. Hier ist es viel schöner und spannender als in Hannover oder Augsburg oder sonstwo!" Die Leute in den Warteschlangen im Reisezentrum des Hauptbahnhofs reckten an einem Sonntagvormittag gegen halb zwölf ihre Hälse und fragten sich, wer sie da in einem wohlklingenden Elsässer Deutsch davon abhalten wollte, nach Hannover, Augsburg oder sonstwohin zu reisen.

„Das ist doch ... Ist das nicht ...?" Doch, es war Tomi Ungerer, der mitten im Gespräch mit dem Moderator von Kultur & Bahn aufstand und die Reisenden freundlichst aufforderte, die Treppe hoch in die Literaturlounge zu kommen. Sie hätten allerdings keinen Sitzplatz bekommen. An jedem ersten Sonntag im Monat von elf bis etwa halb eins verwandelt sich der Frankfurter Hauptbahnhof in einen proppenvollen Literaturbahnhof – seit November 2001 in der Lounge über dem Reisezentrum und, weil sie erheblich verkleinert wurde, damit die Ersteklassereisenden mehr Platz haben, seit über einem Jahr im Restaurant *Cosmopolitan* gegenüber den Gleisen 3 und 4.

Tomi Ungerer hatte aus seiner Autobiographie *Heute hier, morgen fort* gelesen, immer wieder einen Satz vorgelesen und dann wild und wunderbar drauflos erzählt. Vielleicht kamen viele Leute auch, weil sie Ungerers Erzähllesung im Kulturradio gehört hatten. hr2 kooperiert mit Kultur & Bahn und sorgt auch dafür, daß Deutschlands bisher (die Bahn denkt über weitere Stationen nach) einziger Literaturbahnhof so gut besucht wird. Die Leute kommen aus allen Ecken des Rhein-Main-Gebiets, aber auch aus Gießen, Hanau oder Darmstadt, praktischerweise mit der Eisenbahn. Der Vormittag mit Tomi Ungerer war eine Sternstunde. Eine weitere gab es mit Robert Gernhardt. Er las u. a. Eisenbahngedichte, etwa ein ausgesprochenes ICE-Gedicht. Gern lese und schreibe er im Speisewagen. Was er denn dann davon halte, daß die Deutsche Bahn gerade erwäge, die Speisewagen durch irgendwelche Service-Counter abzulösen. „Ganz einfach", sagte Gernhardt, „dann fahre ich nie wieder mit der Bahn." Übrigens wurden die Speisewagen nicht abgeschafft.

Es ist unmöglich, alle Sternstunden aufzuzählen. Es handelt sich eher um eine Art literarische Milchstraße. Es kamen und kommen Stars wie Elke Heidenreich, Martin Mosebach, Wilhelm Genazino. Einmal kamen vier *Tatort*-Kommissare, die Kurzkrimis lasen, es kam Ingrid Noll, der großartige Erzähler Rafik Schamir, die Frankfurter Grande Dame der Literatur, Eva Demski. Ein andermal waren sechs schreibende Kinder zu Gast, die ihre ersten Texte präsentierten. Ganz leise betrat während der Veranstaltung Marcel Reich-Ranicki mit seiner Frau Teofila die Lounge. Um so lauter war der spontane Beifall für beide. Da erhob sich der Kritikerpatriarch und verbeugte sich mit einem umwerfenden altertümlichen Charme. So etwas vergißt man nicht, und die Kinder werden ihr Leben lang erzählen, daß der berühmte Marcel Reich-Ranicki bei ihrer ersten Lesung zugegen war.

Manchmal kann man sich vor Lachen kaum halten. Das liegt dann vielleicht an der irre komischen Darbietung von Walter Renneisen, „Deutschland, deine Hessen". Manchmal ist es mucksmäuschenstill. Dann liest vielleicht Marica Bodrožić neue Gedichte. Oder es kommen Debütanten wie Sascha Stanišić und Harriet Köhler, die hinterher sehr berühmt werden. Die Krimiautorin Krystyna Kuhn war dabei und hatte mit der Schauspielerin Nina Petri ihre Buchpremiere, und die israelische Schriftstellerin Lizzie Doron reiste eigens aus Tel Aviv an.

Im Hauptbahnhof fühlt sich die Literatur wohl. Vielleicht kommen so viele Leute zu den sonntäglichen Veranstaltungen, weil sie das Lesen mit dem Reisen im Zug, mit der Sphäre der Eisenbahn verbinden. Zudem liegt in der üppig sortierten Bahnhofsbuchhandlung immer ein Stapel der Bücher bereit, aus denen am Literatursonntag gelesen wird. Auszubildende von Schmitt & Hahn übernehmen freiwillig den Verkauf bei den Lesungen von Kultur & Bahn. So heißt der nun schon seit fast sieben Jahren existierende gemeinnützige Verein, der für den literarischen Verkehr im Literaturbahnhof sorgt. Die Auszubildenden tun das, obwohl sonntags, gern, weil es kaum eine schönere Gelegenheit gibt, die Produzenten der Bücherware kennenzulernen.

Wer an einem ersten Sonntag im Monat den Literaturbahnhof besuchen will, muß früh aufstehen, verzichtet auf allerlei Formen des behaglichen Faulenzens zu Hause, er muß für die Lesung aber keinen Eintritt zahlen.

„Früher war die Eisenbahn die Eisenbahn und die Literatur die Literatur, heutzutage vermischt sich das früher Getrennte. Die LiteraturLounge im Frankfurter Hauptbahnhof ist ein erfolgreiches Beispiel für diesen Trend und hat sich in den vergangenen Jahren zu einem Fixpunkt des Frankfurter literarischen Lebens entwickelt". So stand es in der *FAZ*. So ist es.

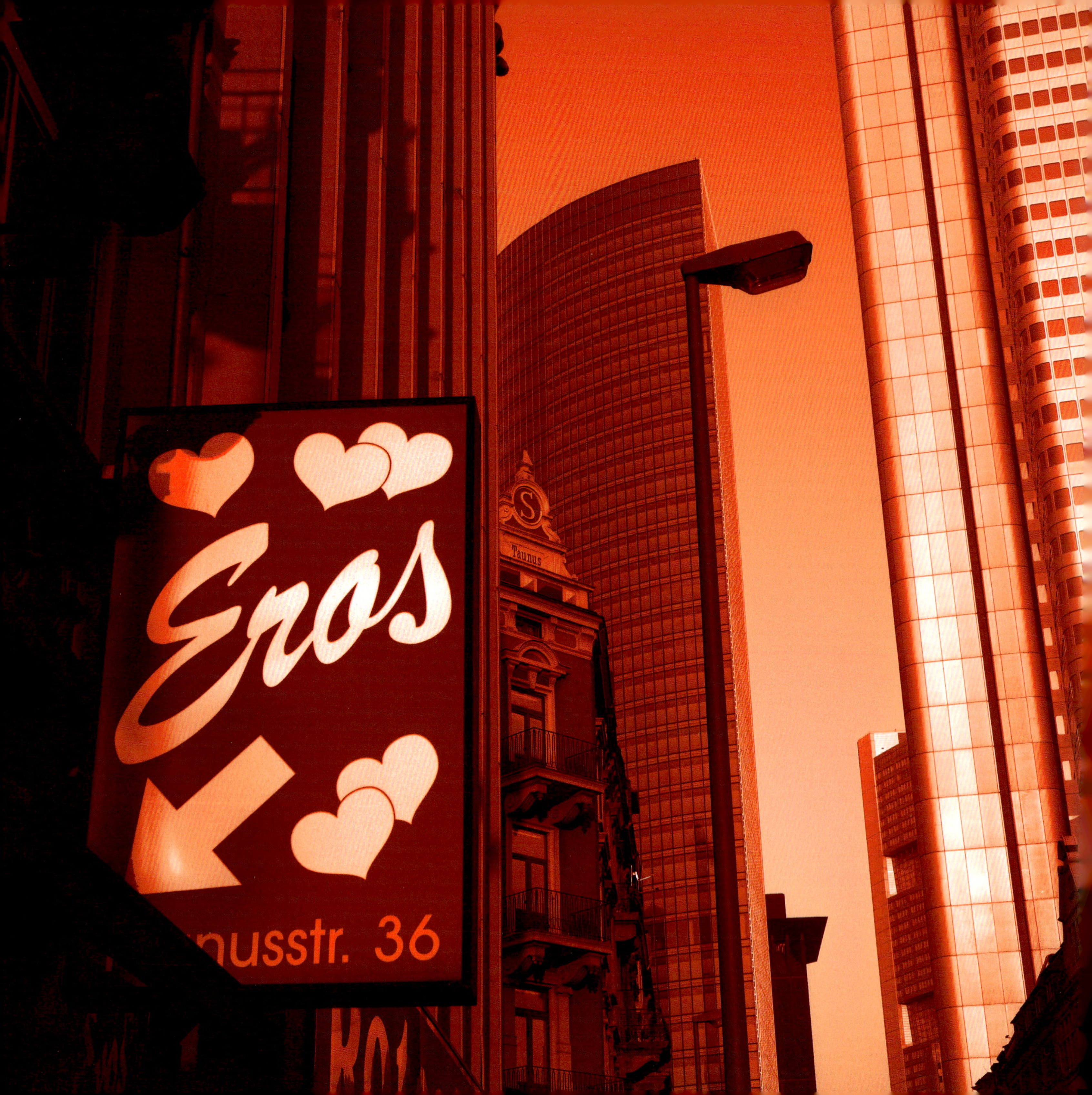
Eros
nusstr. 36
Taunus

Das Viertel

Das Bahnhofsviertel hat drei schwerwiegende Probleme.
 Erstens: Es ist unterbevölkert. Ursprünglich gebaut für 11.000 Bewohner, wohnen hier heute nur noch 1.861 Menschen.
 Zweitens: Im Bahnhofsviertel kaufen zu wenige Menschen ein, und deshalb können sich hier die Geschäfte nicht halten, sie machen dicht, und wieder steht ein weiterer Laden leer, bei den vorhandenen Geschäften sinken die Umsätze oder stagnieren.
 Und drittens: Das Image, das öffentliche Bild des Viertels wird nicht durch eine Geschichte des Stadtteils bestimmt, sondern durch seine immer und immer wiederholte Beschwerde und Klage.

www.frankfurt-bahnhofsviertel.de

MARTINI & ROSSI
MARTINI
FONDATA NEL 1863
STATES OF AMERICA
FEDERAL RESERVE NOTE
THE UNITED STATES OF AMERICA
20
EL 56486770 B
L12
TWENTY DOLLARS

Kapitel 71

PETER O. CHOTJEWITZ

Das Kapitel heißt so, weil es in Kapitel 12, das von der Stasi, die 1953 nach Bad Nauheim, wo sie einen Jazzkeller mit vorwiegend amerikanischer Kundschaft eröffnete, verzog, handelte, hieß:

„Was aus Truschka wurde, erzähle ich später mal. Vielleicht in Kapitel 71."

Wir tranken Bier im *Zillertal* in der Münchner Straße, Truschka und ich, weil der AFN gemeldet hatte, daß Elvis Presley manchmal hier die Hüfte schwingen ließe. Truschka war Ickes Cousine, und wir schliefen auch zusammen, aber ihr Steckenpferd waren die GIs, die an den Wochenenden das Frankfurter Bahnhofsviertel bevölkerten.

Bei uns saß ein Salesman namens William W. Wannemaker, den wir „Big Bill" nannten. „My name is Three-double-you", sagte er zu den Mädels, „but just call me Big-Bill's-big-balls!"

Es gab etliche Ami-Lokale, auch reine Bimbo-Bars, ferner riesige Schuppen, nicht gerechnet die Clubs mit der Aufschrift „for US-personal only", wie den *Toppers Club* neben dem *PX*, aber dank Big-Bill's-big-Balls, zu denen Truschka ein undeutliches Verhältnis hatte, kamen wir überall rein.

Nicht, daß ich Truschkas Zuhälter war. Es blieb mir nichts weiter übrig, als an meinen Martinis und Highballs zu suckeln, wenn sie sich von rosigen, feisten Sergeants und keilförmigen Negern Komplimente machen und manchmal auch poppen ließ, und für mich blieben immer ein paar Drinks, ein Steak und eine Handvoll Dollars hängen.

Kurz: Eine attraktive Freundin war Gold wert für einen Studenten, der sein Geld mit Jobs verdiente, und so ging's uns nicht übel. Tagsüber studierten wir ein bißchen, Truschka was Politisches bei Adorno und Horkheimer und ich Jura gleich nebenan, und wenn wir Geld brauchten, jobbten wir oder gingen mal kurz auf den Strich. Ich in Lokale wie das *Beau Brummel* und Truschka eben in die Bar im *Frankfurter Hof*.

Zu der Zeit, von der ich erzähle, hatte ich einen Job bei Mister-Three-double-you, der als Mister-Five-per-cent irgendwelche Konsumartikel in den deutschen Markt pumpen wollte.

In seinem Keller hatte er an die hundert Items, die in den States Standard waren und von denen ich nicht ahnte, daß man sie brauchte, bis ich Big Bill kennenlernte – also ein Dampfbügeleisen, eine teflonbeschichtete Bratpfanne und einen Druckdämpfer, in dem man Eichhörnchen fünf Stunden garen konnte statt in sieben in einem herkömmlichen Schmortopf. Auch den Barbecueset und die elektrischen Lockenwickler wie Thermostat und Ausschaltautomatik lernte ich durch die *Three-double-you-sales-company* kennen. Die meiste Zeit besuchten wir allerdings die US-Basen bis in die Pfalz runter, da die Einkäufer deutscher Warenhäuser nicht wußten, was der Mensch alles braucht.

Das *Zillertal* war etwa so groß wie ein Fußballfeld, düster und runtergekommen, ohne jeden Zierat. Bierlachen, wohin man sah. Der Schuppen war fast leer, denn es war noch früh. Ein paar besoffene GIs torkelten umher oder fielen fast von den Stühlen, und die Veronikas, Typ Verkäuferin, Friseuse, Tippse, beileibe keine Nutten, hatten wenig Abwechslung.

„Scheißabend", sagten sie, „schon zehn Uhr und erst einmal gebürstet."

Am Nebentisch unterhielten sich zwei über einen, der einen besonderen Schwanz hatte, und zum erstenmal hörte ich hier auch das Wort „T-Shirt". So, wie sie es aussprachen, schien es ein Hemd zu sein, das die GIs zum Geschlechtsverkehr anzogen.

Im Windfang verprügelten zwei US-Militärpolizisten einen Neger, der die beiden mit links erledigt hätte, wenn es ratsam gewesen wäre. Sie trugen weiße Handschuhe, weiße, seidig schimmernde Halstücher und engsitzende Hosen mit scharfer Bügelfalte. Ihre schwarzen Springerstiefel strahlten wie Diamanten, und ihre Schutzhelme saßen wie angegossen.

Sie lächelten und untermalten ihre Bemühungen mit munteren Rufen. Fast tänzerisch umkreisten sie den Bimbo, und ihre langen Schlagstöcke wirbelten durch die Luft wie in einer Varieté-Nummer. Der Schwarze schrie dumpf wie ein Stier und versuchte, seinen Kopf mit den Armen zu schützen. Es war gute Arbeit, die sie leisteten, was leider kaum jemand zur Kenntnis nahm.

Man sah, was da geboten wurde, hängte sich aber nicht rein und fragte nicht, warum und wieso. Die Dinge waren einfach so, wie sie waren, und das war ein gewisser Vorteil jener Zeit.

1958 war überhaupt ein merkwürdiges Jahr, wenn ich mein Tagebuch anschaue. In Beirut landen die US-Truppen, um den Aufstand im Irak niederzuschlagen, die ersten Ostermärsche finden statt, Fidel Castro entführt den Automobilweltmeister Juan Manuel Fangio, Chruschtschow wird Ministerpräsident, die US-Wirtschaft steckt in einer Krise, Charles de Gaulle kehrt zurück, in China gibt es die ersten Volkskommunen, die Nitribitt sucht immer noch ihren Mörder, Feuchtwanger stirbt, Pasternak kriegt den Nobelpreis, darf ihn aber nicht annehmen, der Hula-Hoop-Reifen wird eingeführt, Chruschtschow bietet Wiedervereinigung gegen Bündnisfreiheit, und die Amis schaffen nicht mal mehr ein Mäuschen in den Weltraum, während der sowjetische Sputnik kreist und keiner weiß, ob er nicht irgendwelche geheimnisvollen Waffen an Bord hat.

Die seltsamste Meldung aber war im März, daß Elvis nun doch seinen Wehrdienst antreten werde. Das war natürlich eine Niederlage für jeden Musikliebhaber. Ein Elvis ging nicht zum Militär. Er war Teil jener neuen Subkultur, die wir vielleicht nur liebten, weil sie den Alten mißfiel. Mit Bill Haley und Elvis Presley betraten die Halbstarken die Szene, wurde es Usus, gewaltige Arenen wie den Sportpalast in Berlin, die Merck-Halle in Hamburg zu zerlegen und sich mit der Polizei zu prügeln.

Kurz: Nicht '68 ist das Schlüsseljahr, mit dem eine neue Ära begann, sondern '58.

Andererseits hatte Elvis' Umfaller auch Vorteile. Wir hatten ihn jetzt praktisch vor der Haustür, denn er lebte mit Vater und Großvater in einer Villa in Bad Nauheim, wo jeden Morgen ein Straßenkreuzer vorfuhr, um ihn nach Friedberg zu chauffieren, und es gehörte zum guten Ton, nach durchsoffenen Nächten morgens um fünf mit dem ersten Zug in die Wetterau zu tuckern und die Fahrtroute zu säumen, wo Schulkinder, Hausfrauen et cetera auf den King of Rock 'n' Roll warteten.

Der King kam, ließ halten, forderte ein Kind zum Einsteigen auf, brachte es persönlich zur Schule und fuhr weiter in seine Kaserne, wo ein Viersternegeneral ihm den Arsch abputzte. Die Frauen fielen in Ohnmacht, und die Männer schimpften über seine Privilegien. Ich weiß nicht, ob es stimmte, aber so stand es anderntags in der Zeitung.

O.k.

Wir saßen also im *Zillertal*, im Windfang hatte die Putzfrau das Blut vom Boden gewischt, die Rausschmeißer sortierten das Mobiliar, und von Zeit zu Zeit schwappte ein Rudel Amis herein. Die Mädels kreischten ein bißchen, die GIs führten ihre Begrüßungsrituale vor, die darin bestanden, daß sie die Arme hoben und sich gegenseitig in die Hände klatschten und urige Laute von sich gaben, und die Bierlachen wurden immer größer.

„Eine komische Art, euer Bier zu trinken, habt ihr Yankees", sagte ich beiläufig, aber Big Bill schlug sich nur zwischen die Schenkel und raunzte:

„These balls are born from dixie!"

Man sah jetzt auch Deutsche, sogar Verbindungsstudenten mit Band und Mütze, die einen großen Tisch okkupierten und von den GIs angehimmelt wurden. Photoapparate blitzten, in Bühnennähe hantierte ein dünnbärtiger Jüngling mit einem Tonbandgerät, Soundchecks, Playbacks trieben den Geräuschpegel explosiv in die Höhe, und der Schuppen füllte sich bedrohlich.

Gegen elf ging die erste Glastür zu Bruch. Biergläser flogen, und die Sanitäter sahen alt aus, wenn sie vorbeikamen. Der King kam dann auch noch. Bodyguards schlugen eine Schneise in die Menge, was man aber nur am Geschrei und Gedränge bemerkte, dann sprang er auf die Bühne, während aus den Lautsprechern eine Art Vorspiel zirpte.

Wenn er sich jetzt die Ausgehuniform vom Leib gerissen und sie angezündet hätte – ach was: Wenn er mit dem gehörigen Röhren und Gicksen und der nötigen Ekstase einen seiner Schmachtfetzen geschmettert hätte, „Tutti Frutti" etwa, das Little Richard ebensogut sang –, wäre ich vielleicht damit versöhnt gewesen, daß er klein beigegeben, daß Uncle Sam ihn letztlich doch gekeilt hatte, und das nur, wie die Zeitungen schrieben, „um in der öffentlichen Meinung in den USA einen Umschwung zu seinen Gunsten herbeizuführen".

Aber er gab Mütze und Jacke einem Begleiter und sang „Muß i denn, muß i denn zum Städele hinaus". Aus allen Boxen klang die Schmach, die Buxen sangen mit, die GIs grölten, die Mädchen fielen in Ohnmacht, Truschka kriegte dieses innige, idiotische Lächeln, das sie auch auflegte, wenn ein Captain ihr die Hand auf den Po legte und Pat Boone „Love Letters" schmalzte, aber ich empfand Trauer.

Das ist alles, was ich über das Jahr 1958 so auf Anhieb sagen kann.

Das Mädchen Rosemarie

ERICH KUBY

Nach einer Fernsehsendung, die ich moderiert hatte, war ich in einer Stuttgarter Bar am 15. September 1957 mit Nadja Tiller und einem Münchner Filmproduzenten zusammengewesen. In Frankfurt war die Prostituierte Rosemarie Nitribitt ermordet worden. Ich sagte zu dem Produzenten: „Ihr seid blöd, wenn ihr den Film des Jahres nicht macht. Die Schauspielerin für die Hauptrolle sitzt neben Ihnen." Daraus ergab sich, daß ich den Film *Das Mädchen Rosemarie – Des deutschen Wunders liebstes Kind* schrieb, woraus dann auch, stark verändert, ein Buch wurde. Es wurde nicht der Film des Jahres, sondern des Jahrzehnts. Er trug dem Produzenten, nicht mir, Millionen ein, und nahezu alle daran beteiligten Schauspieler machten hernach beachtliche Karrieren. Für Nationalisten war ich hinfort der Hurenbiograph. Der Roman wurde in siebzehn Sprachen übersetzt, sogar ins Japanische.

Merkwürdigerweise machte mich *Rosemarie* in den Ostblockländern geradezu populär. Dem Auswärtigen Amt gelang es nicht, die Vorführung des Films auf dem Festival in Venedig am 25. August 1958 zu verhindern.

Nana, Titelheldin von Emile Zolas berühmtem Dirnenroman, ist das Frauenideal einer großbürgerlichen Zeit, entartet zur Hure. Sie betörte die Männer durch ihre penetrant erotische Ausstrahlung.

Die Nana unserer Zeit heißt Nitribitt. Seine Ermordung hat dieses Mädchen bekannt gemacht – und seine Umstände; aber diese Rosemarie ist nur der Prototyp für viele ihresgleichen, die es überall gibt, wenn vielleicht auch nicht derart erfolgreich. Sie alle ähneln Nana in keiner Weise.

Wenn man also zur Erklärung, daß ein Film und vielleicht ein Buch über diese Rosemarie gemacht wird, vorbringt, es handle sich um einen gesellschaftskritischen Versuch, so kann es nicht derselbe Versuch sein, den Zola unternommen hat. Denn es liegt wohl auf der Hand, daß die aus den Kreisen der Industrie sich vorwiegend rekrutierende Kundschaft Rosemaries keinesfalls in deren Bett ihre Grundsätze verlieren konnte, da sie dergleichen nicht mehr besitzt. Es kann auch keine Rede davon sein, wenn man die Verhältnisse nimmt, wie sie nun einmal sind, daß etwa ein Übermaß an Prüderie zu Hause die Männer zu Rosemarie getrieben habe – denn wo gäbe es noch dergleichen? Mit anderen Worten, der Fall Rosemarie Nitribitt und unzähliger anderer, weniger bekannter ist kein Beweis dafür, daß die „Gesellschaft" der Bundesrepublik innerlich hohl sei, denn es gibt überhaupt keine Schicht, die noch als Gesellschaft anzusprechen wäre – das heißt eine von Herkommen, Tätigkeit, Sitte und Gebräuchen zusammengehaltene, sich ihrer selbst bewußte, privilegierte Gruppe von Menschen. Zu Anfang, als die Affäre Nitribitt in aller Munde war, herrschte allgemein die Ansicht, das Mädchen habe ihre Liebhaber sozial erpreßt; damals sagte die Frau eines in Düsseldorf und Umgebung sehr bekannten Mannes: Eins verstehe ich nicht, wie konnte sie erpressen? Wir wissen doch alle, daß unsere Männer mit ihren Sekretärinnen schlafen.

Nun kommt noch hinzu, daß diese Rosemarie und ihre Ebenbilder nicht einmal Sex-Bomben sind. Es sind durchschnittlich hübsche, wendige, hygienisierte Geschöpfe, die keine schmutzigen Waschschüsseln, sondern saubere Badewannen benützen, und das möglichst zweimal am Tag. Sie sind so aufregend wie

I AM YOURS

Blonde Rosemarie
Stadtbekannte Frau
in Frankfurt erwürgt

Regenwürmer und ebenfalls so schmiegsam. Mit ihnen zu schlafen hätte Zola nie als Sünde erkannt. Tatsächlich ist es nicht sündiger, als einen Nagel in die Wand zu schlagen, was das Bewußtsein derer betrifft, die solche Mädchen lächerlich teuer bezahlen.

Und dennoch muß ja irgendwo auch hier die Sünde stecken. Unser Gefühl sagt es uns. Sie findet sich dort, wo die „Gesellschaftskritik" einsetzt, obwohl es keine Gesellschaft im eigentlichen Sinne derzeit bei uns in der Bundesrepublik gibt – jedenfalls nicht in der Bedeutung einer oberen Schicht; denn diese obere Schicht tauscht bedenkenlos Frauen aus, schläft, wie gesagt, mit den Sekretärinnen und den Rosemaries, vergiftet ihre Mitbürger mit Nitrin, fälscht und panscht den Wein, nimmt Bestechungen an und gibt sie, verrechnet, vom Steuergesetz dazu angeleitet, ihren privaten Lebensunterhalt weitgehend auf Spesen, und will verdienen, verdienen, verdienen – und sonst nichts.

Sonst nichts? Auch für den tüchtigen deutschen Wirtschaftswundertäter kommt der Augenblick, in dem er einmal das unterbricht, was er seine Arbeit nennt. Er will sich erholen, er will Mensch sein – wie er das wohl selber nennt. Und das ist nun der Punkt: Man darf zwar keineswegs behaupten, allen reichen Leuten in der Bundesrepublik fiele zur Feier des Feierabends, zur Feier ihres Menschseins nicht anderes ein, als sich eine Rosemarie zu kaufen. Das Umgekehrte jedoch ist richtig. Fast alle, die bei den Rosemaries ihr Geld lassen, tun es nicht, um wie die Kunden Nanas einmal die Verpflichtung, Mensch zu sein, von sich zu werfen, sondern deshalb, weil sie dort Mensch sein zu können glauben. Die Sünde, die der Graf Moffat bei Zola begangen hat, den ungestillte Gier mit dem stimulierenden Bewußtsein, Sünde zu begehen, zu Nana trieb, war geringfügig – obwohl die Inszenierung dieser Sünde so einen besonders „sündigen" Charakter hatte – im Vergleich zu der Sünde, die die Kunden der Rosemaries begehen. Um das zu verstehen, muß man allerdings wenigstens noch eine Ahnung davon haben, was der Begriff Sünde eigentlich meint: Abfall von Gott in Gestalt von Mißbrauch des Menschen. So begriffen ist das höchste Maß von menschlicher Unverbindlichkeit die größte Sünde.

Und ebendieses höchste Maß von Unverbindlichkeit suchen (und finden) die Menschen, deren ökonomische Situation, deren Einfluß, deren Macht sie eigentlich zu einem Höchstmaß von Verbindlichkeit verpflichten würde. (Denn wer könnte führen, der nicht ein Geführter ist?) Statt dessen benützen sie einen Menschen, den sie kaufen und der sich kaufen läßt und der durch den Umstand, daß er gekauft ist, weder Partner noch gar Richter mehr sein kann, sowohl als Partner wie als Richter. Bei den Rosemaries suchen sie „Ansprache" und Selbstbestätigung. Bei ihnen reden sie, was sie nicht einmal mit der eigenen Frau, gerade mit ihr nicht, noch zu reden wagen, aus Furcht, diese könnte durch „Wider"-Reden sie zwingen, über sich und die Welt nachzudenken.

Das wollen diese Männer um keinen Preis. Sie wollen Worte machen, aber nicht beim Wort genommen werden. Sie wollen fragen, aber sich die Antworten selber geben. Und das Geschöpf, das da frisch gewaschen und appetitlich neben ihnen im Bett liegt, erweckt wenigstens die Illusion, man habe die totale Einsamkeit, welche der teure Preis für die totale Unverbindlichkeit ist, durchbrochen. Dafür sind 2.000 oder 6.000 Mark nicht zuviel.

76 | ERICH KUBY

Ich stütze mich bei dieser Ansicht auf authentische Dokumente – nicht der Nitribitt selbst, aber ähnlicher Erscheinungen.

Niemand, der es nicht mit eigenen Augen gesehen hat, würde glauben, zu welchen Bedenkenlosigkeiten die Verzweiflung über ihre Einsamkeit Männer treibt, die über Wohl und Wehe von 10.000 Arbeitern und mehr zu entscheiden oder in der Politik wichtige Positionen besetzt haben. Sie schreiben an käufliche Frauen, von denen sie nichts wissen als das, was sie sehen können, Briefe oder machen ihnen Geständnisse, deren Publikation sie sogar in der Nicht-Gesellschaft vernichten würde. Die Sünde, die ja nicht darin liegt, Rosemaries zu besuchen, sondern in den Motiven, die sie dazu veranlassen, peinigt sie so sehr, daß sie die Betten der Mädchen als Beichtstuhl benützen. Und nicht nur die Betten. Beziehungen dieser Art enden durchaus nicht immer im Bett; was aber alle diese Männer, die vor sich selbst auf der Flucht sind, sich sehnsüchtig erhoffen, und wofür ihnen kein Aufwand zu groß dünkt, ist eine Reise zu zweien, fort aus allen Gewohnheiten. Für vier Tage Teneriffa kann so ein Mädchen, abgesehen von allen Spesen, gut und gern ihre 5.000 Mark verdienen. Vier Tage Mensch sein! Zolas Bürger wußten noch den Unterschied zwischen „der" Mensch und „das" Mansch. Die Leitbilder unserer „Gesellschaft" kennen ihn nicht mehr.

Lebenslänglich

PETER KUPER

Ich habe neulich auch wieder mal verschnitten, das war im *Leierkasten*, da kenne ich eine, heißt Brigitte, die ist ziemlich üppig, aber sie hat schönes, festes Fleisch und ein liebes Gesicht, einen Herzchenmund, lacht ein bißchen, hat auch die Zähne in Ordnung, wie ein Spiegelbild, wenn du lachst, lacht sie auch, machst du das Maul zu, macht sie auch das Maul zu. Also habe ich gesagt, „komm, wir geh'n hoch."

Wir sind zu der in die Bude gegangen, Zimmer acht oder Zimmer zwölf, drei Stockwerke hoch, da habe ich es schon wieder gesehen, sie ist vorgegangen, der dicke, gewaltige Arsch, Pumps, dann die Scheißlinoleumtreppe, gegenüber alles vergittert, wie eine Kaserne, eine Fickkaserne. Dann die Alarmschalter, die runtergerissenen Leitungen, es waren noch Maler da, mit weißen Anzügen, haben gestrichen und bestimmt gedacht, ‚na ja, wieder so 'n altes Arschloch, was jetzt hochgeht und seinen Saft loswird'. Wir sind in das Zimmer rein, die Decke mit Latten verklebt, weil da ein Wasserrohrbruch war, die Brühe war durch die Decke gekommen, ein Riesenloch, als ob einer mit 'ner fünfundzwanziger Granate durchgeschossen hätte, sie hat gesagt, „stört dich doch nicht, hoffentlich?" Ich habe gesagt, „nee, stört mich nicht, also, wenn es dich nicht stört, dann stört's mich auch nicht." – „Warum glotzt du dann aber so an die Decke?" – Und ich, „nee, also Mädel, können wir denn nicht ein anderes Zimmer nehmen?" Wir sind in ein anderes Zimmer gegangen, sie hat sich ausgezogen, ich hatte plötzlich keinen Bock mehr. Als die angezogen war, sah sie noch super aus, aber als dann dieser blöde Faßbauch,

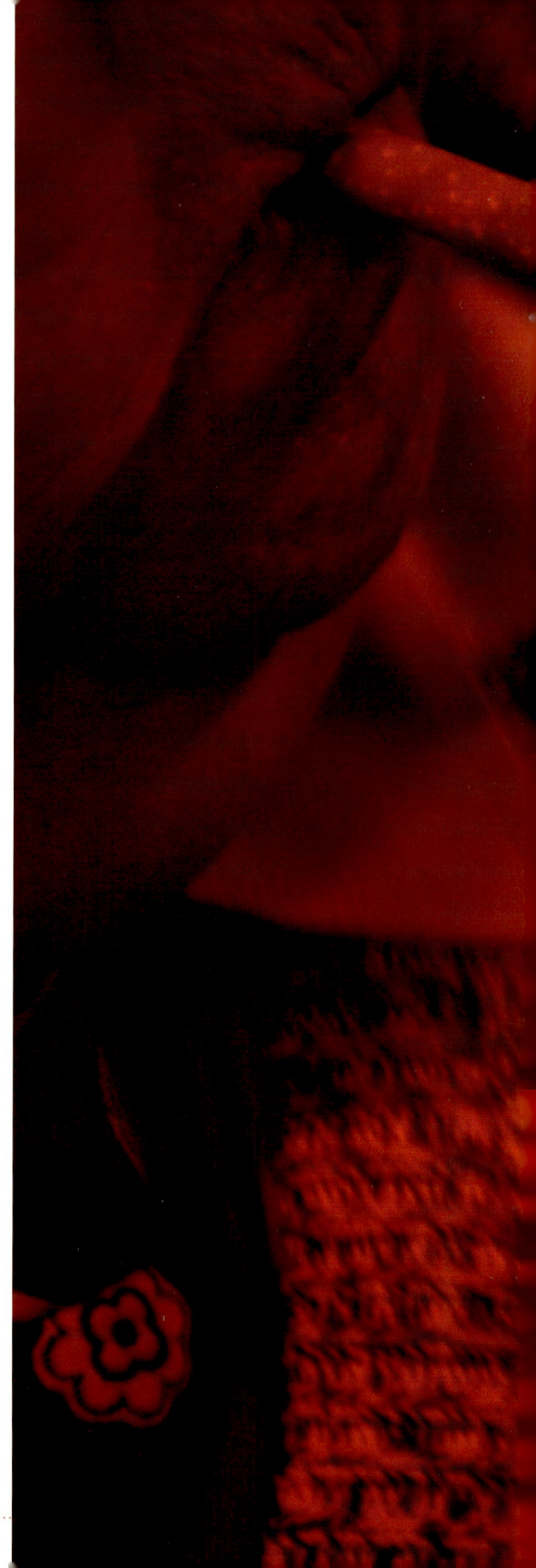

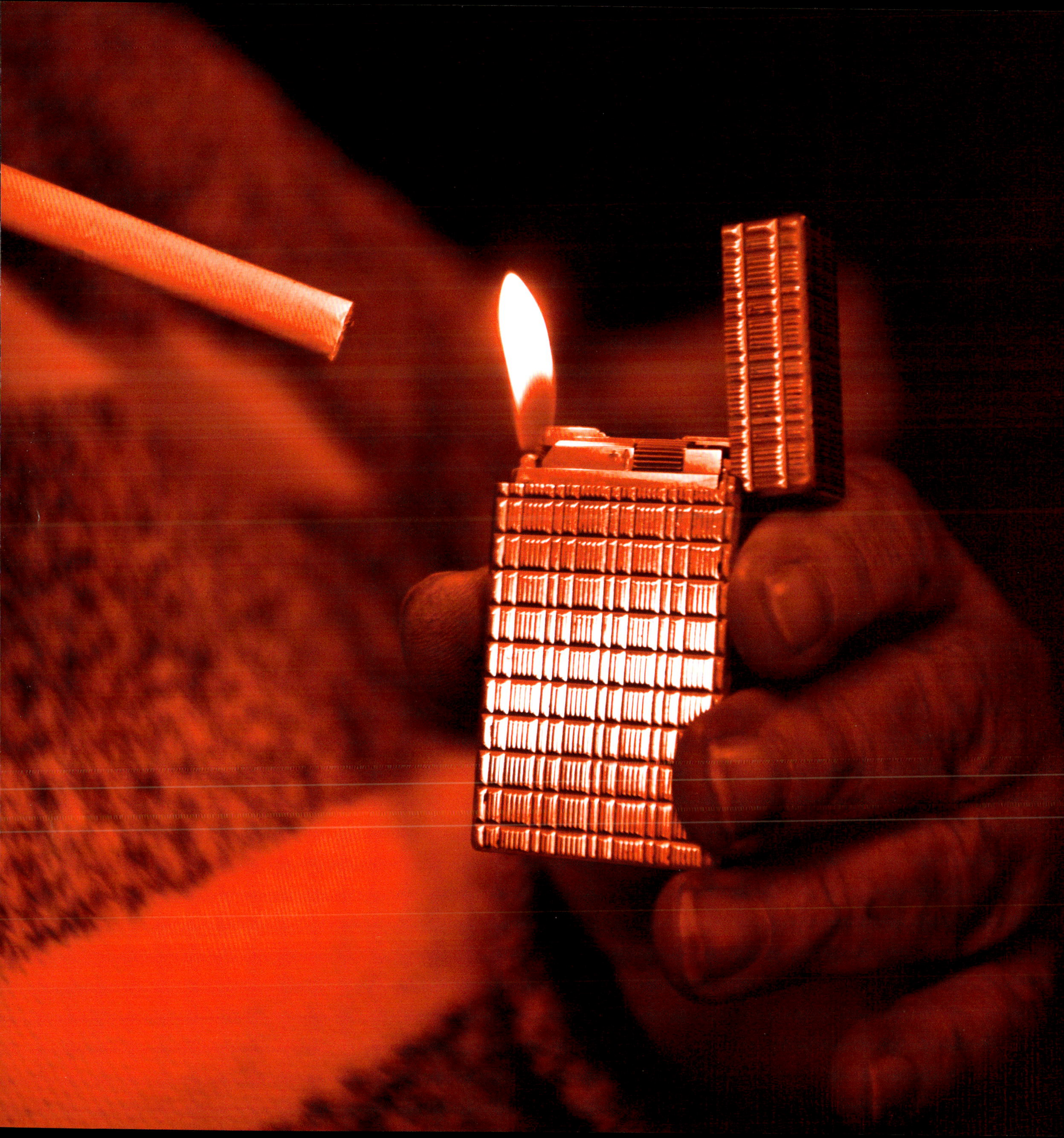

dieser linke Kübel rauskam, mit diesen Achtfach-Wülsten, die da rumhingen wie aufeinandergestapelte Autoreifen, habe ich mir gedacht, ‚jetzt sollste diesen Apparat ficken'. Habe mich erst mal aufs Bett gesetzt und gesagt, „haste denn nichts zu trinken da", sie hatte nichts zu trinken da, „ha, dann hol doch mal ein paar Flaschen Asbach, ein paar kleine Fläschchen". Sie hat unten in der Kantine vier Fläschchen Asbach geholt. Als ich anfing, ein bißchen warm zu werden, es hat alles in meinen Augen gewabert, hat sie plötzlich gesagt, „ja, jetzt komm doch, fick mich schon", kein Wort mehr von Zärtlichkeit. Sie hat sich gedreht wie auf einem Drehstuhl, auf ihrem Bett, die Schenkel auseinandergeklappt, hat mir den Gummi rübergespannt, ich bin drauf, habe mindestens eine halbe Stunde auf der Alten rumgehastet. Habe immer in die Mundhöhle reingeglotzt, wo der eine faule Zahn mich so bösartig angeschaut hat, und gedacht, ‚Mensch, konzentrier dich jetzt'. Ich habe mich auf die ganzen Weiber vom Puff konzentriert, habe eine halbe Stunde gestoßen wie ein Wahnsinniger, kein Abgang. Dann habe ich gesagt, „los jetzt, zeig doch mal die Titten, mach doch mal den Scheißtittenhalter da ab", habe an den Brüsten rumgelutscht und rumgemacht, es ging einfach nichts, nichts, „komm, hier haste den Hunderter", habe die Hose angezogen, bin hoch und mich angezogen, sie hat sich ein bißchen an ihrer Scheißtoilette die Futt ausgewaschen, dann sind wir runtergegangen, und es war so, als ob ich die Frau nie geseh'n hätte.

Ich bin in ein anderes Ding gegangen, hinten am *Wesereck*, da ist so ein Säuferladen, wo die ganz Fertigen drinsitzen, an der Wand ist ein schönes großes Frankfurter Bild vom Eisernen Steg. Wenn du die Tür aufmachst, dann meinst du, tausend Ausgeburten der Hölle sitzen da. Da stinkt es nach abgestandenem Bier, nach kaltem Furz, nach kaltem Bauer. Der hat eine Mannschaft sitzen von Fertigen und Halbfertigen und von Zahnlosen, es ist grauenhaft. Da wird noch unterm Tisch schnell für fünf Mark einer gewichst und geblasen. Dem Judd gehört das, und der Judd ist selbst steinalt mit einem Bart, zapft da rum und macht, hat das Bier so link hingestellt, ein Wichsladen. „Laber mich nicht an von der Seite, du Drecksau, zeig doch mal deine Pißschlitze", so geht es ab.

Ich bin da piekfein rein, und sie haben mich erst mal gemustert. Als Bulle war ich zu gut angezogen, als Freier haben sie mich auch nicht akzeptiert, die haben gedacht, das ist irgendein Typ, der sich verirrt hat. Da kellneriert ein Typ, der ist so groß wie der Ossi Büttner, der heißt Harry, Harry aus Essen, der hat auch immer den Spruch draufgehabt, „was der Krupp in Essen, is' der Harry in Hessen". Wenn der besoffen war, hat er immer unten beim *Mosler* gesessen, unten am Main bei der Eislaufbahn, da haben die samstags und sonntags geschickert, da haben sie ihre goldenen Dior-Feuerzeuge in den Main geschmissen, aus Bock, und gesagt, „schmeiß du doch noch die Rolex nach", so im Suff. Der hatte eine gute Erbschaft gemacht, von seiner Mutter, oder irgendwas, das hat er innerhalb von zwei Jahren alles verbuttert. Der macht da den Zapfer, drei Tage hintereinander.

Da gibt es kein warmes Essen und nichts, und das Bier ist sofort fertig. Nicht, daß die das noch mal hinter den Tresen stellen, daß der Schaum schön steigt, rutsch, den Hahn auf, rein die Brüh', Hahn zu, und ab geht's. Der weiß im Kopf, was die gesoffen haben, die sind alle so vierzig, fünfzig und sechzig Jahre alt, die Weiber. Und dann sind da die jungen Schüttler drin. Die

Toilette, wenn du da reinkommst, mußt du dich festhalten, damit du nicht auf die Fresse fliegst, alles voll, der ganze Boden vollgeschifft, die Toilette hochgeschissen bis zum Rand, kein Wasser, kein Wasserzug mehr dran, das machen die nicht zu, weil das ein Jude ist, der muß mit der Frankfurter Ordnungspolizei ein Korruptionsabkommen haben, die machen den nicht zu, den Scheißladen. Das läuft, die machen morgens um neun Uhr auf, und es geht bis nachts um eins. Ich habe mich ein bißchen reingesetzt zum Harry, die machen Possmanns gespritzten Apfelwein, er hatte um ein Uhr zu, und wir sind noch mal ins *CSL* gegangen, das ist nämlich sein Freund hinter der Theke, der sieht auch aus wie ein wüster Schläger in Blond.

Man erliegt schnell dem Rausch einer schönen Fee. Wenn die sagt, „na, mein Junge, du hast so kräftige Schultern, du hast so schöne blonde Härchen", oder schwarze, „und du riechst so gut, und ich mag deinen Schweiß, den leck' ich so gerne ab nach 'nem Fick", dann sagt der, „horsche mal, die wollen's ja so". Wie leicht ein Typ Zuhälter werden kann, wenn er achtzehn Jahre ist und Autoschlosser, und er muß morgens um sechs raus, und die Hure ist noch mal geil, und der Arsch kommt noch mal an den Schwanz, und dann wird noch mal reingefickt. Und dann sagt sie so schläfrig, „was verdienste denn so?" Und der sagt, „im ersten Lehrjahr zweihundertzehn Mark", oder „ich verdiene hundertachtzig Mark", dann sagt sie, „och, komm, bleib doch noch ein bißchen bei mir, ich finde dich so süß, hör mal, das bißchen zahle ich dir auch". Sie gibt ihm das Geld, dann geht sie anschaffen. Er bleibt nicht in der Wohnung, es wird ihm langweilig, dann sagt sie, „geh doch mal ins Kino". Nach dem Kino ist da irgendeine Kneipe, diese Typen finden sich schnell. Das Gespräch geht los,

„was zahlt dir denn deine Alte?" Dann sagt der, „ich krieg' im Monat hundertachtzig Mark, ich lieb' sie natürlich auch". Da sagt der ältere Zuhälter, der schon die dritte Partie gehabt hat, „alles mußt du ihr nehmen, alles, hundertachtzig Mark ist ja lachhaft, guck mal, wie ich's gemacht habe". Dann kommt die Begierde, und das Geld der Hure schafft dann die Abhängigkeit von der Hure, die er haßt und verflucht bis ins letzte, und er bumst auch nicht mehr. Dann kommen die blöden Ausreden, es ist wie in der Ehe auch, es gab doch auch schon ein halbes Jahr, wo ich ihn nicht mehr reingesteckt habe. Nur habe ich Gott sei Dank keine Frau, die abends noch drauf probt und die sich abends noch verführerisch anzieht. Selbst bei der größten Verführung, Strumpfhalter und so, hat doch keiner mehr Bock drauf. Das ist dann die Verzweiflung, wenn man in einem selbstgewählten Käfig sitzt und findet keinen Ausweg mehr, da hilft kein Suff, auch keine anderen Weiber mehr. Man sitzt, es geht weder vorwärts noch rückwärts. Es steigt keine Flut, und du ertrinkst auch nicht, aber du verreckst im Kopf. Diese dumpfen und kleinlichen Spielgeschichten, die jeden Abend wieder abgezogen werden. Das ist dann die lebenslängliche Gefangenschaft und Normalität, das ist ja alles nicht unnormal.

Diese Soldaten in Verdun, die auch irgendwie gedacht haben, es geht nicht mehr vor und zurück. Wir sind hier auf Posten ein Leben lang, wie wir hier steh'n und liegen, und nur der Tod erlöst uns. Was anderes gab es da nicht. Ich möchte nicht wissen, wenn wir in diese Kriegsarchive gingen, wir würden staunen, wie viele alleine aus Verzweiflung, weil sie einfach keinen Ausweg mehr gefunden haben, vorne stand der Feind, hinten standen die Generäle, da stand das Regiment, Selbstmord begangen haben.

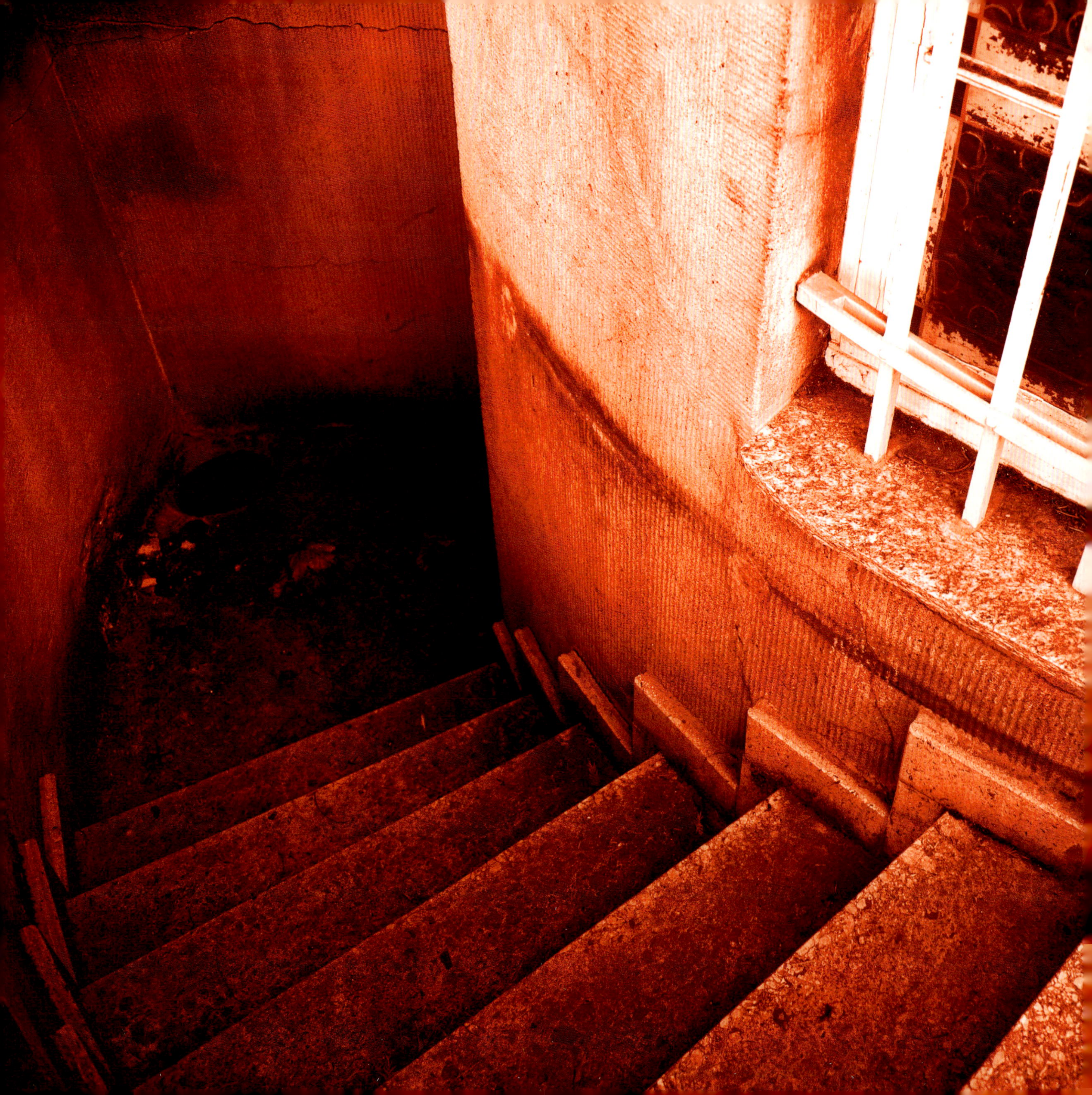

Initiation am Hauptbahnhof

LUDWIG HOMANN

Solange Gottfried in der Filiale in unserem Kaff arbeitete, hatte er ein Zimmer bei meiner Tante Agnes. Er schaffte es irgendwann, ich weiß nicht wie, zu einer Bank in Frankfurt. Wir waren nicht eigentlich Freunde, und so war ich überrascht, als er mich aufforderte, ihn doch einmal zu besuchen. In einer Großstadt werde einem der Star gestochen. Er hatte gelacht, als er das gesagt hatte, und mich, der ich ihm in der Schule stets über gewesen war, angesehen, daß ich stutzte. „Allerdings sind die Folgekosten hoch", hatte er hinzugefügt.

An einem Samstag fuhr ich hin. Wir trafen uns im Hauptbahnhof. Womit diese zwei Tage beginnen würden, war für mich keine Frage, natürlich mit einem Bier. „Trinken wir es gleich hier", sagte Gottfried. „Wir sind hier bereits am Puls der Stadt."

Wir tranken zwei große Gläser an einem Stehtisch. Gottfried pickte sich Figuren aus der Menge und sagte: Penner, Nutte, Strichjunge. Die Stadtstreicher erkannte ich auch. Bei den Prostituierten und Strichjungen argwöhnte ich, daß er mir imponieren wollte. Er führte mich auf den Bahnhofsvorplatz, wies mit erhobenen und einen Halbkreis beschreibenden Händen auf die Weite des Platzes, den flutenden Verkehr, die Menge Volks.

Ich sollte sprachlos sein. Er lenkte nach rechts und sagte: „Mittag machen wir am Main, damit du auch den gleich siehst."

Wir waren gerade am Bahnhof vorbei, als eine Frau auf uns zutrat, als wollte sie etwas fragen. Sie zischelte aber in unsere hingehaltenen Ohren: „Wie wär's mit ein bißchen Liebe? Zum Sonderpreis, weil ihr so jung seid." Das war das letzte, was ich von einer erwartet hätte, die mich an meine Tante Agnes erinnerte. Meine Tante Agnes – jetzt tot, damals noch nicht einmal vierzig – hatte keine schlechte Figur, aber der Gedanke, daß sie ein Geschlechtswesen sei, verbot sich bei ihr. Man fühlte sich schmutzig, wenn man die Augen einen Augenblick auf ihrer Bluse, ihrem Rock ruhen ließ und sich Vorstellungen erlaubte. So ein Tante-Agnes-Typ machte uns hier auf offener Straße solche Angebote. Zu meiner Verblüffung schnaubte Gottfried sie nicht an, musterte sie vielmehr mit einem taxierenden Blick und sagte: „Sonderpreis? Wieviel denn?" – „Zehn Mark für jeden." Gottfried grunzte anerkennend. Das war nicht mehr der Gottfried, den ich kannte. Ich ahnte plötzlich, was „Star gestochen" meinte. Er sah mich von der Seite an, prüfend, spöttisch, und sagte: „Wär' doch kein schlechter Einstieg für dich, oder?"

Die Frau trat zwischen uns, hakte sich bei jedem ein. Es sei nicht weit. Mir schien, sie drängte, fürchtete vielleicht, ich könnte Einwendungen machen. Gottfried weidete sich, an ihr vorbei auf mich schauend, an meiner Beklommenheit.

Die Frau trug nichts Besonderes, war kaum angemalt und hatte keine roten Nägel. Sie schritt aus, daß es war, als schleppte sie uns ab. „Geht auf Mittag zu, was?" lachte Gottfried. „Nachmittags und abends ist es teurer?" – „Geh' abends nicht", sagte die Frau in mattem Ton, ernst, fast abwesend, starr geradeaus sehend. „Sind gleich da."

Mir schien, sie führte uns in den Schatten des Bahnhofs. Auf einmal gingen wir zwischen Klinkerbauten aus einer anderen Zeit. Es war trist und öde. Gottfried verlor etwas von seiner Munterkeit, er sagte: „Hier war ich noch nie." – „Irgendwo muß man leben", antwortete die Frau. Es zeigte sich, daß sie im Souterrain eines großen, wahrhaft trostlosen Blocks wohnte. Sie warf verstohlene Blicke um sich, als sie uns hinter den Bau zu einer Treppe nach unten führte. Ich wußte, es gab arme Nutten. Wahrscheinlich konnte sich diese kein Appartement in einem ordentlichen Bordell leisten.

„Weiter, weiter", drängte sie, als wir beide im düsteren Flur stehenblieben. An Haken, die als Garderobe dienten, hingen eine Joppe und eine lederne Kraftfahrerkappe. Die Frau riß die Kappe an sich, als sie sah, daß meine Augen an ihr hängengeblieben. Ihr Wohnzimmer glich dem Wohnzimmer einer Kleinbürgerwohnung, meine Tante Agnes hatte ein ganz ähnliches. Nur waren in diesem die Fenster hochgerückt, so daß sich die Kellerlage verriet, vor allem aber: war dieses zugleich ihr Arbeitsraum. Hier verbrachte sie ihre Mußestunden, hier empfing sie die Freier. Ich fragte mich, wie das ging.

Die Frau drückte die Tür hinter sich zu, warf einen Blick auf eine andere Zimmertür, sah mich an und deutete, sich an den Bund ihres Rocks greifend, auf die Couch. Gottfried rief: „Ich glaub', es geht wirklich auf Mittag zu" und ließ mir grinsend den Vortritt. Die Frau besann sich, fragte: „Wollt ihr erst etwas trinken?" – „Nein, nein", sagte Gottfried, „dann wird's ja doch noch teuer." – „Gut. Dann also …" Im nächsten Augenblick hielt sie ihren Rock wie einen Fetzen in der Hand. Darunter trug sie nichts. „Na komm", sagte sie zu mir. Ich starrte nicht so sehr auf das Gestrüpp unter ihrem doch etwas angejahrten Bauch als auf zwei große blaue Flecken an ihren Oberschenkeln. Welcher Teufel ritt mich, daß ich rief: „Die Bluse auch aus!" Widerstrebend knöpfte sie die Bluse auf und zog sie aus. Ich sah keine weiteren Flecken, sah nur, daß sie gut daran tat, einen Büstenhalter zu tragen. Mein Blick machte sie unwillig, sie wandte sich Gottfried zu. Der kam aus dem Sessel hoch, in den er gesunken war, da es mit mir losgehen sollte, und sagte: „Ich mach' mal den Anfang. Der kennt das noch nicht so." Bei aller Verwirrung entging mir nicht die Genugtuung, die es ihm bereitete, das sagen zu können.

Ich setzte mich in den Sessel und sah zu: wie sie ihm einen Präser überstreifte und ihn hochbrachte, sich über ihn beugend und den Mund zu Hilfe nehmend – ich traute meinen Augen nicht –, wie sie ihn zwischen angewinkelten Beinen auf sich plazierte, was zu meinem Erstaunen gar nicht so einfach schien. Erst drückte er sie hier, dann war er ihr da unbequem, ins Gesicht atmen sollte er ihr auch nicht. Während des folgenden Hin und Her beobachtete ich, wie sie die Gesäßmuskeln gelegentlich, nicht oft, anspannte, um gegenzudrücken. Bald war mir das Zuschauen aber peinlich, ich sah immer wieder weg. Das war tatsächlich ein normales Wohnzimmer. Niedriger Tisch mit Aschenbecher – Photos in Rahmen auf dem Schrank – eine gewebte oder gestickte Landschaft und ein Zierteller an der Wand – eine Truhe mit Radio, Fernseher, Plattenspieler gegenüber der Couch, auf ihr eine *Hörzu*, auf der Zeitung eine Fliegenpatsche ... Ich suchte etwas, das die andere Bestimmung des Zimmers, den Arbeitsraum verriet. Ich fand nichts. „Bist du noch nicht fertig?" fragte sie. Gottfried keuchte: „Gleich."

Irgendwo im Haus wummerte eine Tür ins Schloß, daß die Wände bebten. Die zweite Tür im Raum sprang auf, war wohl nicht richtig zugezogen gewesen. Ich sah durch einen langsam breiter werdenden Spalt in die Küche, sah die Ecke eines wachstuchbelegten Küchentisches, sah eine Tasse, eine gelbe Kindertasse mit einem schönen roten Hahn, dem ein Kikeriki aus dem Schnabel kam. Die Tür wurde lautlos zugedrückt, bis die Falle schnappte. Das Schnappen hörte auch die Frau. Sie ruckte den Kopf in den Nacken, versuchte nach hinten zu sehen. Mit einem „Du bist doch fertig!" warf sie Gottfried ab und stand auf. Sie riß kurz und kräftig an der Klinke der Küchentür, wies Gottfried auf ein Päckchen Tempotaschentücher hin und drehte sich zu mir um. Ich sagte: „Meine zehn Mark kannst du so haben" und klapste ihr auf die nackte Schulter. Sie war nicht froh, sie dankte mir nicht, sie blieb stumm, hielt die Augen am Boden. War es die Nummer, die ich zu sehen bekommen hatte? Waren es die blauen Flecken an ihren Schenkeln oder ihre welken Brüste? Oder war es etwas ganz anderes? Das fragte sie sich, wie ich deutlich sah.

Erst draußen fand Gottfried soweit zu sich, daß ihm mein Verzicht einfiel. „Du bist doch kalt", sagte er „Siehst zu, wie ich auf der herumhoppel, lachst und gehst."

Meine Tante Agnes besuchte ich längere Zeit nicht mehr. Ich mußte mir immer vorstellen, wie ich vor sie hintrete, sie ansehe, ihr ins Wohnzimmer folge, hörte sie fragen: „Wie wär's? Ein Bier? Oder darf's vielleicht etwas anderes sein?"

NICHT VERSTELLEN
NOTAUSGANGSTÜR

Altbauglück

ANDREAS MAIER

Neulich lief ich mal wieder durchs Frankfurter Bahnhofsviertel. Früher war ich da häufig gewesen. Ja, auch ich war dort bei Frauen. Im vierten Stock. Bei uns in der Wetterau hieß es früher immer, man geht Treppensteigen, wenn man ins Bahnhofsviertel zu den Frauen fährt. Das Glück lag in den Altbauten und kostete fünfzig Mark. Ich dagegen hatte freien Zutritt, ein halbes Jahr lang. Vom Bahnhof in die Münchener Straße und dann noch einmal ums Eck.

Meistens roch es so unangenehm wie sonst nur noch hinter der Mensa der alten Universität. Überall Abluftschächte. Das Bahnhofsviertel kann ziemlich stinken. Nachts saßen Gestalten auf der Türstufe und dösten vor sich hin, man konnte vorsichtig über sie hinwegsteigen. Man fühlte sich sogar geborgen durch diese dösenden Gestalten, denn man wußte, hier kann einem nichts passieren, denn man ist nie allein.

Auch die aus dem vierten Stock saß manchmal in der Tür, die Beine angewinkelt, und ließ ihr Höschen hervorschauen. Ein Höschen mit Blumenmuster. Kleine, zartrosa Blüten auf hellem Grund. Dabei rauchte sie und schaute in die Welt. Das war das Frankfurter Bahnhofsviertel. Und es war auch gleich die schönste Frau der Welt.

Man lebte dort. Alles, was man brauchte, gab es in unmittelbarer Nähe, bis hin zum Brot und zum Gemüse und zum Tabak. Das Frankfurter Bahnhofsviertel unterschied sich damals nicht von den alten Frankfurter Dorfstraßen in Rödelheim oder Heddernheim. Oder man kaufte sich Bier am Kiosk und legte sich damit an den Main. Das machten damals noch nicht viele, das kam erst vor ein paar Jahren in Mode, heute liegen sie da überall.

Mit der Zeit wuchsen den Frauen Schwänze. Im Beate-Uhse-Schaufenster wuchs der längste, schwarz und zum Umschnallen. Das war einige Jahre zuvor noch gar nicht so in Mode gewesen. Die Frauen mußten jetzt die Männer vögeln und von hinten nehmen, und die wurden ganz weich und demütig. Ein einziges Sich-Verlieren ins ersehnte Nichts. Über den Beate-Uhse-Schwanz zog später ein Frankfurter Verlag, überhaupt häuft sich im Kaiserstraßenviertel neuerdings die Präsenz von Frankfurter Verlagen. Mitten ins Sehnsuchtsgebiet sind sie gezogen, allesamt, und steigen jetzt dort auch die Treppen, wenn auch nur in ihre Büros und zu ihren Manuskripten.

Im vierten Stock war ein Bettpodest gebaut, damit man höher lag, fast auf Fensterhöhe. Dort standen sie gern vor dem Fenster und sahen in die Welt hinaus, rauchten oder setzten sich ins Fenster. Auch die schönste Frau der Welt stand nackt im Fenster, als bitte sie den lieben Gott, so gesehen zu werden. Vielleicht sah er sie. Vielleicht hatte sie nichts anderes.

Es herrschte dort jede Form des Verkehrs. Das Telephon stand nicht still. Neulich habe ich Jan Seghers gelesen, *Die Akte Rosenherz*. Ein ehemaliger Türsteher des *Sudfasses*, unseres berühmtesten Bordells in Frankfurt am Main, hatte mir das Buch ans Herz gelegt. Der Mordfall Helga Matura. Vielleicht war Matthias Altenburg im selben Haus im vierten Stock gewesen und hatte dort alles gesehen, dachte ich beim Lesen. Mir kam alles so bekannt vor. Es herrschte ja freier Zutritt. Gesichter wurden nicht kontrolliert.

So sammelte ein Wetterauer (ich) mal wieder Bahnhofsviertelerfahrungen. Immer haben wir Bahnhofsviertelerfahrungen gesammelt. Um anschließend doch wieder ins *Gemalte Haus* zu gehen oder in die *Drei Steuber*.

Es gab auch welche, die Handschellen und dergleichen liebten. Die machten es auf die ganz harte Weise. Das kann dann übergehen in äußerst komplizierte Apparaturen und Vorrichtungen. So eine stelle ich mir, wenn sie ihre Materialien kauft (wo kauft man die eigentlich?), wie jemanden vor, der in eine Apotheke geht. Alles sachlich. Was ich im Bahnhofsviertel lernte: Man ist unter seinesgleichen. Dieses Unter-Seinesgleichen hatte ich nicht gekannt. Hier konnte ich es studieren und feststellen, daß es das tatsächlich gibt.

Und du bist ein Wetterauer und wirst nie dazugehören, auch das habe ich im vierten Stock gelernt. So ging ich nach Hause als der, als der ich gekommen war, wie immer und wie überall.

Seitdem gehe ich nur noch selten ins Bahnhofsviertel, meistens auf den Markt. Da steht man herum und tut so, als habe man etwas einzukaufen, in Wahrheit trinkt man die ganze Zeit Apfelwein und zündet sich die Birne an. Neulich war im Uhse-Schaufenster der Schwanz weg. Da dachte ich: Schon wieder etwas verloren! Wieder ist die Welt ein Stück weitergerückt, als müßte sie das. Und ich dachte an den Schwanz von Beate Uhse und wurde irgendwie wehmütig. Vielleicht war es auch der Apfelwein, der mich so wehmütig machte. Unser Frankfurter Gefühlsverstärker. Unser Verstärker des Frankfurtgefühls. Und wie immer machte mich die Wehmut auf eine seltsame Weise glücklich. Zudem war goldener Frühherbst. Und wie immer, wenn ich glücklich bin, dankte ich der Welt und dem lieben Gott dafür, daß alles so war, wie es war.

Ja, so dankte ich dem lieben Gott an diesem Tag für das Frankfurter Bahnhofsviertel. Es war wie immer ein Dank für seine Schöpfung.

ALTBAUGLÜCK 89

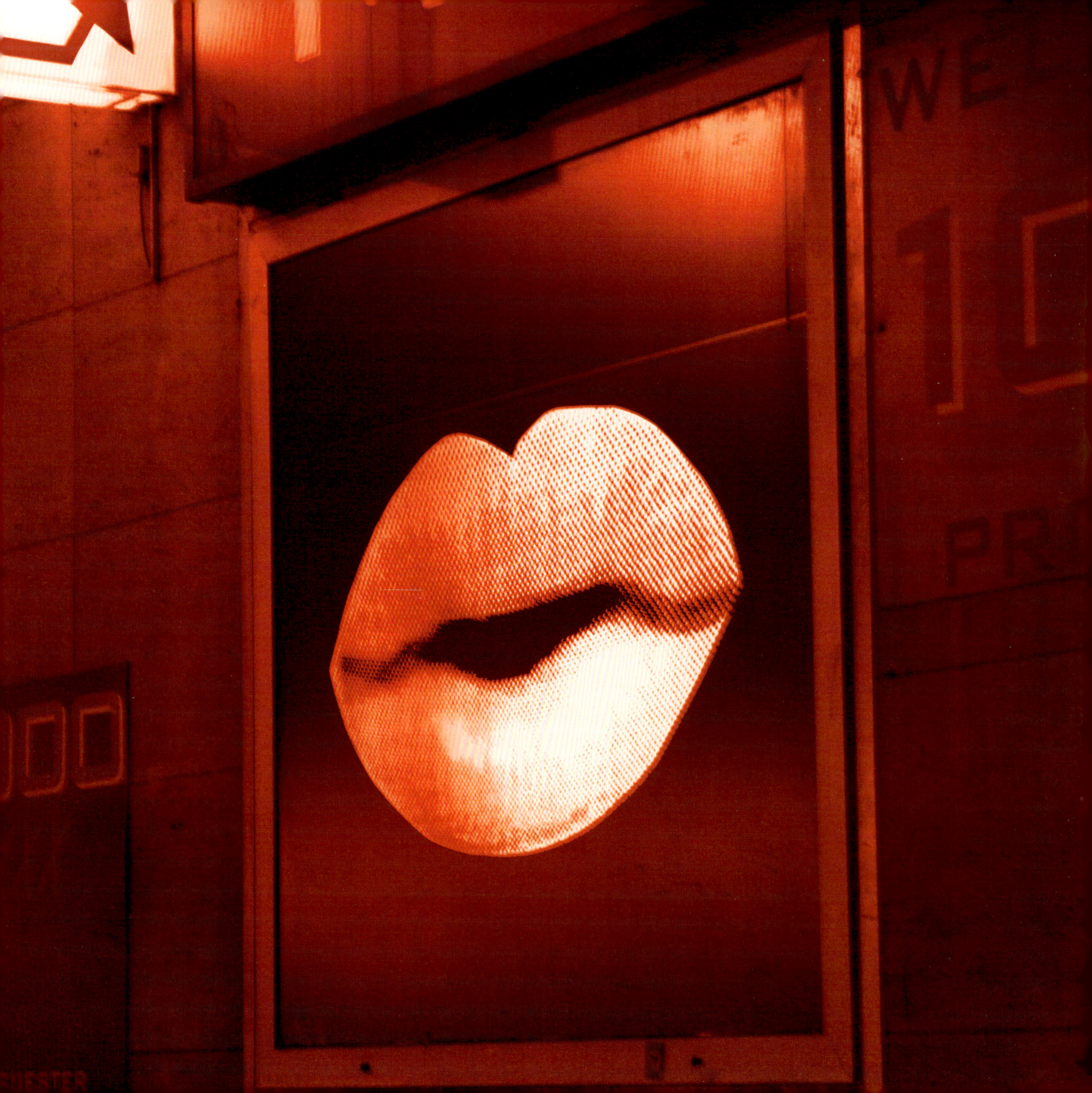

Das Ereignis

THOMAS GSELLA

Wie Ferdinand Lassalle (Wikipedia) sagte, ist und bleibt die revolutionärste Tat, immer laut zu sagen, was ist. Ich sage laut: Kürzlich bin ich einen Pornoladen rein. Natürlich aus beruflichen Gründen. Ich wollte mir eine Tüte voll Artikel kaufen und dann, als Entspannung nach dem Arbeitstag, fünf Stunden wichsen.

Nein, stimmt nicht. In ehrlich verhielt es sich so, daß ich zu jener Zeit an einem Aufsatz zum Thema „Tabu" schrieb und umfängliche Recherchen mich um die halbe Welt getrieben hatten, zuletzt in einen Pornoladen aus der Uhse-Reihe. Kenner wissen, daß Türen dort verfemt sind; man hat Vorhänge aus langen bunten Plastikstreifen, die man wie eine Saloontür cowboyartig spalten muß, um hineinzukommen.

Cowboyartig spaltete ich die Streifen und wurde von einer Ansammlung junger Frauen begrüßt, deren eine mir kurz zunickte. Ich sagte mit verstellter Stimme „Guten Tag" und steuerte behend auf eine Treppe zu, die nach oben führte. Dort klapperte ich das Angebot nach Erzeugnissen ab, auf denen „Tabu" stand. Ich fand aber nichts. Schnell hatte mich dann allerdings die Frau von unten wieder eingekriegt und fragte: „Kann ich helfen?"

„Ja", sagte ich mit verstellter Stimme. „Ich suche etwas, wo ‚Tabu' draufsteht. Das Wort, verstehen Sie? Tabu. Egal. Irgendwas."

„W-wie?" fragte sie. „Wozu … das denn?"

Naturwissenschaftlicher Einschub: Die neuere Gehirnphysiologie geht davon aus, daß unser Überlegen aus Billiarden lausgroßer Strompartikel besteht, die so lange zwischen den Erkenntnischromosomen hin und her sausen, bis eins von denen die Lösung ausspuckt oder aber der Besitzer das Unternehmen eigenwillig wieder abbricht.

Keins von beidem geschah jetzt bei der Frau. Ihr Mund stand ungefähr halboffen, und ihre beiden Augen wirkten, als würden sie nach innen gucken und hilflos mitverfolgen, wie die Strompartikel immense Zickzackkapriolen aufführten und sich die Lunge aus dem Leib rannten, um aussagebereite Zellen aufzutreiben. Umsonst: Das gesamte Hirn verweigerte die Mitarbeit. Erst nach einer halben Minute stellte die Frau den Gedankenstrom ab, sah mich an und wimmerte:

„Was um Himmels willen …?"

„Ach, Sie meinen, ich hole mir darauf einen runter? I wo, haha!" lachte ich mit verstellter Stimme. „Vergessen habe ich zu sagen, daß ich derzeit an einem Text arbei…"

Hier stoppte ich. Denn diese Ausrede, das wußte ich ganz plötzlich sonnenklar, war die häufigste, schwiemeligste und doofste aller möglichen. In diesen Geschäften, dachte ich mit verstelltem Hirn, wimmelt es doch vermutlich von Professoren und Doktoren, die den Verkäuferinnen mit vorgeblichen Studien über sodomitisches Analpiercing oder sonst so was Vertrackteres nicht wenig auf den Wecker fallen. Also faßte ich mich, sah die Frau mit stark verstellten Augen an und sagte:

„Bitte, fragen Sie nicht. Handeln Sie."

„A-alles, wo … Tabu draufsteht?"

Auch die Frau faßte sich nun wieder. „Ich hab' so was gesehen", sagte sie, „nicht hier oben. Unten. Am besten, ich frage alle meine Kolleginnen, und wenn die's nicht wissen, versuch' ich's telephonisch bei den Putzfrauen, Geschäftsführern, Lieferanten und so weiter. Kommen Sie bitte mit?"

„Aber gern."

Gemeinsam gingen wir zur Treppe und begannen, sie hinabzusteigen. Unterwegs fiel mir mein Mitbewohner ein, eine Seele nicht allzu jüngeren Alters, der die Sprache seiner Peergroup sich gleichwohl bewahrt hat und zum Beispiel formuliert: „Auf die Perle, da geh' ich kaputt drauf." Überzeugt war ich, daß die Frau mich nun vor all ihre Kolleginnen plazieren und mit den Worten einführen würde: „Hört mal alle her! Hier ist einer, der geht auf Tabu kaputt. Haben wir da was?"

Mir wäre es, ich schwöre, egal, ja beinah' liebgewesen. Längst war ich ein amorpher Überschallkörper, der alle Wände überlieferten Benimms flink durchbrochen hatte und in ein grenzenloses Universum unbedingter Freiheit vorgestoßen war, in einen Hain der buntesten und polymorphsten Blüten, eine wuchernde und wabernde Galaxie der Sinne, in der nichts zählte, nichts mehr existierte als nur Wollen, Wunsch und wildestes Begehr nach was auch immer, aah – und täuschte ich mich nicht, guckten auch die Verkäuferinnen mich schon so komisch an, so … so … fickrig …

„Dieser Herr braucht was, auf dem ‚Tabu' steht."

Eine ging zu einem Regal, zog etwas heraus und gab es mir. Es war ein grünes Heft und hieß Tabu. Innen drinnen machten nackte Frauen Pipi.

„Neunzehn achtzig. Wollnse 'ne Tüte?"

„Nö. Man kann's ja rollen. Wiedersehen."

„Wiedersehen." ∴

DAS EREIGNIS 93

Abends in Deutschland

MATTHIAS ALTENBURG

Das *Weser-Stübchen* ist eine kleine, heruntergekommene Kneipe im Frankfurter Bahnhofsviertel. Hier verkehren vor allem jene, denen man in den umliegenden Gaststätten bereits Lokalverbot erteilt hat. Der Pächter des *Weser-Stübchens* ist weniger wählerisch bei seiner Kundschaft und läßt sich das durch höhere Preise vergüten. Stammgäste dürfen anschreiben lassen, haben allerdings später mit Zinsen zu rechnen. Die Gardinen des Lokals sind seit Jahren nicht gewaschen, die Scheiben seit Monaten nicht geputzt worden. An der Wand hängt eine Uhr ohne Zeiger und – als Einlegearbeit – das Bild einer nackten Schönheit im Schilf. Aus der Musikbox kommt immer wieder Madonnas „La Isla Bonita" und manchmal ein Stück von Wolfgang Petry. Zwischendurch dudelt ein Spielautomat seine Melodie. Hinter dem Tresen steht Susi, eine blondierte Fünfzigjährige im weißen Lurex-Pullover. Susi raucht unentwegt und nimmt die Zigarette weder beim Zapfen noch beim Sprechen aus dem Mund. Bis vor drei Jahren ist sie auf den Strich gegangen, jetzt verdient sie sich, wie viele ihrer in die Jahre gekommenen Kolleginnen, als Kellnerin das Gnadenbrot. Susis Stimme ist tief, und ihre Augen leuchten nur noch dann, wenn sie, auf Geheiß des Pächters, immer mal wieder einen der Gäste bittet, ihr ein Getränk zu spendieren.

In der Nähe des Eingangs dämmern links am Tresen zwei Männer vor ihrem abgestandenen Bier: Jürgen und Karlheinz. Rechts steht der lange Günther, dessen Name sich im Dialekt anhört wie „Günnä". Günnä ist stark angetrunken, aber friedlich. Er fuchtelt gelegentlich mit den Armen, lacht und prostet der Bedienung zu.

Günnä: „Susi, isch liebe disch."

Susi verdreht die Augen und mischt sich einen Cola-Bacardi.

Günnä: „Isch hab' aach schön was gespart."

Susi: „Halt's Maul und sauf! Was is' dann heut' los mit eusch Schlappschwänz', habt ihr kaan Doscht?"

Günnä zieht den Kopf zwischen die Schultern und bleibt schwankend am Tresen stehen. Es sieht aus, als brauche er noch eine Weile, um über Susis Frage nachzudenken.

Jürgen: „Mir geht's schlescht."

Als niemand reagiert, wiederholt Jürgen seinen Satz.

Jürgen: „Mir geht's schlescht."

Pils-Express
IMBISS

MATTHIAS ALTENBURG

Susi: „Mir hawwes gehört. Soll isch dir vielleischt 'n Dascheduch bringe'?"

Jürgen: „Mir is' die Frau weggelaufe'."

Karlheinz (ohne von seinem Glas aufzuschauen): „Au Scheiße."

Susi: „Wie lang is' des her?"

Jürgen: „Laß misch reschne … Zwölf Jahr sind's jetz' her."

Susi beginnt zu kichern – ein Keckern, das kurz darauf übergeht in einen kollernden Husten.

Karlheinz: „Scheiße."

Plötzlich meldet sich der betrunkene Günnä von der anderen Seite des Tresens. Er hat Jürgens Satz aufgeschnappt und wiederholt ihn.

Günnä: „Mir geht's schlescht."

Susi: „Du bist still, Günnä!"

Günnä fuchtelt mit den Armen und verschwindet in der Toilette. Noch einmal streckt er kurz den Kopf in den Gastraum, scheint etwas sagen zu wollen, aber Susi kommt ihm zuvor.

Susi: „Günnä, kusch! Un' sieh zu, daß de rischtisch zielst."

Jürgen: „Awwä zahle' soll isch immer noch für mei' Tochter."

Susi: „Was jammerst 'n? Hast doch dei' Vergnühsche' gehabt."

Jürgen: „Isch weiß nix mehr."

Susi: „Warste besoffe' odä was?"

Jürgen: „Isch bin immä besoffe'."

Susi: „Selwer schuld. So isses halt: einmal Rittmeister, achtzehn Jahr' Zahlmeister."

Karlheinz (versucht zu lachen): „Der war gut. Der war escht gut."

Der lange Günnä kommt aus der Toilette, wo er sich offensichtlich anders besonnen hat. Er wankt zum Tresen und schwenkt fröhlich sein Bierglas.

Günnä: „Mir geht's gut."

Herein kommt Hilde. Sie bleibt neben Jürgen und Karlheinz stehen. Hilde ist klein, dick und Ende dreißig. Unter ihrem weit ausgeschnittenen Pullover hat sie einen auffällig großen Busen. Sie schleckt an einem Waffeleis.

Hilde: „Machste mir 'n Wasser, Susi?"

Susi: „'n Wasser? Warum dann das? Is' doch schade um den schöne' Doscht."

Von seinem Barhocker herunter schaut Karlheinz grinsend in Hildes Ausschnitt. In angestrengtem Hochdeutsch sagt er zu ihr: „Wußten Sie, daß Speiseeis den weiblichen Busen schwellen läßt?"

Hilde: „Was is' denn das für aaner? Bei dir is' wohl schon lang nix mehr geschwolle'. Kümmer du disch um dein Rohr, dann kümmer' isch misch um mei' Titte'."

YUSUF GÜNEY
LIVE
Line Up:
DJ Onur Ergin
DJ Ilker YlnkY
SA. 18. DEZ.
PODIUM
CLUB & DISCOTHEK
ALTER RÜCKINGER WEG 57 · HANAU AM MAIN
WWW.CLUBPODIUM.DE
SPONSOREN HANAU: Cafe-Konditorei 1001 Nacht | e@sy.com
club ro bamboo
la mannheim
Orele 22 h - 5 h
TOPACT AUS RUMÄNIEN
100 % LIVE BEI UNS!!!
ADI DE LA VALCEA
& DJ CA$HU
SAMSTAG
05.02.2011
CLUB MILJÖÖ MANNHEIM
www.club-ro-bamboo.de
Andreia: 0176 7046 88 02 oder 0176 61 65 45 87
MÄDNES
Baby Shoo Ent. fea
DJ O & Airy
Klark Kent & Cor
Meine Mama hört Rap Contest Gewinner
SA 04.1
CLUB MILJÖÖ M
www.club-ro-bam
Info: Andrea 0176 70 46 88 02 oder 0176
8.DEZ.
WEG 57 · HANAU AM MAIN
BPODIUM.D

Happy birthday, Türke!

JAKOB ARJOUNI

Es war eine Menge los im Viertel. Ich ortete eine lila schimmernde Bar. Irgendwo mußte ich anfangen. *Millys Sex-Bar*. Das A von der Bar flackerte unruhig. Vorhänge verdeckten die Sicht durchs Glas, auf dem „Spaß bis 4 Uhr früh" zu lesen war.

Ich stieß die Tür auf und ging unter in Lila. Alles, Tapete, Tische, Stühle, Theke, Gläser, Teppich, Bilder, Kissen, Lampenschirme, selbst die Menschen leuchteten lila. Viele waren es nicht. Außerdem schien mehr als die Hälfte Personal zu sein. Abseits in dunklen Ecken saßen ein paar schwitzende Herren mit gelockertem Schlips bei leichtbekleideten Damen in Lila. Schwüles Gitarrengeklimper untermalte das Halbdunkel.

Ich watete durch weiche Teppiche zu einem Tisch und nahm Platz auf Schaumgummikissen aus Seide. Hinter der Theke stand Milly, jedenfalls sah sie so aus. Vor vielen Jahren mußte sie eine Bombe gewesen sein. Heute konnte keine Farbe die tiefen Falten verbergen. Wasserstoffblond hingen die Haare neben dem schlabbernden Doppelkinn. Ein Stück Leopard betonte ihre Fettröllchen über der Hüfte, stützte den schlaffen Busen und vermittelte den Eindruck einer abgetakelten Dame, die sich bei der Größe ihres Pelzmantels verschätzt hat. Trotzdem, sie war der Boß und rief den Mädchen mit dröhnender Stimme Befehle zu.

Ich hockte im lila Plüsch und kam mir ziemlich behämmert vor. Dann ein Luftzug. Kurz danach strichen dunkle Dauerwellen über meine Stirn, und billiger, süßer Dampf stieg in meine Nase. Eine halbnackte hessische Sünde setzte sich neben mich und ließ gekonnt angeklebte Wimpern klimpern.

„Na, mein wilder Scheich, darf ich dir Gesellschaft leisten?" hauchte sie mit Hingabe. Die Worte flossen wie Camembert über den Tisch.

„Mhm, was muß ich tun, um einen Scotch mit Eis zu kriegen?"

„Nichts, warte kurz, ich bin dein williger Schwan."

Sie stand auf, ließ ihren schmalen Hintern leicht zittern

und glitt mit kurzen, dicken Fingern, als wären es lange schmale, über meine Schulter. Ich bezweifelte, daß hier schon jemand von Ahmed Hamul gehört hatte, und beschloß, nach dem Whisky das Haus zu wechseln. Eine feuchte Hand schob sich um meinen Hals und fummelte an ihm herum.

„Hier, mein wilder Scheich", säuselte sie. Ich nahm die Hand von meiner Kehle und schubste den Schwan auf den Stuhl.

„Aber, wilder Scheich, nicht so stürmisch, wir haben doch Zeit, nicht?"

Der „wilde Scheich" hatte es ihr angetan. Offensichtlich reichte ihr Grips nicht zu einem zweiten, ähnlich dämlichen Titel. Sie sah mich schief von der Seite an. Mit halb geschlossenen Lidern ließ sie ihren Zeigefinger langsam um den Nabel kreisen. Da man die Stoppeln von abrasierten schwarzen Bauchhaaren sah, hatte das Ganze nichts Erotisches. Es langte mir ohnehin.

„Hör mal, mein häßliches Entlein, ich bin nicht hier, um an deinen Ohrringen zu knabbern oder lauwarme Sprüche zu machen. Ich suche jemanden, der einen Mann namens Ahmed Hamul kennt. Ist reiner Zufall, daß ich zuerst in eure lila Waschküche getrottet bin, aber nun bin ich hier und frage: Kennst du einen Ahmed Hamul?"

Sie hatte Schwierigkeiten zu folgen. Nachdem sie alles geordnet hatte, kam das unausweichliche „Bulle?" Endlich tropfte kein Sirup aus ihrem Mund.

„Nein, kein Bulle."

Ich warf ihr meine Lizenz hin. Sie las alles langsam durch.

„Happy birthday, Türke!"

So blöd war sie doch nicht.

„Kann man ja gratulieren. Bist nur 'n mieser Schnüffler, he?"

„Jeder hat seinen Job, mußt du doch wissen."

Das war nicht nett. Es war mir egal.

„Also, Ahmed Hamul, schon mal gehört?"

Sie sah mich nicht so sauer an, wie ich erwartet hatte.

„Nee, hab' ich nicht." Pause. „Aber wenn ich dir 'nen Tip geben soll, hau hier mal besser ab, die Chefin mag's nicht, wenn so Typen wie du den Betrieb aufhalten. Warst zwar nicht besonders freundlich, hab' trotzdem nichts gegen dich. Deshalb sag' ich dir das."

„Warum hat die Chefin was gegen zahlende Kunden?"

„Du bist nur 'n Türke, steht sie nicht besonders drauf, und wenn du nur trinkst, lohnt sich's nicht."

„Und wer soll mich rausschmeißen? Die Leoparden-Oma?"

Sie sah zur Theke, lächelte und flüsterte mir ins Oh: „Hinten sitzen ein paar von ihren Freunden, die sind nicht ohne."

Irgendwie fing ich an, sie zu mögen. Ihr Gesicht war plötzlich nicht mehr dümmlich, und die billige Nachahmung einer liebestollen Haremsdame hatte sie abgelegt.

„Soll ich dir etwas sagen, Entlein, du hast in natura 'ne große Portion mehr verführerischen Charme als hinter der schmierigen Maske von Tausendundeinernacht." Sie schenkte mir einen außergeschäftlichen Augenaufschlag, den ich bis in die Zehenspitzen spürte.

„Das hoffe ich doch."

„Wie wär's denn, wenn wir noch ein Glas trinken?"

Sie sah mich kurz an, nestelte an ihrer Nase und flüsterte: „Ein andermal, sie schaut die ganze Zeit rüber. Ich hab' keine Lust, Ärger zu kriegen, geh jetzt."

„Okay, wo zahl' ich den Whisky?"

„Vorne bei ihr."

„Also gut, bis demnächst, Entlein."

„Bis demnächst, wilder Scheich", murmelte sie.

Ich kämpfte mich durch den Teppich zur Theke. Milly stand ans Holz gelehnt, eine goldene Zigarettenspitze zwischen den glänzenden, roten Lippen.

„Was macht der Scotch?"

Sie musterte mich grimmig und knurrte dann an der Zigarettenspitze vorbei: „Achtzehn, der Herr."

Ich strich den zweiten Fünfzigmarkschein auf der Theke glatt. Während sie das Geld wechselte, brummte ich: „Letzten Freitag is' hier in der Nähe 'n Typ unters Messer gekommen. Hieß Ahmed Hamul. Ich such' jemanden, der ihn kennt."

Sie sah mich schnell an.

„Ich kenn' keine Hamuls."

Sie schob mir das Wechselgeld hin.

„Und ich mag nicht, wenn jemand in meinem Laden rumschnüffelt, schon gar nicht, wenn er 'nen ausgebeulten Anzug trägt. Eigentlich sollte ich dich festhalten und die Polizei rufen, aber dann würden wahrscheinlich zehn Türkenbälger ihren Papa verlieren. Ich bin kein Unmensch, also verschwinde."

Wenn man sie in diesem lila Dampf erkennen konnte, war meine Kanone auffälliger verstaut, als ich dachte.

„Ich hab 'nen Waffenschein und 'ne Schnüffellizenz, kein Anlaß zu kräftigen Sprüchen. Versüßt sich eines der Mädchen ihren lila Alltag mit sauren Spritzen?"

Erst sah es so aus, als wollte sie mir ihre langen, roten Fingernägel in die Backe hauen, aber dann drückte sie wie nebenbei auf einen kleinen weißen Knopf neben dem Bierhahn. Ich steckte schnell das Wechselgeld ein und drehte mich zur Tür mit der Aufschrift PRIVAT. Zwei, drei Sekunden verstrichen, bis sie sich langsam öffnete. Heraus glitten drei nadelgestreifte Kleiderschränke mit ähnlichen Beulen wie unter meiner Schulter. Ihre Blicke glitten durch den Raum. Dezent kamen sie an die Bar und umringten mich wie alte Freunde. Der kleinste von ihnen trug eine senfgelbe Krawatte mit kleinen, hellgrünen Elefanten. Er sah zu mir runter, legte seine Pranke auf meine Schulter und knetete sie durch. Ich biß die Zähne zusammen.

„Na, Sportsfreund, ich habe gehört, dir fällt der Abschied schwer."

Er grinste mich dreckig an. Drei seiner Zähne funkelten golden.

„Es gibt 'ne Menge nette Lokale in der Stadt, muß ja nicht ausgerechnet dieses sein, oder?"

Alle drei zusammen brachten etwa fünfmal so viel auf die Waage wie ich. Trotzdem bekam ich Lust, ihnen das glattrasierte Kinn einzutreten.

„Wieviel von so 'nem Goldzahn zahlt denn die Kasse?"

„Wieso?"

„Bin am überlegen, ob ich dich zu 'ner Runde einlade."

Alle drei lachten.

„Okay, starker Mann, die Vorstellung ist zu Ende. Dort hinten ist die Tür, steht ‚Gesundheit' drauf."

Er deutete mit dem Daumen zum Ausgang. Während ich noch dabei war, mir meine Parade auszudenken, packten die anderen zwei meine Arme und trugen mich hinaus auf die Straße. Ich kam mir vor wie ein Kind, das man in die Badewanne hebt. Einer murrte: „Mach, daß du weiterkommst, sonst breche ich dir deine verfluchte Türkennase." Ich zeigte auf etwas hinter ihm und machte ein entsetztes „Oh". Es funktionierte. Sie drehten sich um und schauten auf die kahlen Häuserwände.

„Was soll 'n da sein?"

Ich tippte auf die Schulter des Sprechers. Er drehte den Kopf, und ich knallte ihm meine Faust ins Gesicht. Das Nasenbein knackte trocken. Er grunzte und klatschte aufs Pflaster.

Sein Partner sah mich ungläubig an, besann sich aber und wollte mir nun das Hirn zermatschen. Ich sah, wie sich die Muskeln unter dem engen Jackett spannten. Langsam ging er auf mich zu, ließ die Finger knacken und leckte sich die Lippen. Das Neonlicht warf Schatten auf sein Gesicht, und das Weiß seiner Augen war sichtbar. Kriegte er mich zu fassen, hatte ich wenig Chancen, heil davonzukommen. Er hielt inne und musterte mich wie ein Stück Kotelett. Ich schnellte auf ihn zu, blieb abrupt stehen, duckte mich und ließ seine rechte Betonhand voll ins Leere prügeln.

Ein Luftsprung, und ich kriegte seinen Arm zu fassen. Ich warf mich mit meinem ganzen Gewicht dagegen und stemmte ihn dann gen Himmel. Laut knackten seine Knochen. Er brüllte auf vor Schmerz. Die gesunde Linke schlug blind in meine Richtung. Zweimal wich ich aus, bis mir eine Ladung frontal das Kinn sprengte.

Ich torkelte rückwärts den Bordstein entlang und donnerte dann gegen einen Laternenpfahl. Langsam rutschten mir die Beine weg. Der Schläger schlurfte in meine Richtung. Sein rechter Arm schlenkerte unnatürlich durch die Luft. Ich blieb sitzen und wartete, bis er vor mir stehenblieb.

Er zischte: „Kleine türkische Ratte, so was machst du nie wieder!"

Ich machte eine Rolle seitwärts und harkte ihm meine Schuhspitze in die Kniekehle.

Es gab ein dumpfes Geräusch, als er auf dem Boden aufschlug. Wie ein gefällter Baum lag er da. Ich stürzte auf den gesunden Arm und hebelte ihn über meinen Schenkel.

„So, Großer, bleib ganz ruhig, oder du kriegst noch 'nen zweiten Gips, das versprech' ich dir!"

Er schüttelte sich, und ich hatte Mühe, den Arm festzuhalten, aber dann gab er auf, und ich konnte verschnaufen. Der kaputte Knochen mußte verdammt weh tun. Die Masse Goliath unter mir fing kläglich an zu wimmern.

„Hör mit dem Gejaule auf, wenn du artig bist, laß ich dich los. Vorher noch 'ne Frage, kennst du einen Ahmed Hamul?"

Er biß die Zähne zusammen und preßte: „Nee, nie gehört."

Ich hebelte noch ein bißchen.

„Wirklich nie gehört?"

Er stöhnte laut auf und brüllte: „Nee, verdammt noch mal, kann ich doch nix dafür."

In dem Moment ging die Tür auf, und ein Schwarm hellgrüner Elefanten glotzte verdutzt.

Ich hatte keine Lust mehr auf Knochenbrüche. Ich ließ den gequälten Arm los und stand auf. Goldzahn betrachtete das Elend. Plötzlich schnellte seine Hand unters Jackett. Ich aber war schneller, hatte meine Kanone schon aus der Achsel gezogen.

„Laß gut sein! Hol die Pfote langsam wieder raus, sonst is' 'n Loch drin."

Er verzog den Mund und gehorchte.

Jetzt erst bemerkte ich eine Menge Publikum, das wohl schon länger aus sicherer Entfernung rübergaffte. Es war nicht der richtige Ort, um ungestört mit dem Schießeisen rumzufuchteln. Also steckte ich es wieder ein. Auch mein Gegner nahm die Zuschauer wahr und zeigte sein goldenes Grinsen.

„Du hättest Eintritt verlangen sollen. Ich weiß nicht, wie du's geschafft hast, die zwei in Klump zu hauen, aber es muß ein großartiges Schauspiel gewesen sein."

In der Ferne hörte man eine Polizeisirene, die näher kam.

„Pack deine Freunde zusammen. Gleich sind die Bullen hier und stellen unangenehme Fragen."

Er sah mich belustigt an.

„Danke für den Tip, wär' ich nicht drauf gekommen. Bist 'n kluges Köpfchen. Paß auf, daß nicht jemand aus Versehen Blei reinballert."

Mir langten die wilden Männer mit großer Klappe. Bevor ich wegging, sah ich noch einmal nach dem Jungen, dem ich den Kopf demoliert hatte. Seine Nase war blutender Brei, der langsam die Backe runterlief und aufs Pflaster tropfte. Er röchelte. Ich rüttelte an seinen Schultern. Als er die Augen aufschlug, brummte ich: „Merk dir, mit Gästen aus dem Ausland geht man freundlich um. Das nächste Mal reiß ich die Ohren ab."

Er wollte was sagen, spuckte aber nur roten Rotz.

Ich verließ das Schlachtfeld und ging ziellos die Straße hinauf.

Ein grünes Polizeiauto donnerte flötend an mir vorbei. Ich war sicher, sie würden nur eine charmante Milly antreffen, die mit Erstaunen ausrief: „Aber Herr Kommissar, hier war alles ruhig, glauben Sie mir!"

„SLIBULSKY UND ICH KLEMMTEN IM LEERGERÄUMTEN GESCHIRRSCHRANK EINES KLEINEN BRASILIANISCHEN RESTAURANTS AM RAND DES FRANKFURTER BAHNHOFSVIERTELS UND WARTETEN AUF SCHUTZ-GELDEINTREIBER."

(AUS: JAKOB ARJOUNI: KISMET. DIOGENES 2001)

Das zeitweilige Nachleben der ehemaligen Vergangenheit in Bildern

PETER KURZECK

Die Gegenwart, das ist doch nicht einfach bloß jetzt; die Gegenwart für mich und das Bahnhofsviertel hat ungefähr im August 1958 angefangen. Mit fünfzehn, als Lehrling in einem niederschmetternden Kramladen in Gießen an der Lahn, notwendig unentwegt zahlreiche Zukünfte im Sinn, die inzwischen – manche, ohne die Gegenwart je passiert zu haben – eindeutig der Vergangenheit angehören, vielen Vergangenheiten; mit fünfzehn, Mensch, wie auf Wallfahrten sind wir hierhergekommen! Wo will ich denn hin? Achtzig Kilometer weit auf der Straße, Trampen galt als lebensgefährlich *und* verrucht, und wir trampten natürlich: eigens, um im Jazzhaus, im Keller, im *Storyville*, die meiste Zeit Samstagabend, uns an der Musik zu besaufen! Zwei Mark Eintritt, nach elf, wenn du Glück hast, kommst du vielleicht umsonst rein! Unbedingt muß man vorher im letzten goldenen Licht, eben angekommen, dann in der Dämmerung noch stundenlang erregt herumgelaufen sein, redend, zwischen düsteren Lagerhallen, verlassenen Baustellen und ruinendunklen Riesenfabriken. Oder auf einem Trümmergrundstück eine finstere levantinische Imbißbude direkt aus Beirut.

Ja, richtig, die fehlen dir jetzt, die Buden, die Trümmergrundstücke, die

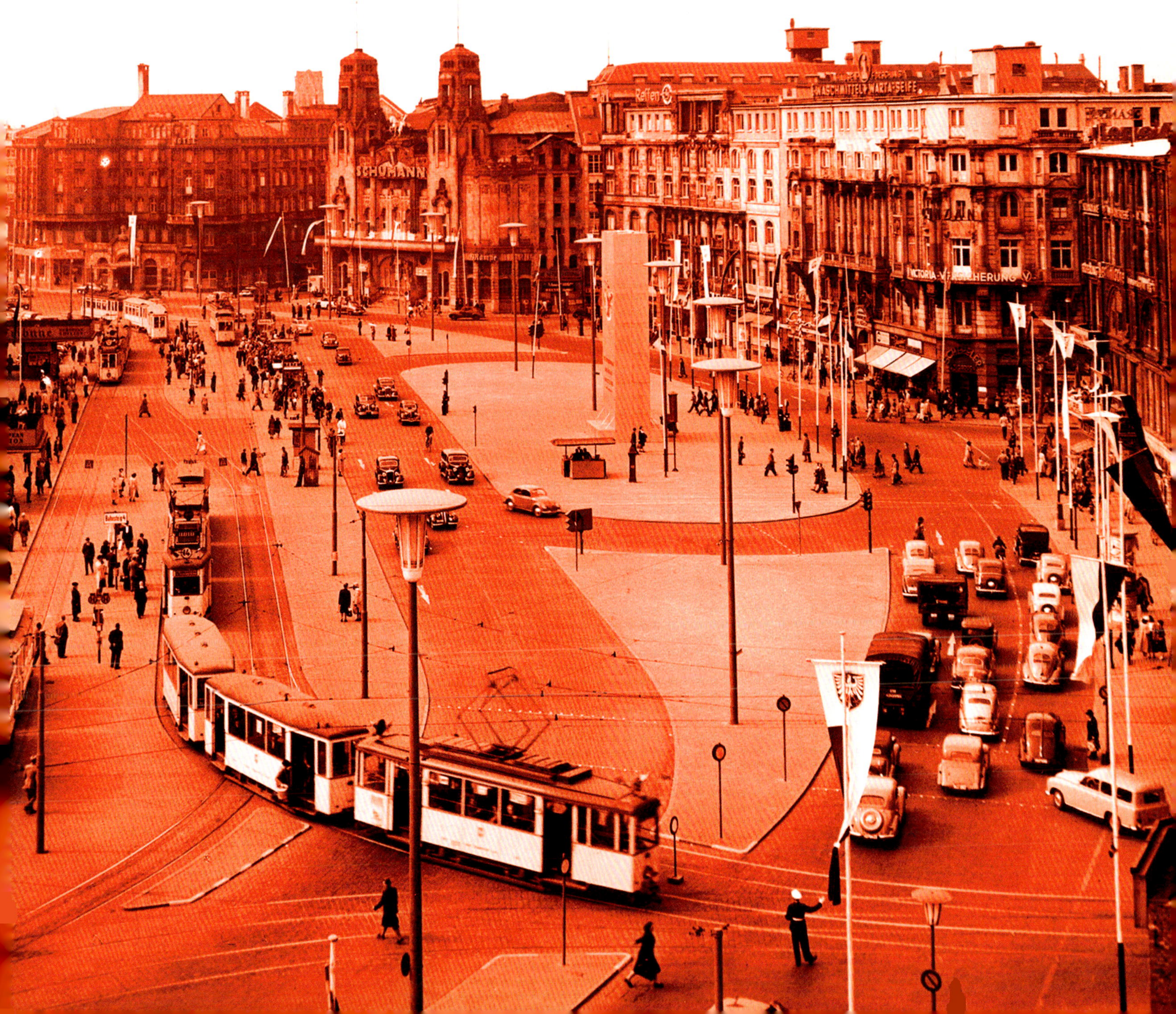
SCHUMANN
VICTORIA-VERSICHERUNG

106 : PETER KURZECK

versinkenden leeren Plätze; so viel Himmel in deinem Gedächtnis, wo ist die Zeit denn hin? Du stehst auf so einem leeren Platz, den es längst nicht mehr gibt; es ist Abend, der Himmel fängt an zu *leuchten*, die Stimmen klingen um dich her und in deinem Kopf zusammen, schon wochenlang kaum noch Schlaf, und du weißt, du wirst nie sterben! Gleich hinter der nächsten Ecke schon hätte das Meer warten können und ein Hafen und Schiffe im Hafen, New Orleans, San Francisco. Einmal auf so einem leeren Platz zwischen Schatten und Abendruinen in genau knapp vier Minuten achtundachtzig Mark verdient, und man *wird uns nie etwas nachweisen können!* Folgen zum Zeilenhonorar Belehrungen über die Kaufkraft von achtundachtzig Mark im Jahr 1958, spät im Sommer in Frankfurt am Main: ein kleines Bier nullvierzig, ein schneller Schnaps in einer normalen Eckkneipe hat für jeden, der kommt, achtzich Fennich gekostet. Ein Asbach einszehn (in Caféhäusern mit Blumenvasen und Zierdeckchen unter Glas). Zwanzig Zigaretten haben eine Mark fünfundsiebzig vierzehn fette Jahre danach noch gekostet; ein Pfund Brot, wieviel hat 1958 ein Pfund gekostet? Jeder hat es vergessen, lauter hartgesottene Säufer, sie wissen nicht einmal, wieviel *jetzt* ein Pfund Brot kostet, heutzutage. Wir sitzen mittlerweile in der Mehrzahl (erst heute, dann damals) in einer angenehm heruntergekommenen Bier- und Schnapskneipe für jeden, der kommt; erst in der Moselstraße, dann in der Elbestraße, dann in der Münchener Straße, scheint's immer die gleiche Kneipe, der Abend zieht mit uns mit und fängt an zu *kreisen*. Jedenfalls: Achtundachtzig Mark sind ein guter Wochenlohn für einen guten Maurer gewesen! Wird jeder gleich beipflichten, muß man mit dem Kopf nicken. Es ist die Zeit der allgegenwärtigen 48- und 45-Stunden-Wochen gewesen, 54 Stunden im Schichtdienst und mindestens 48 Stunden im Einzelhandel, 45 Stunden in den Büros und Fabriken, noch lang nicht in allen; die 40-Stunden-Woche galt als überseeisches Märchen, ungefahr so entlegen und alltagsfern wie Liz Taylor, Hollywood-Schönheitsoperationen, die Malediven, Thailand und das Buch oder das Jahr 1984. Es ist der gleiche niederträchtige (druckreife) Staat gewesen, nur daß man denken konnte, einmal müssen sie ja aussterben, diese Greise. Muß man nachdrücklich mit dem eigenen Kopf nicken und noch eine Runde, derweil draußen in der Dämmerung *schräg grauer Abendregen*. In den damaligen Lücken die jetzigen Fassaden, glatt und teuer und künstlich wie zu groß geratene falsche Zähne.

Mit fünfzehn, da bist du und dort gegangen; nie müde geworden! Es war schon berauschend, stundenlang nur von einem Eingang zum andren zu gehen, zu wandern, um zu sehen, was läuft, wo was los ist! Gespräche, die Stimmen; niemand schlief. Du hast noch jeden beiläufigen Nuttenblick, jeden Augenblick, jede geflüsterte Anrede an dir vorbei als Verheißung auf Leben und Zukunft dir eingeprägt, mitgenommen; Montag ist weit. Sie sagten egalweg Schätzchen und Darling. Du hast noch die Stimmen im Ohr, die Musik und das Klappern der Stöckelschuhe auf dem Nachtbürgersteig vor den Hauseingängen. Im roten Licht hin und her, mit Zuhältern und Filmgangstern freundliche Worte und eiskalte Blicke getauscht und dazugehört, *mühelos von einem Traum in den andren* gewechselt, immer wieder gekommen: beladen worden mit Lebensgeschichten, mit jeder Liebe schleppst du dich lebenslang ab; nie erfahren, wer den Sekt bezahlt und den Whisky mitgebracht hat, und mit der Nacht, die sich neigt, jedes Glas ausgetrunken.

Und Sonntagfrüh in einer trikoloren napolitanischen Imbißkneipe, die du auch nie mehr wirst finden (es muß in der Weserstraße gewesen sein, bevor gegenüber die Dresdner Bank in den Himmel gewachsen ist; von den Krümeln vorm Eingang hat ein ganzes Volk Spatzen und Tauben gelebt, haargenau, wie es in der Bibel geschrieben steht), bei Kaffee mit Grappa und Gauloises-Zigaretten dir die vergangene Nacht als Film nacherzählt in bewegten Bildern und von nix je genug bekommen, auch nachträglich nicht. Die Pausen, in denen der gleiche Film zum Umspulen ratternd und quietschend rückwärts rast, immer weiter zurück. Den praktischen Minirock für ihr schweres leichtes Geschäft lang vor der Mode ganz eigenständig zurechterfunden, in Paris, in Frankfurt, in Budapest, vermutlich in jeder Großstadt, dazu Seidenstrümpfe mit Naht, sanft wie dein duftendes Haar wird die Nacht meine Augen bedecken. Blond hieß sie Dagmar und Britta und mit einer schwarzen Perücke Carmen und umgekehrt.

Es war die große Zeit der GIs, der Dollar stand noch auf vierzwanzig, man konnte Glück haben und mit Amizigaretten jederzeit schnell ein handliches kleines Vermögen verdienen; die Stange acht Mark im Verkauf (andernfalls Knast, vielleicht auf Bewährung, und hohe Geldstrafen, Ratenzahlung, manche zahlten zehn Jahre, derweil ihre Kinder bescheiden groß wurden). Mein Freund Eckart ging immer noch in die Schule, jahrelang in die Untersekunda, weil seine Mutter, eine ehemals bessergestellte Witwe aus dem Baltischen, sich ihren einzigen Sohn und seine unerläßliche Zukunft keinesfalls ohne Abitur vorstellen mochte. Wenigstens Architekt oder Zahnarzt und eine Vorortvilla mit Trauerweiden und Goldregen. Nach der Schule die regelmäßigen Nachmittage in Gießen (jeder einzelne kommt dir nachträglich wie ein allzu vertrauter Hinterhof vor, in dem die Zeit alle Augenblicke stehenbleibt, und die Schatten sind eingeschlafen) brachte er damit zu, versessen auf Geld und Romantik, seinen eigenen Schwarzmarkt zu organisieren. Wie eine umfassende Verschwörung; fuhr zwischen der rostigen alten Bahnhofstraße und dem verbotenen Pi-Ex unentwegt hin und her,

mit dem ächzenden städtischen Vorortbus, Oberleitung, bergauf, *wie er kriecht*, dreißich Fennich die Fahrt, sechs Kärtchen einsfuffzich, und redselig gratis zurück mit Amis, die nachmittags in die Stadt wollten, downtown in ihren Pontiacs, Chevys und Buicks. Nicht nur Zigaretten und Schnaps, auch Schallplatten, Sheriffsgürtel, Klamotten, Uhren, Baseballschläger und US-Collage-Fingerringe – nur nicht draufzahlen! Sämtliche Schüler aller Gießener Schulen bezogen ihren täglichen Kaugummi von ihm, in jeder Schule hatte er seine Verteiler an der Hand. Um seinen Släng für den Markt zu verbessern und die eigene Identität zu verwischen oder auf der Suche danach, sprach er immer amerikanisch mit ihnen, mit mir, sogar mit sich selbst: eigens deshalb sich unverfängliche Selbstgespräche umständlich angewöhnt: mir kam sein Släng längst gut genug vor. Sein Ziel war, die ganze Gegend (the whole country) nicht nur mit Amizigaretten und Schnaps, sondern auch mit billigem Government-Benzin zu versorgen. Er konnte VWs nicht leiden; er hatte die Hoffnung, wenn sie alle regelmäßig sein billiges Benzin bekämen, würden wenigstens die besseren Deutschen sich mit der Zeit auch solche Chevys

DAS ZEITWEILIGE NACHLEBEN DER EHEMALIGEN VERGANGENHEIT IN BILDERN : 109

und Buicks kaufen. Und Cadillacs. Er kaufte sich eine kalifornische Tag-und-Nacht-Sonnenbrille und eine 69-$-Jacke, und wenn er sich nicht gerade mit überladenen Pi-Ex-Tüten abschleppte, der anstrengendste und gefährlichste Teil des Handels, dann sah er wie ein offenkundiger Drahtzieher aus, wie ein Drahtzieher in einem Film, heißt das. *Die Tüten halten nicht immer, Scheißtüten!* Er kaufte sich einen Stars-and-Stripes-Koffer, auf dem Los Angeles draufstand. Er ging vom Gewinn nach Möglichkeit mindestens einmal am Tag ins Kino. Um die Welt kennenzulernen oder eine andere Welt. Wenn ich nicht immer so in Gedanken gewesen wäre, hätte ich feierabends nach dem Kramladen gut seinen unbesiegbaren Leibwächter spielen können.

Vom zwoten Lehrjahr an brauchte ich Samstag mittags bloß noch bis kurz nach zwei arbeiten. Kaum ein Samstag, an dem wir uns nicht auf den Weg machten, um auf der kurvenreichen B 3 nach Frankfurt zu trampen: kamen, um hier den Gewinn der Woche in die Nächte zu investieren, ins Leben. Pures Gold unser Ruhm. Unbedingt muß es noch hell sein bei unserer Ankunft. Oder um über die Verluste hinwegzukommen, wie im Flug darüber hinweg, es gab auch verlustreiche Wochen. Für die Collegeringe ist das Volk noch nicht reif genug: ich wollte zu seiner Enttäuschung auch keinen, meine Hände brauch' ich für mich; er würde sie *nach und nach* alle selbst tragen mit einem neuen bitteren Lächeln (französische Filme kamen in Mode).

Wir kamen an, und die Sonne ging unter. Wir sahen die GIs in Taxis ankommen, immer mehr Taxis, es war ihr Zahltag. Die Nutten hatten sich eigens zurechtgemacht und standen ausgeschlafen vor den Eingängen. Sogar im Stehen tanzten sie noch. Wir sahen die GIs aus den Taxis aussteigen, unter jedem Arm eine Gallonenflasche, eine Goldene Horde. Überall wurden ihre Lieder gespielt, immer lauter! Sie trugen die Ein- und Zehndollarscheine lose gerollt in den Taschen und fragten nicht nach dem Preis: sie konnten schon jetzt kaum noch stehen, die meisten! Immer nahmen sie sich vom einen zum andern Zahltag so viel vor und waren dann schon im voraus so blau, daß sie Mühe hatten, mit dem Gegenwert für ihr gutes Geld zu Rande zu kommen. Stundenlang ging die Sonne nicht unter. Nach den gemeinen Soldaten in Taxis kamen die Sergeants in ihren Buicks und Pontiacs und Chevys. Mit offenen Fenstern, mit noch mehr Musik und Whisky und Dollars: *immer* ließen sie zur Fahrt den linken Arm über die Tür heraushängen und rollten sacht im Dreimeilentempo durch den festlichen Aufruhr der Straßen. Auf Weißwandreifen. Noch Stunden nach Sonnenuntergang war der Himmel wie blaues Glas, ein Meer von Abendhimmel. Die neuesten Straßenkreuzer hatten so klotzige rote Rücklichter, daß beim Bremsen abends die ganze Straße erstrahlte in diesem glühenden roten Licht; die Musik stieg wie viele bunte Ballons ungehindert zum Himmel auf, und die tragischen alten Häuser in einem düstern Regenbogenglanz standen wie grandiose Musikautomaten *gleißend* unter diesem Himmel, der immer noch hell war, wie am Rand des Meeres standen die Häuser. Es muß im Juni gewesen sein, im Juni sind die Menschen am schönsten! Wir standen alle wie fröhliche geile Kinder beisammen, Kinder, die dabei sind herauszufinden, es hat seine Richtigkeit mit ihren Wünschen, die sie bislang nicht zu denken wagten. Im gleichen Moment. Jede Nutte hatte an diesem Abend ihr eigenes heiliges Leuchten, bevor sie in der offenen Tür im kurzen Rock zum schlanken Schattenriß wurde und kam und ging und kehrt wieder und brennt für immer in deinem Gedächtnis – und wo sind sie jetzt?

Es war das Jahr 1960, der Sommer fing eben erst an, und es schien, als sollte es ein Sommer für die Ewigkeit werden. Vielleicht auch nur, weil ich endlich darauf gekommen war, daß man sich als Lehrling wenigstens alle Jahre einmal für zwei Wochen krankschreiben lassen konnte. Aus Notwehr. Wir schleppen die glorreichen Bilder wie gefährliche Schmugglerware zeitlebens mit uns herum und wechseln erst mühelos, dann mit Anstrengung, zähneknirschend, erschöpft, wie im Fieber von einem Traum in den anderen. *Nachts um vier, das weißt du aus dem Gedächtnis, fangen die leeren Straßen zu wandern an.* Die Pausen, in denen der gleiche Film ratternd und quietschend rückwärts rast, immer weiter zurück. Da bauen sie das Gerüst ab und schleppen es weg, Schatten in Overalls. Da kommen sie wieder und bauen es wieder auf. Alt geworden, die gleichen Schatten. Der gleiche sonnige späte Sonntagvormittag im Juni, im September (als ob man sich selbst träumt). Und jetzt überlegst du dir, ob es nicht reicht, wenn du mit sechzig zu rauchen aufhörst, mit dreiundsechzig: bis dahin noch Kettenraucher und dann uralt werden. Mit fünfzehn konnte ich das Wort Literatur nicht aussprechen, ohne zu stottern, und schrieb jeden Tag in meinem Kopf ein ewiges Buch. Ich hatte für die Arbeit einen grauen Kittel, der mir alle Tage zu groß war, und sie erklärten mir gutwillig, immer wieder, was man als Lehrling für ein Gesicht zu machen hätte – *nicht* so wie ich! Ich bekam einen Firmennagel und einen Hammer, um das Jugendarbeitsschutzgesetz oder wie es sonst hieß, ein gelber Pappdeckel, hinten im Flur vor dem Betriebsklo an die Wand im Flur zu nageln. Es *mußte* da hängen, aber man durfte nicht davor stehenbleiben, um es zu lesen. Und als der nächste Sommer anfing, dachte ich mir, das ist mein Geburtstag, für euch bin ich nicht auf der Welt! Lang genug gewartet! Und kaufte mir einen Korkenzieher und zwei Flaschen Wein für unterwegs und fuhr in den Juniabend hinein; ich hatte Farben und Notizblöcke mit und fuhr zum erstenmal nach Paris!

Maus und Katz

PETER ZINGLER

Natürlich hatten wir vom Bahnhofsviertel auch in meiner Kleinstadt gehört. Frankfurt hatte einen Ruf wie Donnerhall! Die exotischen Geschichten von Nutten, Amis und verruchten Bars wurden hinter vorgehaltener Hand erzählt und fleißig weitergesponnen, meist von denen, die alles auch nur vom Hörensagen kannten. Aber irgendwas mußte doch dran sein an den Stories von den wilden Jungs und den leichten Mädchen. Die besten und heißesten Frauen des Landes sollte es dort geben, noch besser als die auf der Reeperbahn. Daß die meisten in unserer Stadt weder den einen noch den anderen Ort tatsächlich kannten, war egal, alles wurde geglaubt und sehnsüchtig herbeigewünscht. Die fitten Halbstarken bei uns, die Jungs mit den Elvistollen, den Lederjacken und den Jeans, also die, die schon mal von der Polizei beim Autoklau erwischt worden waren oder im Polizeiarrest oder gar im Jugendgefängnis gesessen hatten, schwärmten geradezu von Frankfurts Milieuaura.

Zum Beispiel war die Legende der Sozialhure einfach nicht auszumerzen. Immer, so hieß es, wenn ein Mann aus dem Knast oder ein Jugendlicher aus dem Heim entlassen wurde, durfte er nach Vorzeigen des Entlassungsscheins eine ganze Nacht umsonst ficken – ein Antrieb für viele, endlich mal verhaftet zu werden.

Eines Tages machte ein Stoß schwarzweißer Pornophotos die Runde, die angeblich aus Frankfurt stammten und etliche nackte Frauen in anzüglichen Positionen zeigten. Wir Jungs suchten uns die Frauen aus, die uns am besten geeignet schienen, unseren riesigen Sexhunger zu stillen – die mit dem größten Bär, einem Schamhaar vom Bauchnabel bis zum halben Oberschenkel, oder die mit der größten Brust und den längsten Nippeln. Und wir waren ganz sicher, wenn wir erst nach Frankfurt kämen, würden diese Frauen uns sofort zur Verfügung stehen. Aber irgendwie kamen wir alle nicht nach Frankfurt, und so wuchs die Sehnsucht in dem Maße, in dem die Wunschvorstellung immer mächtiger wurde.

Wir schrieben das Jahr 1959, und um die 500-ccm-Motorradweltmeisterschaft stritten sich John Surtees und Giacomo Agostini auf ihren vierzylindrigen MV Agustas, jenen italienischen Fabrikaten, die, wenige Jahre später von den Japanern komplett kopiert, als erste Vierzylinder-Straßenmaschinen der Welt Riesenerfolge feiern sollten.

Ein wichtiges Rennen, der Große Preis von Deutschland, fand in Hockenheim statt. Ich war fünfzehn Jahre alt und wollte unbedingt hin. Und etwa in der Mitte zwischen unserer Kleinstadt und Hockenheim liegt Frankfurt. Und das Bahnhofsviertel! Es ergab sich auch,

GRÖSSTE STRIPTEASE SHOW
SEX-SHOW
2000
SHOW SCHÖNER FRAUEN
EROTIKA
FILM · STRIPTEASE · REVUE THEATER
SEX-SHOW
FILM-STRIP
SHOW SCHÖNER FRAUEN
FILM
SEX

weil der Fahrer, der mich an der Autobahnauffahrt Siegburg aufsammelte, beruflich nach Frankfurt mußte. Frankfurt lag auf mehr als der Hälfte der Strecke, und so war ich sicher, auch die restlichen hundertzwanzig Kilometer bis Hockenheim per Anhalter zu schaffen, selbst wenn ich zuvor das Bahnhofsviertel kennengelernt und erkundet hatte.

Ich hatte zehn Mark in bar dabei. Fünf Mark waren für den Eintritt irgendwo an der Rennstrecke im Wald vorgesehen, der Rest sollte reichen, um sich ein paar Brötchen und 'ne Cola zu leisten. Eine Cola kostete bei uns in der Kneipe sechzig Pfennig. Ich durfte also eigentlich nichts von den zehn Mark ausgeben. Das Erlebnis Bahnhofsviertel mußte preiswert sein.

Mein „Fahrer" fuhr Frankfurt-Süd runter und überquerte auf meinen Wusch noch die Friedensbrücke, um mich genau am Bahnhof abzusetzen. Das schöne Gebäude fiel mir kaum auf, denn ich stürzte mich sofort in die Kaiserstraße. Es war der Wahnsinn. Horden von Menschen auf den Straßen wie bei uns auf der Kirmes. Es war Wochenende, und die Amis hatten dienstfrei. Ich ließ mich in der Menge die Straße hinauf- und wieder hinabschieben. Bunte Barschilder und Frauen mit eindeutig einladenden Gesten versuchten den Menschenstrom in ihr Lokal, in ihr Haus zu dirigieren. Ich glaube, damals wußte ich nicht wirklich, was eine Bar und was ein Bordell ist, aber das war egal. Ich bin auf alles voll abgefahren. Alle drei Meter wurde ich angesprochen. Zigaretten? Zwanzig Lucky Strike für eine Mark! Ein Päckchen Kaugummi für zehn Pfennig! Geschenkt! Aber auch Armbanduhren waren im Angebot, einer der Händler trug gleich zwanzig Stück an seinem Arm bis hoch zum Ellbogen.

Frauen, die ihr Alter und die Häßlichkeit überschminkt hatten, standen fragend-wartend im Gewühl herum, wurden dann aber wieder von den Mädchen vor den Bars angepöbelt und weggeschickt. Eine stinkbesoffene Hyperblondine schubsten die Bargirls derart aggressiv, daß sie stolperte und in den Rinnstein fiel. Ihre Nylons hatten an den Knien große Löcher und Laufmaschen. Lautes Gejohle bewegte sie zum Aufstehen, sie wankte, Fäuste schüttelnd, auf den Bareingang zu, drehte dann aber ab, hockte sich hin und kotzte auf den Bürgersteig.

Das wollte ich nicht sehen, ich ging weiter und schaute mir die Amis an, Amis, immer wieder Amis, in Uniformen, aber auch in Zivil. Ich lief das gesamte Bahnhofsviertel ab, die Kaiser-, Mosel-, Elbestraße rauf und runter, sah diesem oder jenem Paar hinterher, das sich, frisch verabredet, in einen gammeligen Hotelflur verdrückte, und meine Phantasie ging mit ihnen die Treppen rauf, ins Zimmer, ins Bad, wenn es denn eines gab, ausziehen … ganz nackt … und dann … Mein Kopf schmerzte vor lauter Phantasieren.

Dann stand ich vor einer Bar, die gar nicht Bar hieß, sondern *Fischer-Stuben*. Ab und zu öffnete sich die große Tür, und ich sah viele Menschen. Es war noch heller Tag, und drinnen spielte eine Band. Ich traute mich nicht rein, ging ums Eck und war überrascht, erneut vor einem großen Eingang der *Fischer-Stuben* zu stehen. Ein paar Amerikaner schienen uneins, sie hielten die Tür auf, und ich sah, etwa zwanzig Meter entfernt an der Rückwand des vollen Lokals, eine halbnackte Frau auf einer Bühne. Striptease. Klar. Hatte ich schon viel von gehört. Die Tür fiel zu, die Amis gingen nicht rein, aber ich. Drinnen war es angenehm dunkel. Von der linken

Seite dröhnte der Sound der fünfzig Meter entfernten Band herüber, und die Frau versuchte sich irgendwie deren Rhythmus anzupassen. Sie trug ein kleines Höschen und spielte mit einem bunten Schal. Später erfuhr ich, daß so was Federboa heißt. Mit ihr fuhr sie über ihren ganzen Körper, und ich bekam große Augen und heiße Ohren und nicht nur das. Ich hätte Stunden dort stehen und zuschauen können, hätte mich nicht der penetrante Ruf einer Frau gestört, die mich immer mit „He, Kleiner! He, hör doch, was trinkste?" ansprach.

Schließlich konnte ich nicht länger so tun, als hörte ich sie nicht, und drehte mich zu ihr um. Gleich neben der Tür war eine kleine Bar. Die Frau stand hinter dem Tresen und schaute mich fordernd an: „Das ist kein Wartesaal. Was willst du trinken? Biste überhaupt schon alt genug?" Um eine Diskussion über mein Alter gar nicht erst anzufangen, tat ich so, als sei das alles für mich alltäglich. Vermeintlich lässig rief ich: „'ne Cola!", aber die Dame schüttelte den Kopf: „Gibt's nur in Verbindung." Verbindung? Was sollte denn das bedeuten? Ich tat, als wüßte ich es, und nickte. „Okay", rief ich gönnerisch und wandte mich wieder zur Tänzerin. Die klaubte eben ihren BH vom Boden auf und verschwand durch die Gästereihen nach hinten, von vielen Augenpaaren gierig verfolgt, einige Männer wagten es gar, sie im Vorbeigehen anzufassen, und sie verteilte lächelnd rechts und links Klapse.

Es kam nicht gleich die nächste Tänzerin, und irgendwie spürte ich den Blick der Bardame im Rücken. Deshalb ging ich mutig zu ihr hin. Auf dem Tresen stand ein Glas Cola mit einer Zitronenscheibe. War das die Verbindung? Ich nickte und griff zum Glas, während sie die Hand ausstreckte: „Sechs Mark sechzig." Ich kriegte einen Riesenschock. Sie schaute mich eindringlich an. Mir rutschte das Herz in die Hose. Sie bemerkte mein Erstaunen und wurde ernst. „Was ist?" fragte sie und streckte mir die Hand noch weiter entgegen. Ich schluckte und räusperte mich, damit die Stimme zurückkam. „Sechssechzig für 'ne Cola?" fragte ich, aber sie schüttelte den Kopf: „Cola 'ne Mark, Kognak fünf Mark und zehn Prozent Bedienung macht sechssechzig. Nun komm schon rüber mit der Kohle, oder soll ich den Rausschmeißer holen?"

Sie deutete auf einen nicht eben kleinen Kerl mit einem dummen Gesicht, aber dicken Muskeln. „Weshalb?" fragte ich, um meine Gedanken zu überspielen, die Zahlung zu verweigern und zu türmen. Wenn ich das bezahlte, konnte ich Hockenheim vergessen.

Der Rausschmeißer näherte sich tatsächlich, und ich zog schnell meinen Zehnmarkschein aus der Tasche und legte ihn in ihre Hand. Sie schloß die Faust, mein Zehner war weg. Sie wartete. Ich auch. Dann öffnete sie langsam eine Kellnertasche und suchte und suchte, bis sie mir, sehr klein, das Wechselgeld auf die Theke legte. „Kein Tip?" fragte sie frech. Ich wußte nicht, was ein „Tip" war, aber ich schüttelte trotzdem den Kopf. Dreivierzig in Groschen. Ich zählte nach. Scheiße.

Doch was soll's, jetzt aber ran, eine neue Tänzerin erklomm die Bühne. Ich griff zu meiner „Cola mit" und stellte mich in Position. Die Frau tat, als sei sie ein Cowgirl, trug Stiefel, einen breitkrempigen Hut, ein Fransenblüschen, und sie hatte ein Lasso in der Hand. Sie zog sich für meine Begriffe viel zu langsam aus und tat auch noch, als könne sie singen. Die Amis, die meisten Gäste waren Soldaten, begannen zu lachen und zu reklamieren. Die Frau sang schneller und schriller, zog sich dabei aus und war ganz schön dürr, fand ich. Das schien auch den Soldaten nicht zu gefallen, und einer schüttete sein Bierglas in ihre Richtung aus. Andere johlten. Die Frau war genervt, hob ihre Klamotten auf und wollte abbrechen, als auch andere ihr Bier ausschütteten. Der Rausschmeißer ging durch die Menge, um der Frau aus dem Gewühl zu helfen, doch irgendeiner der Soldaten stellte ihm ein Bein. Der Koloß stolperte, wurde wütend, und das wurde dem Beinsteller zum Verhängnis, denn der Kräftige schlug ihn mit wenigen Hieben nieder.

Nun standen seine Freunde auf und wollten ihm helfen, und innerhalb weniger Sekunden war ich mitten in einer fetten Schlägerei. So was kannte ich. Bei jeder Kirmes schlugen sich die Bauernburschen nach dem fünften Bier die Zähne ein. Auch hier wußte bald keiner mehr, wer Freund und Feind war, bis die Tür aufflog und die MP reinkam. Es gelang mir, als die ersten vier mit der weißen Armbinde und der Aufschrift „MP" das Lokal betraten, hinauszuschlüpfen, ohne in die Fänge der draußen wartenden anderen Vierergruppe zu geraten. Die bauten sich neben dem Eingang auf, hielten lange Holzknüppel in den Händen und warteten darauf, was durch die Tür kam. Da kam einiges. Gelaufen, gekrochen oder geworfen. Sie bekamen draußen noch mal die Knüppel über die Schädel gezogen und wurden von zwei anderen MP-Bindenträgern in einen großen grünen Militärkombi geschmissen. Als etwa zehn Mann drin lagen, haute ein MP die Heckklappe zu. Ein Bein hing halb heraus und brach mit lautem Knacken. Der MP trat gegen das Bein, es verschwand nach drinnen, und die Klappe flog zu. Der Wagen fuhr ab, der nächste vor, Klappe auf, Soldaten reingeworfen, zugeklappt, ab. Das alles in einer affenartigen Geschwindigkeit. Ich muß schon sagen, ich war selten so beeindruckt.

Dann war der Spuk vorbei, ich ging wieder in die *Fischer-Stuben*, die sich erneut füllten, als hätten alle nur darauf gewartet, daß die MP die Plätze räumt. Mein Drink war verschwunden. Die Bardame schaute mich schon wieder fordernd an. Ich beschloß, genug gesehen zu haben. Darüber würde ich stunden-, ach was: tagelang in meiner Kleinstadt erzählen können.

Ich kaufte mir für drei Groschen Kaugummi, fand einen freundlichen Autofahrer, der sagte, er wolle nach Karlsruhe, mir aber schon nach einem Kilometer an den Hosenstall faßte, so daß ich ihm eine scheuerte, ausstieg und zur Auffahrt Süd lief. Über Darmstadt und Mannheim kam ich nach Hockenheim, stieg über einen Zaun und sparte den Eintritt. Ich glaube, John Surtees gewann das Rennen, aber genau weiß ich das nicht mehr. Was im Bahnhofsviertel geschah, weiß ich noch heute bis in jedes Detail. Selbst das hohe Geräusch der auf den Köpfen landenden Holzknüppel bleibt ein Leben lang in meinem Ohr.

Dreizehn Jahre später zog ich an den Main. Und weitere dreizehn Jahre später, Mitte der achtziger Jahre, passierten in Frankfurt Dinge, die mich dazu animierten, wiederum sieben Jahre danach einen Film zu schreiben, dessen Arbeitstitel zunächst *Zweigroschenoper* hieß, der nach der Fertigstellung aber als *Maus und Katz* in der ARD gesendet wurde. Er handelte natürlich vom Bahnhofsviertel und dem x-ten Versuch der Stadtväter, das dortige Gewerbe vor die Tore der Stadt zu verbannen – wie üblich mit einer sogenannten Sperrgebietsverordnung und im Auftrag der Banken, denen widerstrebte, daß zu

Füßen ihrer Paläste ein derart kriminelles und unmoralisches Treiben herrschte. Daß dort oben, im dreißigsten Obergeschoß, viel, viel kriminellere und unmoralischere Geschäfte abgeschlossen wurden, war kein Thema.

Die Stadt hatte dergleichen schon mehrmals versucht, war jedoch immer wieder, spätestens vorm hessischen Verwaltungsgerichtshof, gescheitert. Das lag zum einen daran, daß das Gericht jedesmal erkannte, wie die Stadt die Prostituierten und die Bordellbetreiber ausgetrickst hatte, weil sie sicher gewesen war, daß die keine Lobby hatten. Und es lag an einem Anwalt, der, er war fast zehn Jahre Ordnungsamtsleiter gewesen, die Seiten wechselte und fortan der Stadt eine gerichtliche Niederlage nach der anderen zufügte – Torsten Schiller. (Anfang der Achtziger entlarvte er in einem *FAZ* Artikel unter der Überschrift „Die Prostituierten sind immer schuld" ironisch die Praktiken der Stadt.)

Nun wollten die Stadtväter auf Nummer sicher gehen und auf Druck der Banken im Bahnhofsviertel endlich „Sauberkeit" einkehren lassen. Dieses Mal verließen sich die Stadtväter nicht auf ihre Gesetze, sondern sie zettelten eine ⁙

deftige Intrige an. Zunächst sondierte man unter dem damaligen Bürgermeister Wallmann die Gegnerschaft: Wer könnte auf die Seite der Stadt gezogen werden? Die Wahl fiel auf das Brüderpaar Beker, das seit Jahrzehnten im Milieu Häuser besaß, Cafés, Kneipen und Bordelle betrieb oder vermietete, oft als Strohmännerduo eines noch viel reicheren Frankfurters, des Investors B., mit dem die Stadt schon mehrere große Immobiliengeschäfte getätigt und dabei nicht immer gut ausgesehen hatte. B. hatte sehr früh nach dem Krieg mit der *New York City Bar* in der Moselstraße begonnen, sein Riesenvermögen anzuhäufen. Dieses Trio firmierte jetzt als eine holländische, anonyme Gesellschaft, weil die anderen Jungs aus dem Milieu nicht wissen sollten, wer dahintersteckte, um Neid oder Streitigkeiten zu vermeiden.

Die Stadt hatte mittlerweile intern beschlossen, das Bahnhofsviertel erneut durch eine Sperrgebietsverordnung zu säubern. Um keine Gegenwehr und keine Klage zu riskieren, sollte diesmal das Milieu zustimmen. Dafür mußte man ihm etwas anbieten, etwas Großes, das die Bordellstruktur des Bahnhofsviertels ersetzen konnte. Ideal schien ein Grundstück in der Breiten Gasse zu sein, das sich bis zur Zeil und nach hinten bis zur Langen Straße erstreckte. Problem: Das Grundstück gehörte der Stadt und hätte nur mit Genehmigung des gesamten Stadtrates verkauft werden dürfen – und obendrein nicht an Prostitutionsunternehmer. Diese Beschränkung hatte sich die Stadt mit einem Gesetz aus den fünfziger Jahren selbst auferlegt.

Also wurde abermals getrickst. Das Grundstück wurde mit einem anderen getauscht, das dem Allgemeinen Almosenkasten, einem Verein aus dem 19. Jahrhundert, gehörte. Der AA, eine Einrichtung zur Speisung der Ärmsten, gehörte der Stadt und unterstand alleine dem städtischen Kämmerer. Also winkte die Stadtverordnetenversammlung den Tausch durch, nicht wissend, was der AA mit dem Grundstück wirklich vorhatte. Danach verkaufte der AA das Grundstück an die erwähnte holländische Gesellschaft, und das Bauamt erteilte auch gleich eine Baugenehmigung für ein Bordell mit Hunderten von Zimmern. Die Unterschrift leisteten die Bekers aber erst, nachdem sie angesichts der Unzuverlässigkeit städtischer Zusagen einen Zusatzpassus in den Kaufvertrag hatten schreiben lassen: Sollte es der Stadt nicht gelingen, ihre Sperrgebietsverordnung durchzusetzen, hätte die Stadt eine Mietausfallbürgschaft von achtzig Millionen Mark zu zahlen gehabt. Denn klar war: Verblieb nur ein einziger Puff offiziell im Bahnhofsviertel, würden auch die anderen nicht umziehen. Gesagt, getan, unterschrieben.

Nun waren die Bekers an der Reihe. Sie sollten für das neue Bordell werben und die anderen Puffbesitzer dazu bringen, dorthin umzuziehen und auf rechtliche Schritte zum Erhalt des alten Bahnhofsviertels zu verzichten.

Die Bekers und ihr Partner B. begannen mit der „Aufklärungsarbeit". Sie wußten im geheimen, daß diesmal eine hundertprozentig sichere Verordnung alle Puffbetreiber aus dem Bahnhofsviertel vertreiben würde, weil, erstmals auch für die Verwaltungsrichter erkennbar, ein geeignetes Ersatzgelände bereitstand.

Jetzt hieß es: schnell, schnell mieten. Angeblich wußten auch die Bekers nicht, wer hinter der anonymen, holländischen Gesellschaft stand, und behaupteten, die Stadt habe sich diesen Partner auserkoren. Da alle Interessenten sahen, daß an der Breiten Straße ein Riesenbau entstand, beschlossen sie, wenn auch zögerlich, dem Umzug zuzustimmen. Die Unternehmer buchten Kontingente von Zimmern und Fluren, die Ladenkolonie im Parterre fand Kneipen- und Barbetreiber als Mieter, und alles war auf einem guten Weg.

Doch plötzlich, auf Grund einer kleinen Indiskretion, fragte sich ganz Frankfurt, was da los war. Hatte Bürgermeister Wallmann heimlich die Bekers getroffen und mit ihnen etwas ausgemacht? Wallmann bestritt kategorisch, diesem Mann jemals begegnet zu sein. Er sagte „diesem Mann", doch wem von beiden war er nie begegnet? Und dem anderen? War er dem begegnet?

Die Bordellbesitzer wurden mißtrauisch, und tatsächlich gelang es, hinter den anonymen Eigentümern der holländischen Gesellschaft den Frankfurter Großinvestor B. auszumachen. Der Deal unter den Bahnhofsvierteljungs platzte sofort. Einem der ihren vollständig ausgeliefert zu sein, nein, das wollten sie nicht. Sie stornierten die Vormietverträge, griffen mit Hilfe des bekannten Anwalts die neue Sperrgebietsverordnung an und – gewannen.

Die Stadt übte Rache. Monatelang trieben Polizei und Ordnungsamt bei täglichen Razzien die Jungs und Mädels aus Bars, Bordellen und Spielklubs auf die Straße. Die Bekers erhielten unter irgendeinem Vorwand einen Haftbefehl, der eine flüchtete nach Israel, der andere ins Krankenhaus, wo er ein neues Herz bekam, aber nicht lange überlebte.

Fazit: eine Riesenbauruine in der Breiten Gasse, in die später ein Herzzentrum einzog, das gleichfalls pleite ging. Die Stadt zahlte die vereinbarten achtzig Millionen, so daß den Bauherren nicht wirklich ein Schaden entstanden war. Und das Bahnhofsviertel strotzt vor Leben wie zuvor.

Eine Frage bleibt: Sind sich Beker und Wallmann persönlich begegnet?

In meinem Film *Maus und Katz* habe ich die Frage beantwortet. Leider war der Sender zu feige, die Story eins zu eins umzusetzen, und man verlegte das ganze Geschehen ins Rheinland. Mario Adorf spielte den Bürgermeister, Dieter Mann den Beker, Uli Tukur einen Journalisten von der *FAZ*, und jede Menge bekannte Darsteller mimten den Rest des tragischen Komödienpersonals.

Wenn der Kobold kichert

.... LUDWIG LUGMEIER

Ich hatte die Männer zu hassen begonnen dafür, daß sie mich seit Wochen vergeblich warten ließen. Doch am Morgen des 30. Oktober schob sich der Graue aus der Einfahrt der Landeszentralbank, kurz bevor die Ampel auf Rot sprang. Er hielt als erster davor. Ich erschrak vor dem Moment, auf den ich gehofft hatte. Der Glasturm der Bank schoß in den Himmel, dann sprang die Ampel auf Grün, und der Graue fuhr an. Ein wenig zögerte der Fahrer, bevor er Gas gab, und es kam mir vor, als zuckte der Graue und schnupperte die Gefahr. Die Tasche mit der Maschinenpistole stand zwischen meinen Beinen, doch ich bückte mich erst, nachdem mein Schreck abgeklungen war. Auf der Gallusanlage rollte der Verkehr vorbei, als wäre die Stadt durch ein unterirdisches Triebwerk aufgezogen, dann rasselten die Sekunden an einer Kette entlang.

Ich sah Holger mit dem Alfa um die Ecke biegen und neben der Einfahrt zum Hof der Dresdner Bank halten. Da fuhr der Graue schon am Portal vorbei. Kurz bevor er die Neckarstraße erreichte, öffnete ich die Tasche und ging Holger entgegen. Am Ende der Straße standen Bauarbeiter und unterhielten sich, während der Pförtner in der Loge saß. Hinter den Fenstern des Verwaltungsgebäudes bewegten sich wieder Angestellte. Meine Schuhe waren so schwer, als wären sie mit Blei gefüllt. Ich blieb stehen und rührte mich nicht mehr, bis Holger zurückstieß, die Straße blockierte und der Graue nicht weiterkam. Der Fahrer ärgerte sich, und die Männer auf den Rücksitzen beugten sich nach vorn und stierten auf ihn. Zwanzig Meter weiter und sie wären in Sicherheit. Sie begriffen erst, als ich die Maschinenpistole aus der Tasche riß, durchlud und mit dem Lauf gegen die Scheibe der Fahrertür stieß.

„Aussteigen!" rief ich.

Der Fahrer sackte über dem Lenkrad zusammen, drei, vier Sekunden lang. Dann sah er sich um, als wollte er aus dem Innenraum des Grauen fliehen oder als könnte ihm einer der Mitfahrer helfen. Doch die fielen in sich zusammen, so daß sie wie leere graue Anzüge wirkten, aus denen sich Arme zum Autodach streckten. Nun erst öffnete der Fahrer die Tür und stieg aus, und da stand auch Holger mit der Pistole in der Hand. Seine Stimme klang gepreßt.

„Den Schlüssel", sagte er. „Geben Sie mir den Schlüssel!"

Ich stellte mich auf den Bürgersteig, hielt die Maschinenpistole im Anschlag und begann, mich in der Hüfte wie von selbst von links nach rechts und von

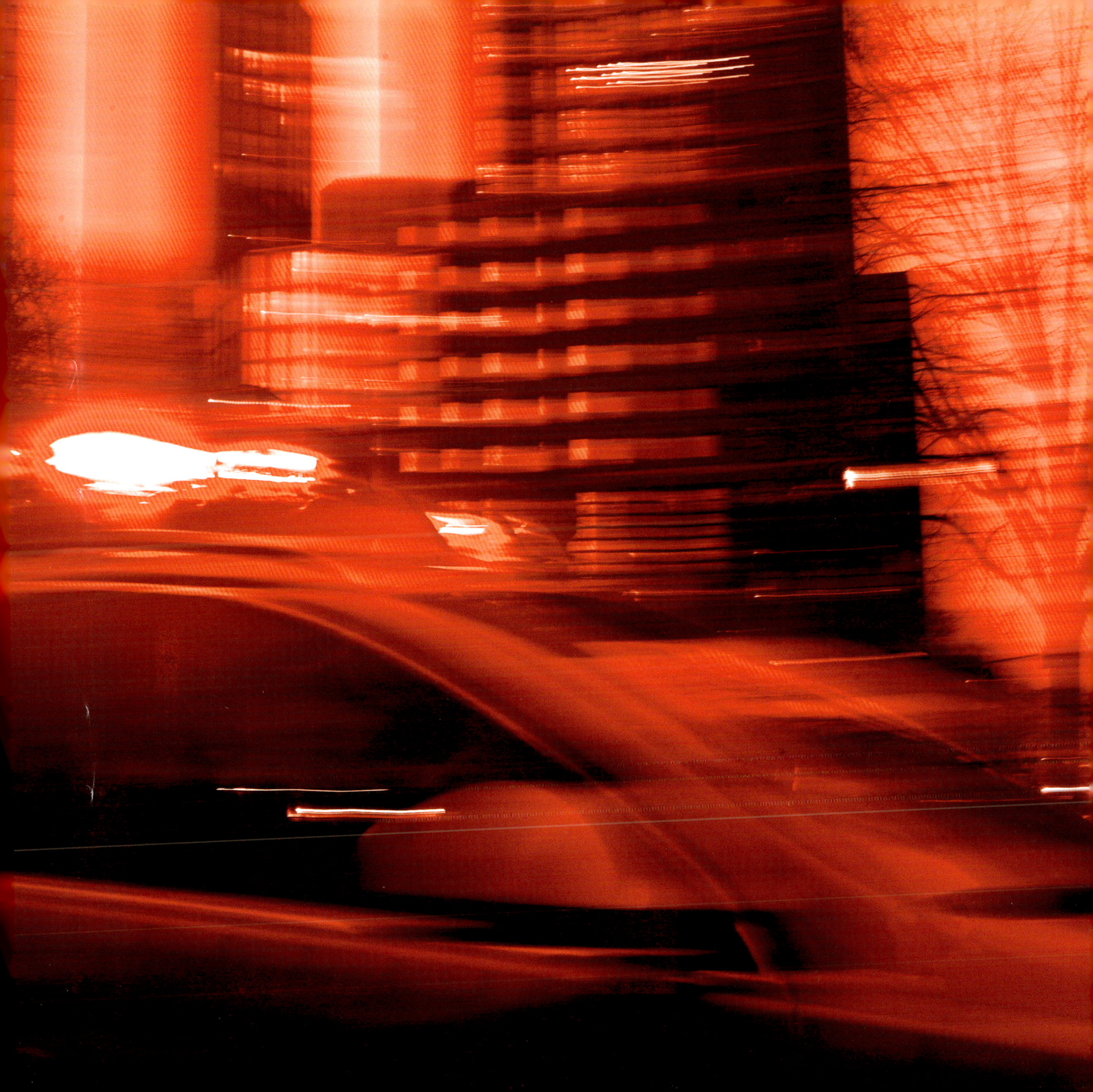

rechts nach links zu drehen. In mir war es kalt und ruhig geworden. Die Arbeiter standen zusammen und sahen her zu uns. Im Glashaus telephonierte der Portier, und hinter den Fenstern des Verwaltungsgebäudes zogen Angestellte die Köpfe ein, als ich den Lauf der Waffe hob. Neben der Einfahrt zur Bank blieben Leute stehen. Einer löste sich aus der Gruppe, kam auf mich zu, doch als ich ihn bedrohte, trat er wieder zurück.

„Das gibt's nicht", rief er und ging wieder auf mich zu, als wollte er sich überzeugen, daß ich da wirklich stand. Er war alt, fuchtelte mit den Armen, und einen Moment lang glaubte ich, über seinen Kopf hinweg feuern zu müssen. Dann hielt ihn eine Passantin fest.

Den Polizeiwagen auf der anderen Seite der Gallusanlage entdeckte ich erst während des Angriffs. Er war plötzlich aus dem Boden gewachsen. Zwei Polizisten duckten sich dahinter und spähten herüber. Auch Holger mußte sie bemerkt haben, denn er deutete hin zu ihnen, aber dann kümmerte er sich nicht mehr darum, denn er versuchte die Heckklappe des Grauen aufzuschließen.

Seine Hände zitterten, er brachte den Schlüssel nicht ins Schloß. Für ein paar Sekunden steckte die Zeit fest und raste wie ein gefangenes Insekt auf der Stelle.

„Sperren Sie auf", sagte er zum Fahrer, gab ihm den Schlüssel, und der Fahrer schloß die Heckklappe auf. Ich sah, wie

Holger zwei Koffer und eine schwarze Ledertasche zum Alfa schleppte.

„Komm", rief er mir zu. Aber wieder fiel es mir schwer, mich zu lösen von der Stelle, von der aus ich den Platz beherrschte. Ich ging rückwärts und zog etwas in die Länge, eine Blase aus Nichts, die erst platzte, als ich im Alfa saß und die Straße mit den Bauarbeitern vorbeiflog, eng und schmal, während vom Platz der Republik her schon die Sirenen schrien.

Die Mannschaftswagen der Polizei kamen schneller, als wir berechnet hatten. Obwohl mir der Überfall endlos vorgekommen war, hatte er nur fünfundvierzig Sekunden gedauert.

An der Kreuzung zur Taunusstraße sprang die Ampel gerade auf Grün. Doch als wir durch die Weserstraße jagten, raste auf der Mainzer schon der erste Mannschaftswagen vorbei. Bevor wir sie erreichten, folgten zwei weitere. Wir waren bereits umzingelt, und auf der Mainzer stockte der Verkehr. Eine Weile standen wir hinter einem Mannschaftswagen. Ich sah die Polizisten mit Maschinenpistolen, die auf Bankreihen unter der Plane saßen. Dann fuhr er an. Die Sirenen schrien aus allen Richtungen. Während unser Alfa wie ein Pfropf im Haken in der Marienstraße steckte, begannen hinter mir die Autos zu hupen. Mir war, als sei ich in Morast geraten oder mit einem Mantel ins Wasser gefallen, nun zog er mich hinunter, und ich wurde immer schwerer dabei. Ich schrie mir lautlos Befehle zu.

Du mußt die Maschinenpistole in die Tasche packen! Du mußt den Wagen verlassen! Du mußt die Koffer zum Porsche tragen!

Sie waren schwerer als alle Koffer, die ich jemals getragen hatte, und während die Autos im Stau immer wilder hupten, vor und hinter mir die Sirenen immer hysterischer kreischten, schleppte ich keuchend die Millionen zum Porsche.

Du mußt die Tasche mit der Maschinenpistole holen!

Ich stieß mich selbst durch den Morast, ein Sack von einem Mann, der nicht weiter wollte. Dann stieg ich in den Porsche, und Holger gab Gas. Die Autos bellten wie aufgebrachte Hunde, weil der Alfa zurückblieb und die Straße blockierte. Aber es klang wie durch Watte. Der Sitz saugte mich mit Näpfen fest, und ich war schon so müde, als hätte ich Opium geraucht. Ich spürte, wie Holger Gas gab und dann wieder auf die Bremse trat, daß die Reifen quietschten. Der Verkehr kroch dickflüssig voran und staute sich an der Ampel zur Kaiserstraße. Holger starrte auf das Auto und die Ampel vor uns. Sein Gesicht wirkte wie aus Stein geschnitten. Wir waren nur noch zwanzig Schritte vom Tatort entfernt. Auf den Bürgersteigen standen Mannschaftswagen und Bereitschaftspolizisten, die ihre Waffen im Anschlag hielten. Aber sie richteten die Läufe an uns vorbei und schauten ins Leere.

Vor der Einfahrt stand der Graue, die Heckklappe war immer noch offen, und der Fahrer zeigte in die Richtung, in die wir geflüchtet waren. Die Bauarbeiter wiesen nach hier und nach dort, eine blaue Rotte, die auf Regieanweisungen hoffte. Der Portier hielt die Mütze in der Hand, obwohl keine Limousine die Bank verließ. Aus der Einfahrt kam ein Anzug geschwankt und umkreiste den Grauen, während der Alte von vorhin noch immer mit den Armen fuchtelte, als jagte er Schmetterlinge.

Vielleicht stand ein Kobold irgendwo, nur sah ich ihn nicht. Vielleicht war er schon zum Main geflitzt, im Parkhaus die Betontreppe hochgesprungen und wartete, bis der Porsche kam, wir im dritten Stock einen Parkplatz fanden und ich die Koffer zum Treppenhaus trug. Wahrscheinlich hatte er einen Heidenspaß mit uns, wie schon in der vergangenen Nacht, als er die Handtasche auf das Dach des Alfas gelegt hatte, und vielleicht hatte er auch deshalb diese Pappkoffer ausgesucht, die bei Neckermann neunzehnneunzig kosteten. Als ich zur Treppe ging, stellte er mir ein Bein, ich stolperte und sah, wie der Koffer aufplatzte und die Banknotenziegel die Treppe hinunterpurzelten. Dann hüpfte ich dem Geld hinterher, und während irgendwo Absätze klapperten, raffte ich es schnell wieder zusammen.

Als wir das Parkhaus verließen und über die untere Mainbrücke fuhren, hörte ich den Kobold kichern und verfluchte seine Tricks. ❖

Der Überfall

THOMAS GSELLA

Okay, es war einer dieser Tage. An denen du aufwachst und weißt: Wenn du den überlebst, dann kann dich keiner mehr. Dann bist du unsterblich. Harte Tage, Mann, an denen dir die Seele in die Speiseröhre krabbelt, Blumen grau sind und die Wolken steinern.

Im Büro gab's den üblichen Modder. Anfragen so dumm wie zeitraubend, schlechter Kaffee und zu starke Zigaretten. „Kollege" Sonneborn spielte „Vorsicht, Bombe im Irrgarten!" oder wie immer diese Computerspiele heißen, mit denen krumme Kreaturen Arbeitszeit in Lebenszeit verwandeln wollen und längst nicht mehr merken, daß sie beide vernichten.

Ich nahm es hin wie eine beschissene Katastrophe, wie den gottverdammten Mississippi, der nachts über die Ufer tritt und den Schlamm zurückspuckt, den die Menschen ihm einbrocken. Es war kaum halb elf, da wußte ich, wo dieser Tag enden würde: im Bahnhofsviertel („Puff"). Wenn Schlamm in dir aufsteigt, hast du zwei Möglichkeiten: die Couch irgendeines verrückten Psychiaters oder eine Frau, die blöd genug ist, dir deinen Dreck abzunehmen. Es gibt eine dritte, und die ist die beste: Du spülst ihn mit Bourbon herunter oder wenigstens Weißweinschorle.

Neun Stunden später hing ich in einer jener billigen Bars, die den Auswurf der Städte mit Sprit versorgen. Alkis, Zuhälter, Freier, Zocker, Gestalten ohne Gesicht und Geschichte – ein Eldorado für ihre feigeren Brüder, die Bullen. Bullen, das sind Killer ohne Mut. Sie jagen ihr besseres Ich, nur darum sind sie so manisch, meine Damen und Herren.

Die Kneipen verschwammen zu einer einzigen saugenden Theke, und als es hell wurde, sah ich Gläser doppelt, und mein Hirn war ein stinkender tropfnasser Schwamm. Der Kellnerin, einer vor Trauer und Ekel halb wahnsinnigen Polin, schob ich hundert Dollar, Quatsch: Mark rüber und schlich in den blaugrauen Morgen.

Zwei halbe Kinder hielten mir ein blitzeblankes Mountainbike mit eins a Shimanoschaltung vor die Fresse. „Du wolle' kaufe'? Isse gestohl', aber guttt!"

„Ja sel… selverschändlich."

Hey, okay, ich war rund wie ein Fußball, aber es paßte wie Gold in ein Zahnloch. Acht Tage vorher war mein Rad von einer Profibande aus dem Schloß gesägt worden, hier funkelte die fällige Revanche in picobello schwarzem Lack und mit allem. Zwei Straßen weiter wartete mein Opel, und der Kofferraum war groß.

„Ich hab' noch", lallte ich und spuckte aus Versehen eine ungerauchte Kippe in die Gosse, „35 Mark; der Rest is' wechgesüppelt – hups!" – „Aah, mache nix! Okay, isse nich' viel, aber … isse noch Geld in Hose vielleicht?"

Weiß der Teufel, woher diese Jungs ihren Röntgenblick haben. Torkelnd griff ich in die Jeansarschtasche, blätterte die Scheine und meine letzten Taler hin und rechnete: 37,35, das war doch immer noch ein Spitzenpreis – und die zwei Babygangster offensichtlich vollbestußte Deppen, hähä!

Der Depp mit meinem Geld marschierte jetzt auch stramm nach links, der andere bestieg mein Fahrrad und trampelte nach rechts. Nein, diese Blödel! Wie war denn da noch eine ordentliche Warenübergabe möglich!

„Ha-hallo!" rief ich und kippte gegen eine hochwillkommene Laterne, „so-sofort wieder herkomm'!" Die Gangster wurden immer kleiner. „Huhu, hi-hier bin ich! Hilfe! Polizei!" Dann waren sie verschwunden.

Moral: Na, das wird mir aber eine Lehre sein!

Bahnhofsviertel

EVA DEMSKI

Auf der Straße und in der U-Bahn sah sie nur junge Leute, die sich aneinander rieben und sich an möglichst vielen Stellen gleichzeitig anfaßten. Schwarze und weiße Pärchen fuhren unter der Erde fröhlich von ihren häßlichen Vierteln weg, in irgendeinen Park. Da gingen sie sicher ganz zufrieden hin, weil sie zu zweit waren und weil selbst der totgetretenste Park schöner war als die Viertel, aus denen sie kamen. Die Frau fuhr durch die Amisiedlung, eigentlich unter der Amisiedlung hindurch, und niemand gab auf sie acht. Das Pflaster war seit dem Achtundsechziger Jahr längst abgekühlt. Was hatten sie hier für Schlachten geschlagen! Damals waren die U-Bahnschächte noch gar nicht gebaut, was für wunderbare Möglichkeiten des Rückzugs hätten sie geboten – und Bilder wie im Kino. Die Frau stieg eine Haltestelle früher aus, als es nötig gewesen wäre. Wenn sie U-Bahn fuhr, ging es ihr immer so. Nach einer gewissen Zeit war sie beleidigt, weil die Autos oben an der Sonne sein konnten und sie wie ein Grottenolm an öden Bahnhöfen vorbei in dunkle Röhren glitt.

Sie lief eine halbe Stunde durch das Viertel des Mannes. Kaum jemand kannte sie dort, und sie war sicher, daß auch der Mann selten die schnell gehenden Türkinnen und die orangerot gekleideten Stadtangestellten, die italienischen Gemüsehändler und die Flickschneider gesehen hatte, aus denen das Viertel jetzt, morgens um halb zehn, bestand. Bürgerlich und sehr arbeitsam liefen die Leute an ihr vorbei, und die verschlossenen Stripteasebars fielen nicht auf. Die Fotos von üppigen Frauen, die ihren Hintern herausdrückten und mit beiden Händen ihre Brüste festhielten, sahen aus wie Abbildungen aus einem Arztbuch. Kinder spielten direkt vor einem schmutzigen Schaukasten, in dem bleiche Gummischwänze lagen und Unterhosen mit einem pelzgesäumten Loch. Die Kinder sahen gar nicht hin.

Nirgendwo in der Stadt gab es so viele verschiedene Zeichen für so wenige Straßen. Die Sonne beleuchtete ein Haus, dessen Fenster rote Neonröhren säumten. Karyatiden trugen an den Hausecken mächtige Steinschilde, von denen man ein Emblem abgeschlagen hatte. Schön aus Stein und Glas stand am Ende der Straße der Hauptbahnhof.

Am Mittag pflegte sich das Bild der Straße zu ändern: Pelzhändler und Banker, Reisende, die an den Postkartenständern stehenblieben und lachten, wenn durch Änderung des Standpunkts die Badeanzugfrau plötzlich nackt war und ein Auge zusammenzwickte. Die Frau hatte mir ihrem Mann oft hier gegessen. Die Restaurantbesitzer kannten ihn und waren auf chinesisch, italienisch und russisch freundlich zu ihm. Am Nachmittag waren die wenigen Straßen, die man als Bahnhofsviertel bezeichnete, fast elegant, eine heiter verlorene Eleganz mit Sportautos und eiligen Prostituierten, die sich auf die vielen Friseure des Viertels verteilten. Zu keiner dieser Welten hatte der Mann wirklich gehört, obwohl es ihn nicht viel Mühe gekostet hätte.

Sie dachte daran, daß sie eigentlich in seiner Wohnung wohnen könnte, in diesem Viertel, wo sie viel näher beim Leben wäre als jemals zuvor.

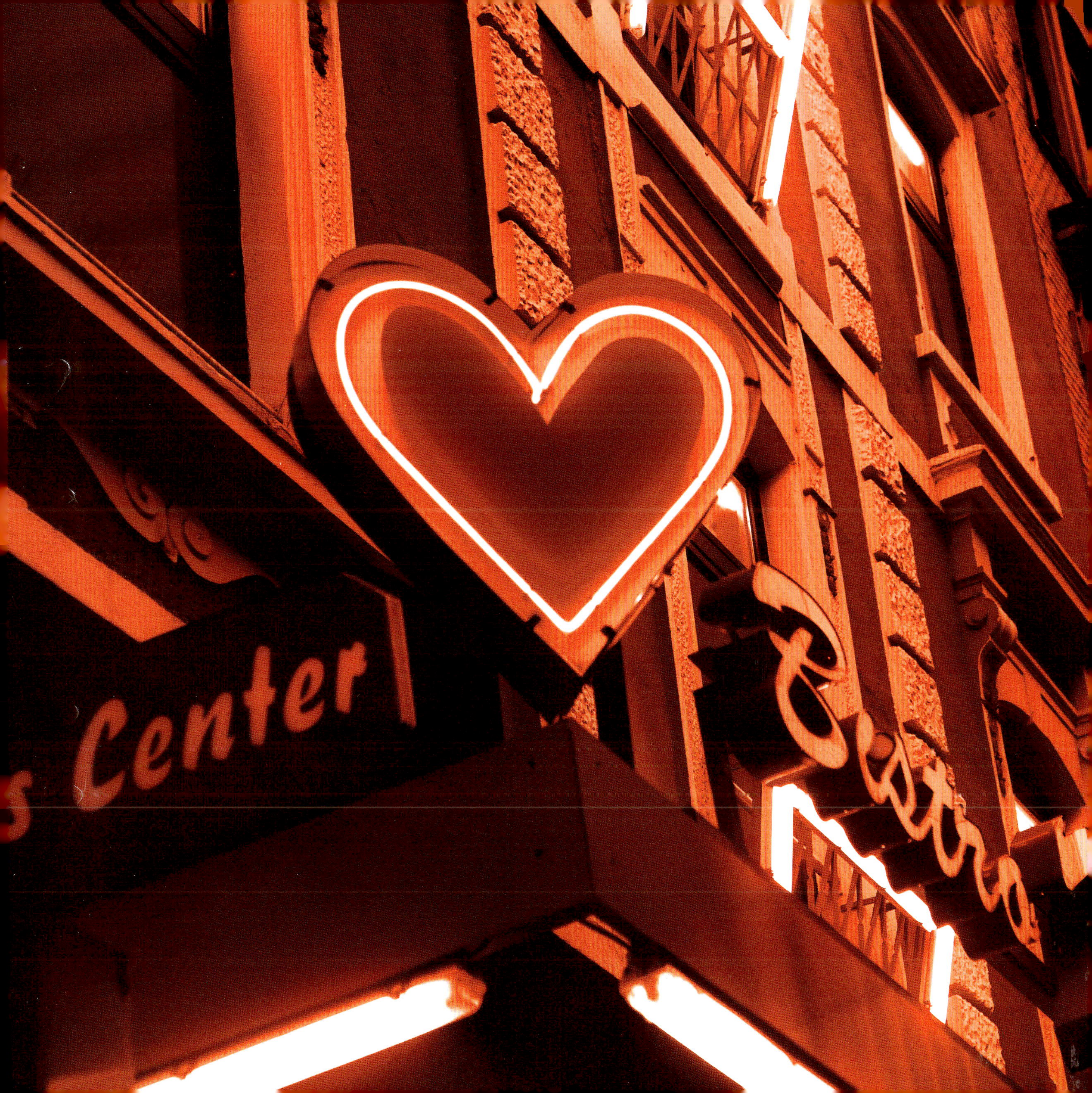
Center

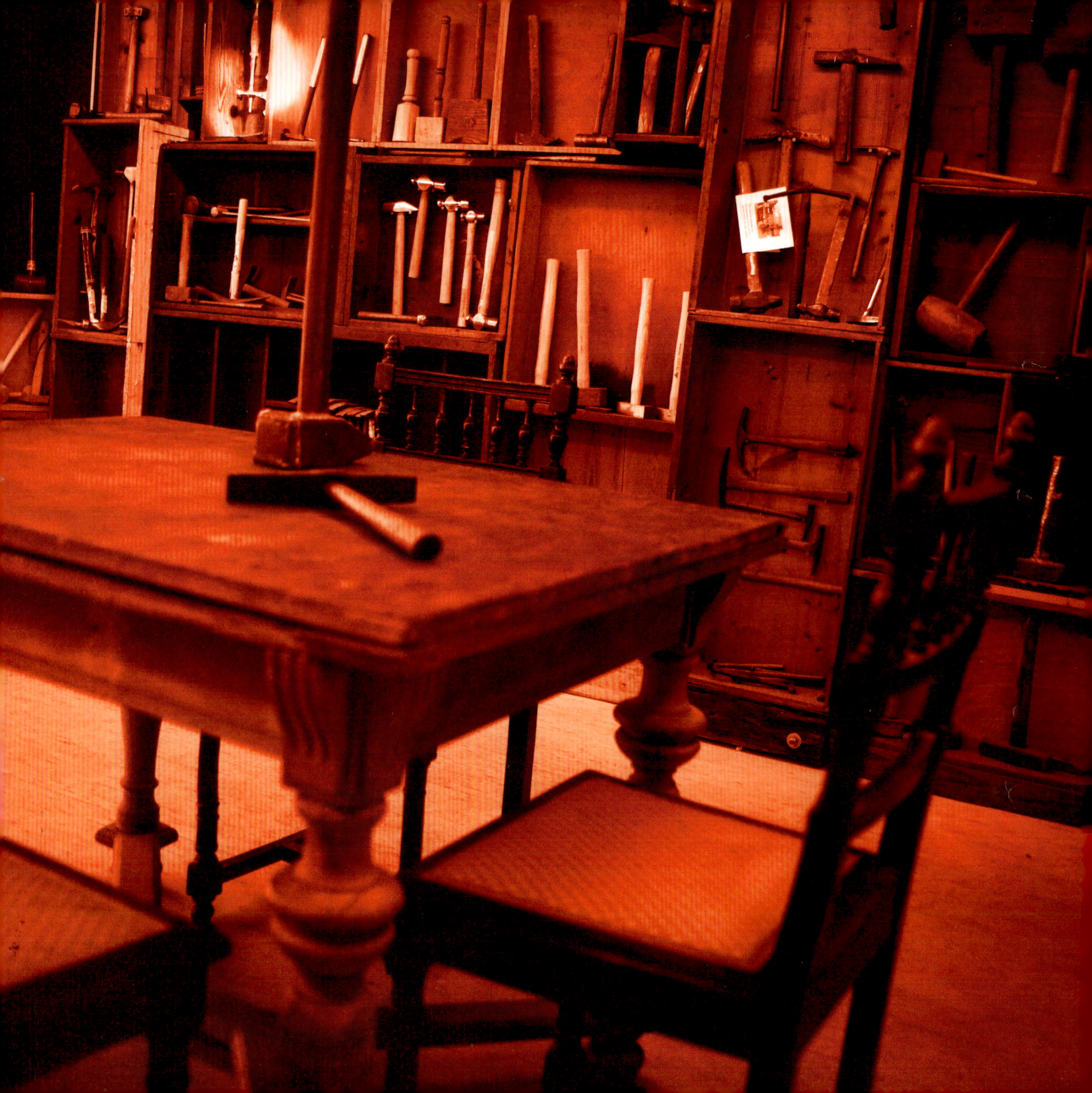

Bleiben oder gehen?

ANNE LEMHÖFER

Das wäre schlimm, wenn alle immer da wären. Du-wir-müssen-reden-Gesprächsauftakte zu Hause, andauernd. Haben-Sie-mal-eine-Minute-Ouvertüren am Arbeitsplatz, montags, dienstags, mittwochs, donnerstags und freitags. Menschen werden eklig zueinander, wenn sie sich ständig sehen. Das muß man verstehen. Man muß sich auch mal dünne machen. Am besten nicht zu selten. Deshalb ist es toll, daß es Bahnhöfe gibt. Oder Bushaltestellen für Busse, die zu Flughäfen irgendwo in der Pampa fahren. Oder Mitfahrzentralen.

Besonders toll in Sachen Abstand-zwischen-die-Menschen-Bringen ist das Frankfurter Bahnhofsviertel. Da gibt es das nämlich alles. Gleise nach sonstwo (gleich zwanzig davon), Ryanair-Bushaltestelle (eine) und Mitfahrzentrale (eine). Das klingt so: „Auf Gleis sechs fährt ein, tschiiiiiiiiiep, Intercity-Express nach Basel über Karlsruhe, tschiiiiiiiiiiiiiep, Mannheim, Freiburg." (Bahnhof) „Isses okay, wenn ich Sie beim IKEA hinter der Autobahnausfahrt rausschmeiße? Da könnse dann den Bus nehmen." (Mitfahrzentrale) „Nee, Sie könnnichmehrmit, ich bin voll, sehnse doch. Inner Stunde kommt der Kollege, wennse Glück ham, kriegense den Flieger dann noch, was wollnse eigentlich in Danzig, is' scheiße da." (Ryanair-Bus)

Also dann: Tschüs, Tante Else. Tschüs, Mama. Tschüs, Herr Nörpel. Tschüs, mein Schatz.

9 Uhr. Endlich Ruhe. Zeit für einen Rundgang rund um die Leute-Verabschiedungs-Zone. „Nächste Haltestelle: Baseler Platz." So klingt das Bahnhofsviertel, wenn man sich mit der Straßenbahn nähert. Am Baseler Platz steigt aber keiner aus. Die Tonbandstimme ist nicht mehr als ein Stück Stadtmelodie, Präludium zu „Nächste Haltestelle: Stresemannallee/Gartenstraße" beziehungsweise „Next Stop: Central Railway Station", je nach Richtung des Unterwegsseins. Hinter Glas kennt jeder das Entrée zum Viertel, hinter Windschutzscheibe und Tramfenster. Aus 80.000 Autos streifen täglich Sekundenblicke die grüne Insel zwischen Bahnhof und Main. Dabei gibt es so viel zu sehen. Der Baseler Platz in Zahlen: Ein Rosenrondell. Drei Wege, deren Sandbelag die Stadtplaner „wassergebundenen Kies" nennen. Achtzehn Platanen. Zehn Glaskugellaternen. Zwölf Bänke. Sechs Mülleimer. Siebenundzwanzig Kronkorken, fest in den wassergebundenen Kies getreten. Null Hundehaufen. Ein abgerissenes Flughafengepäckschild: „FRA". Drum herum: Hotels, deren Namen die Stadt, in der sie stehen, nicht ahnen lassen – Tourist, National, Europa. So einen Platz gibt es überall: ein bahnhofsnahes, von Einheimischen niemals betretenes Rasenstück, umtost vom brüllenden Verkehr, auf das es nur die Ankommer verschlägt, die heillos verknittert ein bißchen rumliegen und in den Stadtplan gucken wollen. Leute wie Rafi. Rafis roter Rucksack parkt auf

einer Bank. Rafis Rücken lehnt dagegen. Rafis rechtes Bein baumelt über dem Kies. Rafi ist zweiunddreißig, kommt aus Toulouse und ist so müde, wie einer müde ist, den ein grüner Volvo nach acht Stunden Nachtfahrt mit einem schweigsamen Menschen am Steuer in einer fremden Stadt ausspuckt. Immerhin nicht vor dem IKEA in Nieder-Eschbach. „Frankfurt, is it good?" fragt Rafi. Na klar, besonders hier, denn das hier ist das Reich der Weggeher, Ankommer und Bleiber. Alles gleichzeitig. Rafi will schlafen. Es ist ja auch erst zehn.

Fürs Hierbleiben gibt es auf der nahen Münchener Straße tausend Gründe. Einer davon: Der Ratt-tatt-tatt-tatt-Soundtrack verebbt, je weiter man sich vom Bahnhof entfernt. Die Rollkofferleute kommen dort nie hin, für die könnte der Bahnhof auch auf einer Wiese stehen, es wäre ihnen so was von egal, wo die Eisenstränge beginnen, auf denen ihre Züge zurück nach Hamburgberlinmünchen gleiten. Und dann sitzen die Hamburgberlinmünchner drin im Zug auf den Polstern und seufzen laut auf, weil sie wieder irgendeine Unbill des Lebens (Buchmesse, Interkontinentalflug) nach Frankfurt verschlagen hatte und die Tortur jetzt ein Ende hat. Lebenswertes Leben? Ist nur in Hamburgberlinmünchen möglich. Frankfurt dagegen ist blöd, weil: der Römer, eine Rekonstruktion. Die superberühmte Paulskirche, Wiege der Demokratie, eine halbe Rekonstruktion. Nur eine einstellige Zahl an Programmkinos. Und warum stehen Frankfurter immer mit diesem ekligen gelben Zeugs in den komischen Halbliter-Riffel-Gläsern in ihren Klubs (zweistellige Anzahl, höchstens) herum? Das alles erzählen die Rollkofferleute sich in Hamburgberlinmünchen auf ihren Partys, die so langweilig sind, daß irgendwer immer schon vor Mitternacht die erste Städtediskussion lostritt. Natürlich braucht eine Stadt, die großen Geistern wie Robert Gernhardt und Chlodwig Poth Heimat war, da gar nichts zu antworten. Aber wenn schon ein Argument fürs In-Frankfurt-Bleiben hermuß, dann kann man sagen: Bahnhofsviertel, Münchener Straße.

Man muß über eine Ampel, wenn man zur Münchener will, und dabei höllisch aufpassen, daß einen keine von den siebenundachtzig Straßenbahnen überrollt, die hier jede Minute ultragefährlich leise summend losrollen. In der Münchener Straße gibt es: Moscheen (drei), Hammermuseum (eins) und Maßschuhmacher (einen). Der Maßschuhmacher heißt Herr Lenz, und über seinen Laden ganz am Anfang der Straße existiert eine lustige Geschichte: Einmal habe Herr Lenz nämlich abends vergessen, seinen Laden abzuschließen. Morgens lag dann jemand im Schaufenster, er hatte die ganze Nacht aufgepaßt, daß keiner was klaute. Was die Leute eigentlich sagen wollen, wenn sie diese Geschichte erzählen: Wenn die Welt irgendwo in Ordnung wäre, dann hier. Und das bei den ganzen Ausländern. Gegen die haben die Leute, die das erzählen, gar nichts, im Gegenteil: Sie finden es super faszinierend, daß hier „die ganze Welt" („In einer einzigen Straße, verrückt, nicht?") versammelt sei. Lauter „andere Kulturen" seien dabei zu beobachten, wie sie ihren exotischen Tätigkeiten nachgehen. Die „anderen Kulturen" tun in der Münchener Straße die seltsamsten Sachen: Sie verkaufen Obst (Khalid aus Afghanistan). Sie schneiden Haare (Mabell aus Gambia). Sie stehen hinter den Theken von völlig verrückten Geschäften, in denen man irre viele, völlig verschiedene Waren erstehen kann: Handys, Stricknadeln, Blumenvasen, Wodka, Putzlappen, Fußball-T-Shirts mit „Germany" drauf, Gemälde mit Wasserfallhologrammen. Und manche von ihnen bereiten sogar warme Speisen zu, die sie dann gegen Geld Gästen servieren, die sich an extra dafür bereitgestellten Tischen niedergelassen haben. Etwa im *New China Town*. Hier rattert gegen Mittag ein Rollo an der Tür hoch, neben geheimnisvollen schwedenhäuschenroten Schriftzeichen auf zitrusreinigergelbem Grund. Man versteht überhaupt nicht, was da steht. Dafür versteht man, was unter den Photos von den Gerichten steht. Zum Beispiel: „Rindermagen mit Gewürzbohnen in pikanter Soße, 3,40 Euro" Unter keinem Bild steht was von Süßsauersoße. Und auf keinem ist eine zu einer Blume geschnitzte Möhre zu sehen.

Man kann sich in der Münchener Straße außerdem schöne Gründerzeithäuser angucken. Manche sind frisch gestrichen und bestimmt auch saniert, und manche sind dunkel angelaufen, als hätte man sie zu spät aus dem Ofen geholt. Manchmal schreien Menschen irgendwas aus den Fenstern. Und Menschen auf dem Bürgersteig schreien zurück.

In der Münchener Straße kann man sich problemlos einen ganzen Tag lang verlustieren und in den Klangteppich eines schönen Stücks Stadt eintunen. Es gibt hier eigentlich alles, was man braucht. Man kann nach dem total originalen chinesischen Essen in ein Stehcafé gehen, das voller Japaner ist und in dem es schwarzen Tee mit Mangopamp oder Apfelpamp oder Karamelpamp gibt, in den dann Kugeln gefüllt werden, die wie Badeölkugeln aussehen und im Mund ein bißchen zu laut „Popp, popp, popp" machen. Dann kann man in einem von den „Andere Kultur"-Läden mit dem vielfältigen Sortiment fragen, ob man die Bollywoodmusik-CDs mal anhören darf. Darf man.

Kaum hörbar schnurrt es dagegen, wenn man in *Alim's Fischmarkt* eine von den Wellhornschnecken in der Styroporwanne mit dem Zeigefinger anstupst. Der Kopf verschwindet dann im Haus. Alim schippt währenddessen eine Schippe Crushed Eis auf den Bauch eines Wolfsbarschs. Schrasch-schrasch macht das Eis, dann ist es still und kein Wolfsbarsch mehr zu sehen. Karpfen, Doraden, blaue Krebse und Salicornia, das Kraut vom Watt, warten auf Käufer. 17.30 Uhr. Wahrscheinlich muß bald Eis auf alles, weil so viele bestimmt nicht mehr kommen. Es riecht wie in Büsum am Pier. Draußen summt die Straßenbahn vorbei. Ratt-tatt-tatt-tatt macht der Rollkoffer eines armen Rollkoffermenschen. Vielleicht hat sein Zug Verspätung, und er muß Zeit totschlagen. In Frankfurt!

19 Uhr. Der Tag geht zu Ende. Bald wird die Abendschicht der Barbesitzer, Imbißbräter, Tänzerinnen und Prostituierten ihren Dienst in der Münchener Straße antreten. Und irgendwann werden die Weggeher wieder aus ihren Zügen/Autos/Bussen steigen.

Hallo Tante Else. Hallo Mama. Hallo Herr Nörpel. Hallo mein Schatz. Schön, euch zu sehen. Jetzt könnt ihr gerne wieder ein bißchen hierbleiben. ❖

BLEIBEN ODER GEHEN? 133

Im Hotel Monopol

MARTIN MOSEBACH

Worauf besaß das Hotel Monopol in der Nähe der Riesenglaswölbungen des neuen Hauptbahnhofs ein Monopol? Seine Zimmer waren geräumig, aber laut, denn die meisten gingen nach vorn heraus, wo schon am frühen Morgen Pferdewagen ratterten und Motoren knallten. Für den Reisenden, der aus dem Bahnhof auf den Platz davor trat, war es, als beginne hier erst richtig die Verworrenheit des Unterwegsseins. Die Zimmer nach dem Hinterhof hatten ein trübes Licht und lagen über einer Bäckerei, in der sich schon zur Nachtzeit der neue Tag vorbereitete. Wie den alten Göttern der Opferqualm verbrannter Weihrauchkörner und verschmorter Tiere in ihre reinlichen Höhen entgegenstieg, wölkte der Mehl- und Brot- und Hefegeruch in diesem Hof in die Schlafzimmerfenster der Gäste des Monopol, die sich nach einer Weile fühlten, als seien sie satt, so hungrig sie zu Bett gegangen sein mochten. Die Zimmer waren neu tapeziert. Blätterwerk und Blütenknospen bedeckten die Wände, als solle hier ein ewiges Laubhüttenfest gefeiert werden. In Zimmer achtundzwanzig erschien welkes Ahornlaub mit bräunlichen, vertrockneten Samenkapseln, den berühmten „Nasen", in ganzen Büscheln im Wechsel mit giftig gelben Iris, aus deren Maul es violett heraustroff. Der Bilder hätte es in dieser Farbenpracht nicht bedurft, aber es war nicht an ihnen gespart. „Luther schaut als Junker Jörg dem Volk auf Maul" und „Der junge Goethe raubt Friederike von Sesenheim einen Kuß" bildeten als große Stahlstiche schwarzweiße Ruhepole im Blätterdschungel. Die Achtundzwanzig war eines der unbeliebten Hinterhofzimmer. Als ob das Fenster sich seiner Aussicht schäme, drückte es sich in die äußerste Ecke. Wenn man das Zimmer betrat, sah man es zunächst gar nicht. Ein großer Paravent, in dessen Pappwände Pfauenaugen geprägt waren, schirmte den Fensterwinkel ab. Dahinter sah man die Messingkugel eines Bettpfostens hervorblinken. Ein weiteres Bett war zur Tür gerückt. Die Bewohner hatten in dem Zimmer alles hin und her geschoben. Man konnte den Raum nun kaum mehr aufräumen, keinesfalls aber einen irgendwie harmonischen Eindruck erzeugen. Der Kleiderschrank mit seiner ovalen Spiegeltür ließ sich nicht schließen, so vollgestopft war er. Über jedem Sessel, auf der Kommode, über dem Paravent, auf dem Kofferbock lagen Kleider. Ein Bügelbrett war auch aufgeschlagen, darauf stand ein überquellendes Nähkörbchen, hübsch geflochten, der einzig erfreuliche Anblick im Zimmer. […]

Das Hotel war stattlich geplant, aber nach zwei Konkursen schon durch mehrere Hände gegangen. Manchmal kam der Fortschritt nur schwer voran. Unten in der Halle sah alles noch sehr pompös aus. Hier saß Lerner im Schatten einer

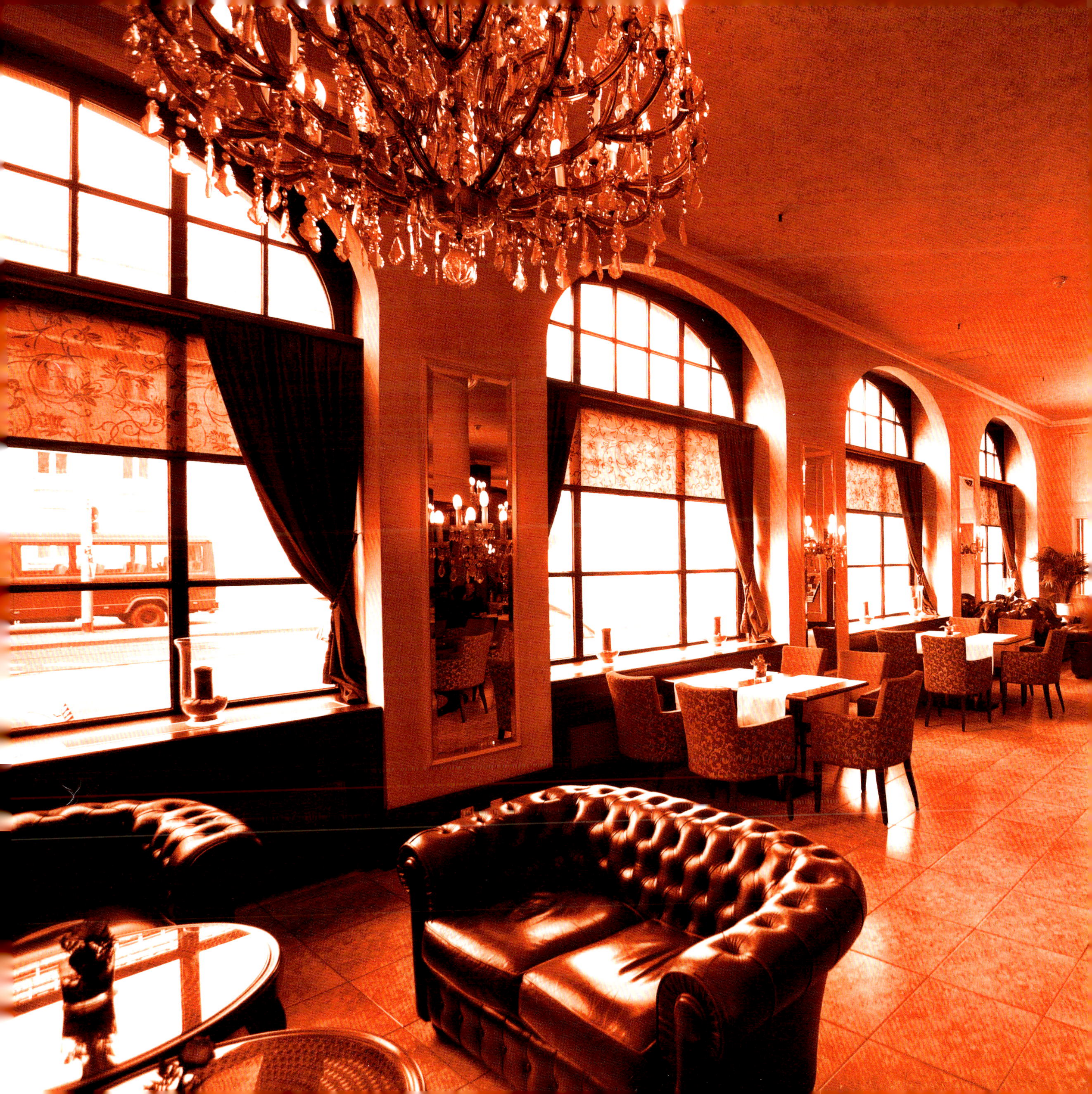

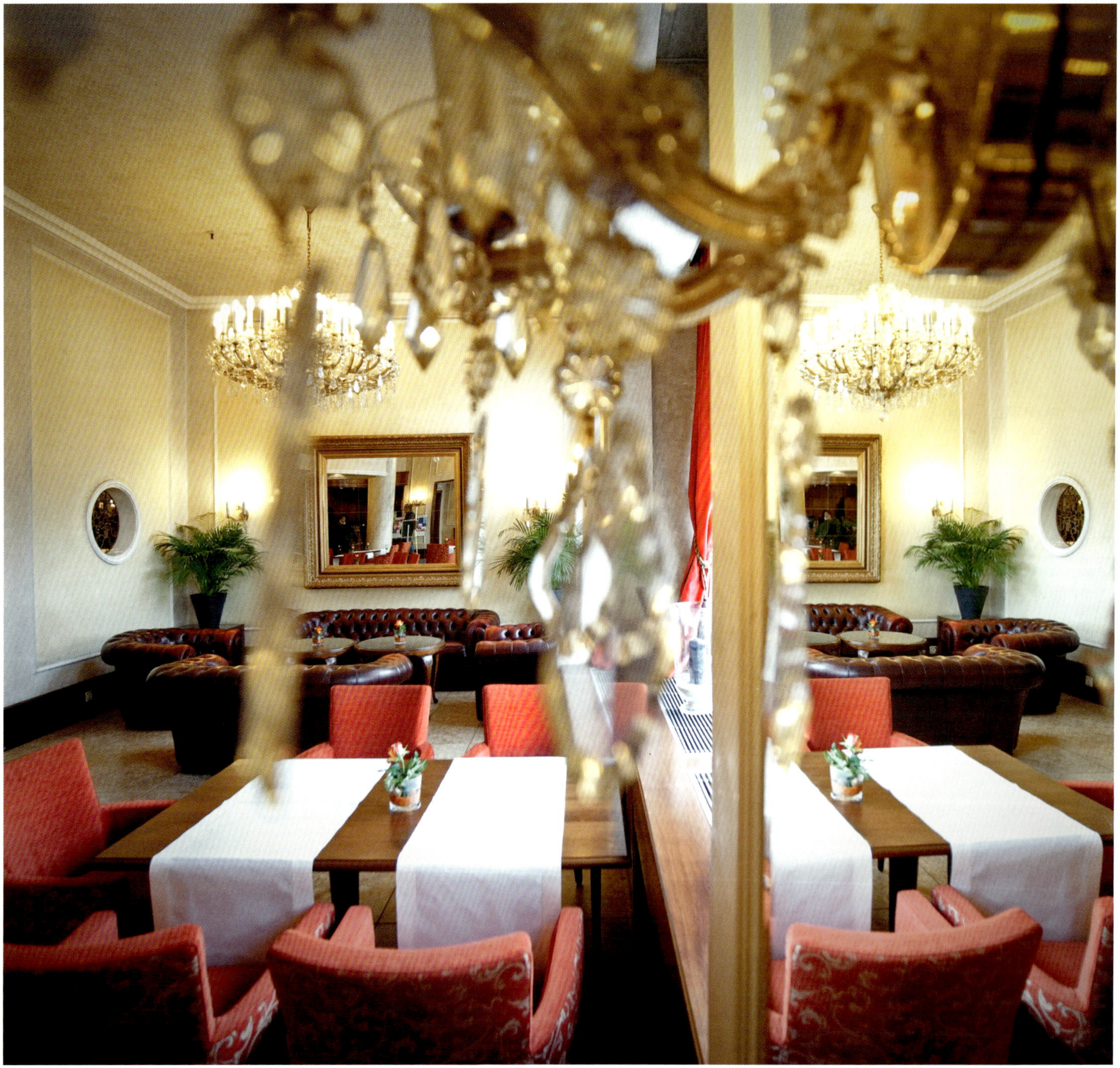

Palme an einem kleinen Schreibtisch und hatte mehrere Doppelbogen eines fein elfenbeinfarben getönten Kanzleipapiers vor sich. Abschreiben war keine Tätigkeit, die seinen Geist beschäftigte. Es war hell hier. Draußen flutete der Verkehr vorbei, in der Halle herrschte Kommen und Gehen. In der Nähe war ein Fensterputzer am Werk. Allzu häufig erschien ein Kellner, um nach Wünschen zu fragen. Lerner war es, als befinde er sich auf offener Straße. Er meinte, in Wind- und Staubwolken zu sitzen. Er tauchte die Feder in das winzige Tintenfaß. Sie glänzte jetzt schwarz, wie lackiert. Ein Tropfen breitete sich auf dem Papier aus, eine schwarze hochgewölbte Träne wie eine Glasperle. Vom Pult des Concierge drangen Stimmen, eine helle knabenhafte Stimme, die französisch sprach, war dabei.

Lerner sah hinüber. Es hätte weniger bedurft, um ihn abzulenken. An dem hohen holzgetäfelten Pult stand ein Paar, ein schlanker hochgewachsener Mann mit blondem Haar in einem gestreiften Anzug, der ihn noch dünner, ja wie aus Draht gezwirbelt erscheinen ließ, und daneben eine verschleierte Frau in einem reich drapierten, hellblau karierten Kleid. Ihre Taille war straff vom Stoff umspannt.

Lerner meinte, diese Taille mit seinen beiden ziemlich großen Händen umspannen zu können. Diese Taille war das Individuellste, Körperlichste an der jungen Frau. Alles andere war umrüscht, verhüllt. Kleine schlanke Hände waren von roten, vielfach geknöpften Handschuhen bekleidet. Sie sagte etwas. Bei ihr klang das Französisch anders. Sie sah etwas, was sie amüsierte. Sie lachte. Der Kopf mit dem hellen, unterm Kinn zusammengebundenen Schleier legte sich in den Nacken. Die Mohnblumen und Margeriten auf dem Strohhut zitterten. Das Paar ging zum Aufzug. Lerner bemerkte, daß die Frau einen eigentümlich breiten Gang hatte. Ihre Schuhe verschwanden vollständig unter dem Rocksaum, aber es war etwas Tanzendes in ihrem Schritt. Er erinnerte sich, daß Alexander ihm zugeraunt hatte, manche Paare stiegen nur für einige Stunden im Monopol ab.

Die Schreibarbeiten nahmen ihren Fortgang. Es war einem Geschäftsführer oder Direktor oder Hauptunternehmer, oder wie er sich denn bezeichnen wollte, zwar eigentlich nicht angemessen, das ganze Zeug selbst abzuschreiben, aber Lerner gewann der Tätigkeit allmählich etwas ab. Er sah seine Handschrift gern. Wenn irgendwo ein Blatt von seiner Hand lag und er blickte zufällig darauf, war ihm das ein angenehmer Anblick. Seine Schrift war klar und gut leserlich, hatte aber nichts schulmäßig Naives, sondern eine geübte, harmonische Unbekümmertheit. Wenn er schrieb, ging es ihm wie Leuten, die gut tanzen und ihre Bewegungen genießen. Während der Arbeit nickte er einmal ein, wie das bei stillem, unabgelenktem Tun geschieht. Der Kellner berührte ihn leicht am Arm. Man sah nicht gern, daß in der Halle jemand mit herabgesunkenem Kopf auf der Schreibtischplatte ruhte. Lerner fuhr auf.

Die Aufzugtür öffnete sich rasselnd. Der dünne, jugendliche Franzose und die biegsame Frau in dem hellblau karierten Kleid stiegen aus. Er war warm. Die Frau hielt inne und band den hellen, fast undurchdringlichen Schleier los. Sie schlug ihn über die Hutkrempe. Lerners erwachende Augen trafen genau ihren Blick. Sie hatte die Zungenspitze auf die Lippen gelegt, eine Zunge von zartestem Rosa. Ihr Gesicht war schwarz.

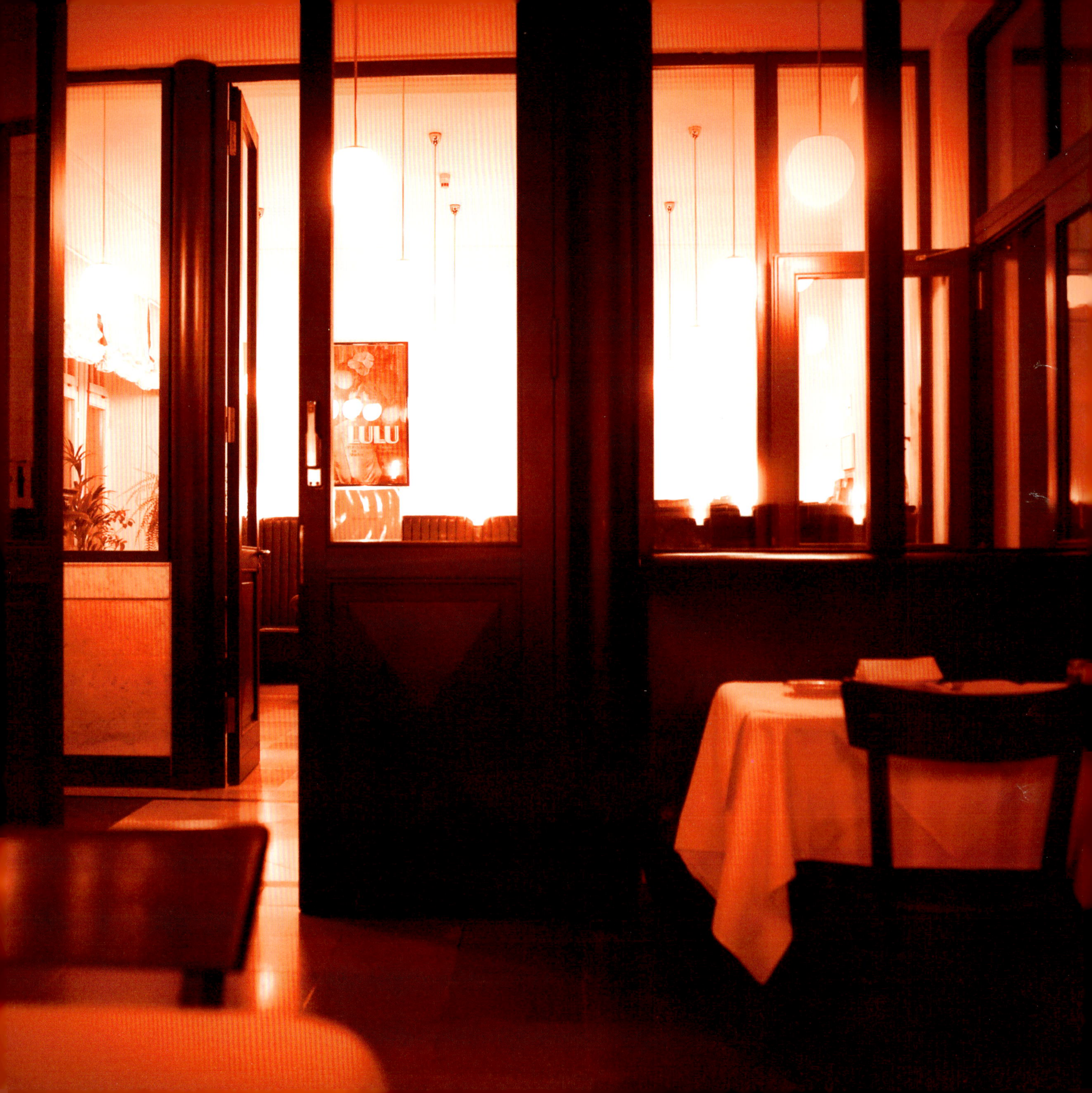
LULU

Nächte im Nizza

JÜRGEN PLOOG

Der Mann, von dem hier die Rede ist, kam aus München. Er hatte eine Zeitlang in den Staaten gelebt, in Bremen eine Ausbildung zum Piloten gemacht & war seitdem unterwegs. In den sechziger Jahren wurde er öfter in Frankfurt gesehen & konnte sich an aufrührerische Ereignisse erinnern, Treffs mit Studenten in Hinterzimmern & Schreibern, die sich auf nichts einließen & verbissen eigene Wege gingen. Manchmal versuchte der Mann seine Erinnerungen zu beleben, aber sie gaben nicht mehr her als verblaßte Bilder & bruchstückhafte Episoden, die ihm belanglos erschienen.

Nach Jahren endloser Trips über Kontinente & durch fremde Stadtviertel kehrte er nach Frankfurt zurück & nahm sich mit einem Stapel Notizen ein Zimmer im Nizza, das ihm ein Freund empfohlen hatte, weil dort Künstler wohnten. Das Chelsea in New York fiel dem Mann ein, aber dagegen war das Nizza eher unscheinbar. Er hatte das Chelsea nie gemocht, & zwar deshalb, weil dort Künstler ein- & ausgingen.

Das Zimmer im Nizza hatte neben dem Üblichen einen Tisch, der groß genug war, um sich an die Papiere zu machen. Der Mann, er nannte sich Eddie, wollte an Hand der Aufzeichnungen, die er auf Langstreckenflügen notiert hatte, herausfinden, wie das Fazit von Jahrzehnten des Unterwegs aussah. Er war kein „Schriftsteller" & erlag deshalb auch nicht der Versuchung, einen Roman oder einen Text hinzukriegen, der konventionellen Ansprüchen entsprach. Er machte sich auf Spurensuche, das mußte genügen.

Die meisten Hotels waren laut & entwickelten gerade dann Lärm & Geräusche, wenn sie ihn am meisten störten, also spät abends oder früh am Morgen. Gelächter, ominöses Flüstern, Schlagen von Türen, Rauschen der Wasserspülung ... Jeder Reisende kennt das & erträgt sie, weil er erledigt ist oder mit wenig Schlaf auskommt, den der Zeitunterschied in nicht zusammenhängende Teile zerhackt. Er kann sich in den Phasen, wenn der Reisende ihn sucht, endlos hinziehen oder ihn überwältigen, wenn er ihn am wenigsten brauchen kann.

Seltsam, mit dem Eintauchen in flüchtig Hingeschriebenes zerfielen die Formen des Ganzen zu Einzelheiten, er mußte sie nur lang genug betrachten. Nehmen wir einen weiblichen Schamhügel, der in einer Episode während eines Zwischenstopps auf einer Karibikinsel auftaucht & im Auge des Schreibers die Form eines Bumerangs annimmt, der in einem flachen Bogen die Weiten des fleischlichen Raums durchzieht & schließlich, geschwungen wie eine Rutsche, in einem stürmischen Ozean endet, aus der noch kein Schwimmer zurückgekehrt ist ... Oder der sich wie eine Zunge der Sonne entgegenstreckt, während nichts geschieht, außer daß der Gesang der Zikaden ein wenig schriller klingt ...

Es muß der Alkohol sein & die Feuchtigkeit, sagte er sich. Trotzdem befürchtete er, daß es mit dem zu tun hatte, was sie das Inselvirus nannten. Leichtes Fieber gehörte dazu, das fast unmerklich zu Verzerrungen der Netzhaut führte. Gerüche verloren ihre sinnliche Wirkung, die Dunkelheit ihren Beigeschmack. Die süßlich-feuchte Schwere eines verlassenen Friedhofs hing über der Bucht unterm Hotelfenster, hier & da huschte eine schwarze Gestalt mit einem Buschmesser in der Hand durch die endlose, anonyme Nacht.

Was trennte ihn vom Jetzt, von der Gegenwart?

Er spürte, wie die Entfernung zwischen ihm & dem, was er sah, wuchs, wie eine fremde Schwerkraft ihn aus dem Bild zog, das er sah, & er schaffte es gerade noch bis zur *Paradise Bar*, wo er ein kühles Bier bestellte & sich an einem Tisch mit einer dunkelgrünen Filzmatte wiederfand. Er schnappte eine Bemerkung übers Wetter auf, daß es gar nicht gut aussah, daß der Ausläufer eines Hurrikans im Anrücken war. Am Nebentisch saßen zwei Zöllner in weißen Uniformen, & er fragte, wie das Spiel hieß, das sie spielten.

„Draughts."

Er erinnerte sich, daß er das Wort bei Graham Greene gelesen hatte. Muß vor mir hier gewesen sein, sagte Eddie sich, & sicher kannte er das Gefühl, wie es ist, ganze Nächte besoffen auf dem Bett einer billigen Klitsche zuzubringen, die kreisenden Blätter des Ventilators über sich.

Kaffee & Hilflosigkeit nach dem Aufwachen. Einsamkeit eines Arztes, eines Agenten oder Priesters. Der schattenhafte Zwang von Handlungen, vielleicht war es das, was ihn mit manchen Romanfiguren verband. Vielleicht war es auch nur Einbildung, etwas, das in Büchern ablief & niemals die Niederungen des Tages erreichte. Dazu die passende Kulisse wie Palmen, ein Wasserflugzeug oder die Villa des Gouverneurs.

Jetzt hörte er die Maschine aus Bridgetown. Sie flog tiefer als sonst, jedenfalls klang es so, was vermutlich an der Luftfeuchtigkeit lag. Er hatte Schwierigkeiten, das Bild scharf zu bekommen, & als er Einzelheiten zu erkennen begann, stammten sie aus einem Film, der aus der falschen Zeitrichtung kam & die sechziger Jahre als Quasselphase zeigte. Erzähl mir bloß nicht ... Dann fiel der Ton aus.

Der Regen ließ nach, er saß in der Snackbar des Flughafens mit einem Roastbeefsandwich vor sich, wenn er sich recht entsann. Gesichter einer fremden, hellhäutigen Rasse, kalt & blaß wie Plastiktüten, waren hinter den Kabinenfenstern einer DC-3 zu seh'n, die gerade anließ. Geschmeidige schwarze Körper, die einen weichlich-zähen Geruch ausströmten, blieben zurück. Er würde an ihm haftenbleiben, ganz gleich wo ...

Die Maschine rollte zur Startbahn, hob ab ... Stunden später überflogen sie eine Wüste städtischer Ruinen, eine Endlosschleife zerstörter Metropolen spulte sich unter ihnen ab. Sonnenuntergang in zersplitterten Scheiben, Fetzen von Tapeten, Steinhaufen ... Ein Ölfaß trieb aufs Meer hinaus. Ein paar ärmliche Hütten am Strand mit der stumpfen Patina eines grobkörnigen Films, während er seine Uhr auf mitteleuropäische Zeit umstellte.

Um zu schreiben, um *hier* zu schreiben, mußten Hotellobbys abgedunkelt (auch wenn draußen die Sonne glitzernd brannte) & es mußte Abend sein, gegen oder nach Sundown. Er hatte oft herauszufinden versucht, was den Reiz der Blauen Stunde ausmachte. Anzunehmen war, daß es mit Vorgängen im Stoffwechsel zu tun hatte.

Unterbrechungen waren programmiert (er hatte eine Nacht in einem zu warmen Zimmer verbracht). Eben kam der Kellner, um Tee einzuschenken. With milk? fragte er. Er ließ den Tee kunstgerecht tröpfeln.

Eddie saß da & überlegte, wie er ins Hotelzimmer zurückfinden sollte. Frankfurt, auch nur ein Ort. Irgendwie schaffte er's, verriegelte die Tür & stellte fest, daß sein Koffer aufgebrochen worden war. Er hatte das Gefühl, daß ihn jemand verfolgte, ihm mit lüsternem Blick nachspionierte, den er nicht abschütteln konnte & der ihn verwirrte wie die Wirkung einer unbekannten Droge ...

Dann fiel ihm ein, daß er den Piloten ablösen sollte, der jetzt in einem starken Schauer zur Landung ansetzte & die Landebahn verfehlen konnte. Er versuchte den Leuchtturm auszumachen, drüben auf der Landzunge jenseits der Bucht. Schließlich hörte er die Maschine wie in einer Szene aus Casablanca. Das Meer war eine aufgerauhte, metallische Fläche. Er stand auf, nahm den Koffer. Es war ein Abschied wie jedesmal. Die Blätter der Palme vor der Veranda funkelten naß. Eine letzte Chance, nochmals von vorn anzufangen, während die Maschine zur ausgeleierten Erkennungsmelodie des legendären Films ausrollte. Er nahm den Koffer, that's it. Dunkelheit schluckte ihn.

Unten war der Nachtportier mit seiner Beatle-Frisur unterwegs in die sechziger Jahre. In der gedämpften Beleuchtung erinnerte er sich an Woodstock & Gerede von Love & Peace. Vor der Tür hielt ein Wagen, & der Fahrer warf einen Stapel Zeitungen auf den Gehsteig. Eine Blondine mit zerknautschtem Gesicht rauschte an Eddie vorbei in Richtung Aufzug. Für einen Augenblick war er nicht sicher, auf welchem Kontinent er war. Er hatte solche Szenen so oft erlebt, daß sie sich geographisch nicht einordnen ließen. Als Reisender war er dazu verdammt, sich zu verzetteln. Ob die hier wirklich ein Zimmer hat? fragte er sich. Er hörte einen Seufzer, & dann war sie verschwunden.

Im Aufzug roch es nach Alkohol & süßlichem Körperparfüm. Die Wirkung der Dunkelheit setzte wieder ein, & er wußte, daß es schwierig sein würde, Schlaf zu finden. Der Lärm, die Erinnerungen … Er kannte das Gefühl, mit einem Glas Rum in der Hand auf einem Korbstuhl auf einer Veranda zu sitzen & die Ausläufer eines Hurrikans abzuwarten. Er hatte im Wasserflugzeug auf dem Weg zur Insel eine Chinesin kennengelernt, die behauptete, auf einer geheimen Mission rund um den Globus zu sein. Er versuchte herauszufinden, in welchem Hotel sie wohnte, aber sie rückte nicht raus damit.

Das Geschrei tropischer Vögel weckte ihn. Er trat ans Fenster & schaute auf riesige Wolkenformationen, die sich über den Hügeln hinter der Stadt auftürmten. Er hatte schlecht geschlafen & überlegte, ob er sich wieder hinlegen sollte. Es war besser, den Zeitunterschied einfach zu ignorieren. Als er ins Freie trat, zerfiel die Landschaft in anatomische Teile eines fremden weiblichen Körpers. Hügel & Buchten zogen sich in fleischlicher Weite hin. Das Meer war stürmisch, & von Zeit zu Zeit riß der Himmel auf, & ein Bündel Sonnenstrahlen stieß wie eine gierige Zunge aufs Wasser herab.

Es mußte gegen Abend gewesen sein, als er den Gang zum Fahrstuhl entlangging. Ein Mann kam ihm entgegen & fragte, ob er den Weg zur Autobahn wüßte.

Das Wort „Autobahn" machte ihn stutzig. Es hatte den Klang von „Geisterbahn".

Ein unterkühltes Restaurant mit eintöniger Muzak (Tango, auch mal ein Walzer dazwischen). Weiße feuchte Tischdecken & kahle Wände. Seine Blicke schweiften ziellos umher, kamen aber immer wieder auf den Körper einer Engländerin zurück, der nach jeder Bewegung eine andere Form anzunehmen schien. Mal geschmeidig, mal kantig. Ein solcher Körper ist wie ein Film, & Eddie ließ seine szenischen Wirkungen auf sich wirken: schwunghafter Bauch, kaum sichtbare Brüste, deutliche Hüften, ein gut gepolstertes Schambein & ein Schenkel, der gelegentlich herausfordernd wippte.

Eine lächerliche Situation.

Um sich aufzuwärmen, saßen sie anschließend im Innenhof des Hotels auf Korbstühlen am Pool, Aschenbecher neben sich. Die Engländerin zündete sich mit einem dunkelroten Feuerzeug (der Himmel klar, dunkel, farblos; eine typische subtropische Nacht) eine Zigarette an. Der Schein der Glut erhellte kurz ihr Gesicht. Ihre Hand berührte seinen Arm, eine Haarsträhne fiel über ihre Armbanduhr. Alles klar.

Sie hatte keine Ahnung, wie es um ihn bestellt war. Daß er zwei Tage zuvor mit einer stark geschminkten Chinesin in einem Stundenhotel in Chiang Mai eine Nacht verbracht hatte. Heftiges Zucken überkam ihn zwölf Stunden später. Ohne Appetit & mit spontanen Spasmen in der Harnröhre wartete er auf die typischen, eindeutigen Anzeichen einer Infektion. Die Chinesin hatte nicht mal „krank" verstanden, als er sie fragte. Dabei lagen die Gummis griffbereit auf dem Nachttisch. Allein der Gedanke machte ihn krank, & jetzt saß er mit der geschmeidigen Engländerin im Innenhof des rostfarbenen Hotels in New Delhi, & sie fragte ihn, ob er verheiratet war. In einem Anfall von Offenheit erzählte er die Geschichte von seiner Frau in Amerika & seiner Tochter in Deutschland & was er gegen den Zustand der Ehe hatte. Gerede, das von diesem Punkt an ziellos ablief. In alle Richtungen. Auch in unverbindliche Romantik, was unter den Umständen kaum zu verhindern war. ❂

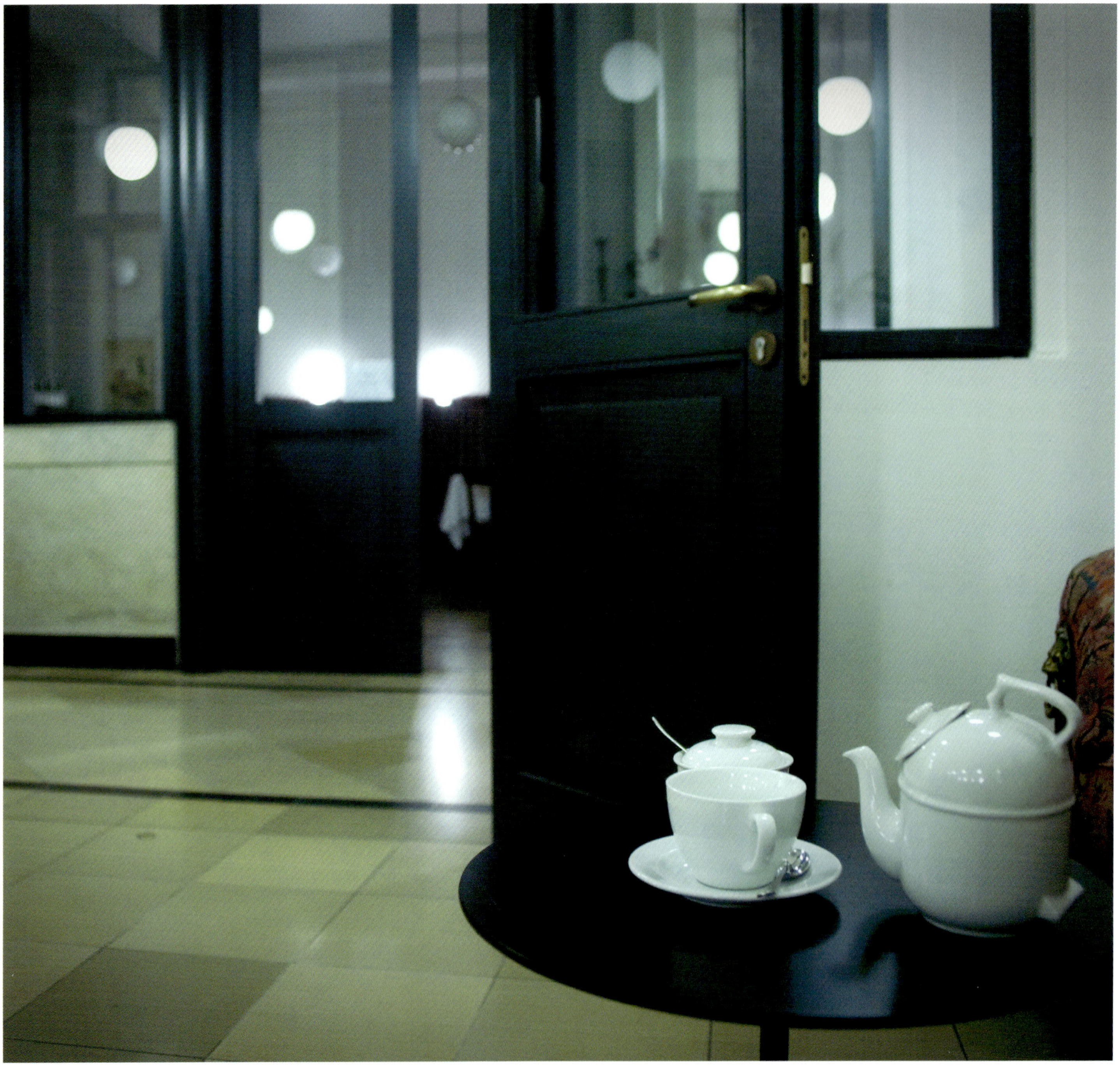

Eine lächerliche Situation auch ohne sein Handicap, ohne seine Befürchtung.

Seltsam ehrlich wirkte die Engländerin auf ihn, auch wenn sie es nur darauf anlegte, ihn so weit zu kriegen, daß sie eine Annäherung mit einem Nein abwiegeln konnte.

Alle Viertelstunde mußte er aufs Klo, soweit war es schon. Es fiel nicht auf, denn sie hatten vorher einige Biere getrunken. Auch hatten ihn ein wuchtiger Ring, den sie am linken Finger trug, & ihr cremiger Körpergeruch stutzig gemacht (ein Geruch, der stärker war als Deodorants & Parfüms). Sie sei in einen Amerikaner (der in Vietnam Dienst machte) vernarrt, den sie drei Monate nicht gesehen hatte, erklärte sie ihm. In London hatte sie mit zwei „Liebhabern" zu tun gehabt.

Plötzlich wirkte sie müde, & sie gingen nach oben. „Auf mein Zimmer?" fragte er.

„Nein."

„Auf dein Zimmer?"

„Nein." Überzeugend klang es nicht. Sie schien darauf zu warten, überredet zu werden.

„Ruf mich an", sagte Eddie, „wenn du nicht schlafen kannst."

Im Aufzug zeigte sie ihm ein Buch von Upton Sinclair, eine Rarität, wie es schien. Kurz drückte sie sich an ihn, ihre Lippen öffneten sich, & sie gab einen kurzen Seufzer von sich.

„Wie ist deine Zimmernummer?" fragte er noch.

Als sie verschwunden war, ging er wieder hinunter & trank einen Tee & ließ die ganze Farce noch mal an sich vorüberziehen, kam aber nicht weiter, weil es wieder Zeit war, aufs Klo zu gehen. Das Pißbecken war voller Mottenkugeln.

Baumkronen verschwanden, Schlaglöcher blieben wie Bombentrichter zurück … Klapprige Tische, vom Wind geschüttelt, & der Kontinent versank …

Aufgeplatzte Mandarinen & keine Spur von Himmel.

Wie starb es sich als Tourist?

Im Bett konnte er's nicht lang aushalten. Er riß das Fenster auf & starrte hinaus in einen kalten Tag. Aus dem Innenhof stiegen Küchendünste herauf. Einmal klangen kurz ein paar Takte östlicher, orientalischer Musik an.

Schreiben, um wieder in den Körper zurückzufinden, der ihm mit jeder Bewegung verlorenzugehen schien. Er bemühte sich, Unwahres zu erfinden, um nicht wieder den Nachstellungen des Tatsächlichen zu erliegen.

Die Engländerin versuchte das Gespräch auf Tropisches zu bringen. „Glaubst du, daß der Regen Einfluß auf Gefühle hat?"

„Aber sicher."

„Das hat auch Maugham gesagt."

„Ja, er hat seine Kurzgeschichten wie Drinks gemischt."

„Das mögen Deutsche wohl nicht?"

„Mit romantischem Raffinement haben sie nichts im Sinn."

„Barbaren."

„Aber sie verzetteln sich nicht."

„Da kann es in der Liebe schnell langweilig werden."

„Das stimmt."

Die Türme des Schweigens hatten es ihr angetan. Eddie vermutete, daß das eine Umschreibung dafür war, daß sie zwei Liebhaber hatte. Das war ihre Art, sich mit der Leere in ihr zu befassen.

Eddie war zu müde, um weiterzulesen. Er starrte eine Weile die Wand über dem Bett an. Er hatte jedes Gefühl für die Zeit verloren, & er nahm an, daß es gegen Morgen war. Er hatte das Bedürfnis, draußen auf den Straßen noch etwas Luft zu schnappen.

Unten war der Nachtportier auf einem Sessel im Foyer eingenickt. Er kam kurz hoch, sagte aber nichts. In der gedämpften Beleuchtung zog sich die Elbestraße wie eine verlassene Bühne hin. Eine schemenhafte Gestalt verschwand hinter der nächsten Ecke. Ein Stück weiter hielt ein Wagen. Er stand da, als wüßte der Fahrer nicht, wohin. Dann fuhr er weiter.

Eine Blondine in einem kurzen, roten Rock steuerte mit hastigen Schritten auf ein Stehcafé zu. Durch die Glastür waren ein paar Männer zu sehen, & es sah aus, als würden sie Karten spielen. Die Tür schloß sich, & ein Vorhang wurde zugezogen. Die Nacht ging zu Ende, aber kein Tag war in Sicht.

Laterna magica

STEFAN BEHR

Magische Orte sind selten geworden. Die Videothek in der Taunusstraße war so ein magischer Ort. Wie sie hieß, weiß keiner mehr. Viele alte Stammkunden schwören, das Gebäude, in dem sie mal war, sei mit ihr verschwunden, obwohl in der Taunusstraße keine Baulücke klafft. Manche erinnern sich an Harald, ihren Betreiber, als an einen zwei Meter großen blonden Hünen mit Glasauge, andere als an einen schmächtigen Franzosen mit Menjou-Bärtchen und Fistelstimme, so ganz genau weiß das keiner mehr. Manchmal ertappt man sich bei dem Gedanken, die Videothek in der Taunusstraße habe es nie gegeben. Wie das mit magischen Orten eben so ist. Das sind die Momente, in denen man *Solaris* in den Videorekorder legen sollte, die gute 1972er Version von Andrei Tarkowski, nicht die doofe Version von Steven Soderbergh.

Harald hatte sie alle, die guten wie die schlechten Filme. Er mußte nicht mal in den Computer gucken. *Das deutsche Kettensägenmassaker*? Regal drei, zweitunterste Reihe, dritter von links. Wenn Harald keinen Film hatte, dann gab es den auf Video nicht (DVDs waren zu diesen Zeiten noch unbekannt). In vielen hoffnungslosen Fällen war Harald die letzte Möglichkeit, etwa wenn man seit Wochen auf der Jagd nach *Solaris* war (der guten Tarkowski-Version, Soderbergh war zu diesen Zeiten noch unbekannt). Sämtliche einschlägigen Läden Frankfurts hatte man abgeklappert, sogar Antiquare genervt, nichts zu machen. Bei Harald konnte man sich zumindest ausheulen. Man konnte ihm sagen, daß es eine Schande sei, daß es so einen Film nicht auf Video gebe. Harald hörte zu. Wenn man fertig war mit Lamentieren und Harald fertig mit Zuhören, griff Harald unter die Theke, fischte ein *Solaris*-Video raus und drückte es einem wortlos in die Hand. Er ging nicht etwa in einen Nebenraum oder den Keller, er fischte den Film einfach unter der Theke hervor. Es gab Leute, die behaupteten, Harald sei gar kein Mensch, sondern eine cineastische Gottheit. Das würde zumindest manches erklären.

Hatte man ein paar Filme ausgeliehen, die sich mit Haralds Filmgeschmack deckten, wurde man ins Allerheiligste vorgelassen. Im Untergeschoß der Videothek befand sich die Pornoabteilung, Haralds einziger Tribut ans Bahnhofsviertel, das er ansonsten von Herzen haßte – wie den Rest der Welt (außer Norwegen). Hinter einem Bumsfilmchenregal, das man zur Seite schieben konnte, befand sich eine Geheimtür, der Eingang zu einem höchst bizarren Reich. Dort befand sich eine an und für sich nicht weiter außergewöhnliche Bar, flankiert von einem Käfig, einer Streckbank und einem Andreaskreuz. Niemand wußte, wofür die eigentlich gebraucht wurden, zum Drehen von Snuffvideos oder für Kunden, die es wagten, abfällige Bemerkungen über Diana Rigg zu machen. Es fragte auch niemand, weil alle Angst vor der Antwort hatten.

Außer den Folterinstrumenten standen dort noch jede Menge leidlich bequemer ehemaliger Kinosessel und ein Videobeamer. Einer Handvoll Auserwählter wurden dort in unregelmäßigen Abständen die höchsten Weihen zuteil, wenn Harald etwa zu den „Klaus-Kinski-Filmnächten des schlechten Geschmacks" bat, an denen Klaus-Kinski-Filme gezeigt wurden, von denen vermutlich nicht einmal Klaus Kinski gewußt hatte, daß sie jemals gedreht

CLICK
PHOONK
DUPLICATE
WANTED
WANTED
AYESHA TAKIA
VINOD KHANNA
PRAKASH RAJ
BONEY KAPOOR'S
WANTED
EROS
MAHESH BHATT presents
TTE PRESENTS
MUKESH BHATT'S
GANGSTER
A LOVE STORY
DIRECTED BY ANURAG BASU CO-PRODUCER VISHESH BHATT
DISCO DANCER
DISCO DANCER
B. Subhash presents
DISCO DANCER
Producer : B. Subhash
Music Director : Bappi Lahiri
nakhre

146 | STEFAN BEHR

worden waren. Die „Freax", zwei Großmeister der Trashfilmerei aus Offenbach, luden dort manchmal zu Previews, zu denen große Teile des Publikums mit Eishockeymaske vor dem Gesicht erschienen. Da zeigte sich, daß Harald den Standort Bahnhofsviertel mit Bedacht gewählt hatte, den er ansonsten haßte wie den Rest der Welt (außer Norwegen). Denn in einem Viertel voller Bekloppter fiel man auch mit maskiertem Antlitz nicht weiter auf.

Hinter der cineastischen Folterkammer erstreckte sich ein grenzenlos anmutendes Gewimmel kleinerer Kammern. Manchmal durfte man hinein, etwa, wenn einem gerade das Fahrrad geklaut worden war, was im Bahnhofsviertel öfter mal vorkam. Dann führte einen Harald in einen Raum, vollgestopft mit Fahrrädern, die klamme Junkies als Bezahlung für Wasweißich dagelassen hatten. Das sagte zumindest Harald. Mehr wollte man gar nicht wissen. Harald war die Sorte Mensch, der man nach einem Streit mit der Freundin lieber nicht sagte, daß man die Alte umbringen könnte, weil er einen dann mit Sicherheit in eine Kammer seines Kellers geführt hätte, in der irgendwas gelegen hätte, das das Problem gelöst hätte.

Man kann nicht sagen, daß es sich bei Harald um einen unbedingten Philanthropen gehandelt habe. Er machte mit seiner Videothek zwar die Menschen glücklich, aber nicht um derent-, sondern um des lieben Geldes willen. Überhaupt war er der festen Überzeugung, der einzige halbwegs anständige Geschäftsmann im ganzen Bahnhofsviertel zu sein. Alle anderen Laden, sagte er, seien ausschließlich Geldwaschanlagen der Mafia. Das Bahnhofsviertel, sagte er, sei ihm ebenso unerträglich wie die Menschen darin, aber anderswo sei es auch nicht besser, eher noch schlimmer. Außer in Norwegen. Eines Tages, sagte er, werde er nach Norwegen abhauen und nichts anderes tun, als tagsüber Lachse zu angeln und abends Filme zu glotzen. Dafür, sagte er, hätte der liebe Gott den Menschen erschaffen, wenn es ihn gäbe. Es gebe aber keinen lieben Gott, im Himmel nicht und im Bahnhofsviertel schon gar nicht, aber Norwegen, das gebe es, und eines Tages werde er einfach dahin abhauen. Sagte er. Glaubte natürlich keiner.

Eines Tages war Harald weg – und mit ihm die Videothek in der Taunusstraße. Einfach weg. Ausgeräumt, leer, verödet. Bescheid gesagt hat er keinem. Es hat auch nie wieder jemand etwas von ihm gehört. Manche sagen, er sei aufgefahren in den Himmel und sitze nun im Vorführraum des Herrn, andere glauben, das ganze Leben sei ohnehin nur ein Film, und Harald und seine Videothek seien der nachträglichen Zensur der Produktionsfirma zum Opfer gefallen, warum auch immer. Diese Theorie hat etwas Tröstliches, würde sie doch besagen, daß man zumindest ein paar Jahre lang im Director's Cut gelebt hätte. Wahrscheinlich hatte Harald einfach nur geahnt, daß in Zeiten des Internets, die gerade anbrachen, jeder Depp *Solaris* bestellen könnte und die Menschen ihn nicht mehr bräuchten – im Gegensatz zu den norwegischen Lachsen.

Seitdem gibt es in Frankfurt keine anständige Videothek mehr, mit Ausnahme jener im Sandweg, aber die hat vor ein paar Jahren ihre Pornoabteilung aufgelöst, was nicht so schlimm war, weil es da auch keinen Vorführfolterkeller gab. Ein magischer Ort ist das nicht – so wie Haralds Videothek in der Taunusstraße, deren genauen Namen und genauen Standort heute keiner mehr kennt. Was bleibt, ist das *Solaris*-Video. *Solaris* gibt's zwar mittlerweile auch auf DVD, die gute und die doofe Version, aber irgendwas fehlt beiden. Vermutlich die Magie, die blieb auf der Strecke. Aber das ist ein Phänomen, auf das man in Frankfurt ja häufiger gestoßen wird.

Es gibt natürlich weiterhin Gründe, das Bahnhofsviertel zu besuchen: Cracksucht, Notgeilheit und Intercity, drei eher traurige Gründe, die man besser verschweigt. Die Suche nach Magie gehört nicht mehr dazu. Wer die Magie sucht, sollte nach Norwegen fahren. Und falls er an einem einsamen Fjord einen mürrischen Angler trifft, sollte er ein paar nette Bemerkungen über Diana Rigg fallenlassen und nebenbei bemerken, daß er verzweifelt auf der Suche nach dem Film *Solaris* sei, der guten 1972er Version von Andrei Tarkowski, nicht der doofen 2002er Version von Steven Soderbergh. Vielleicht bringt ihn der mürrische Angler dann an einen Ort, den er nicht so schnell vergessen wird. ∴

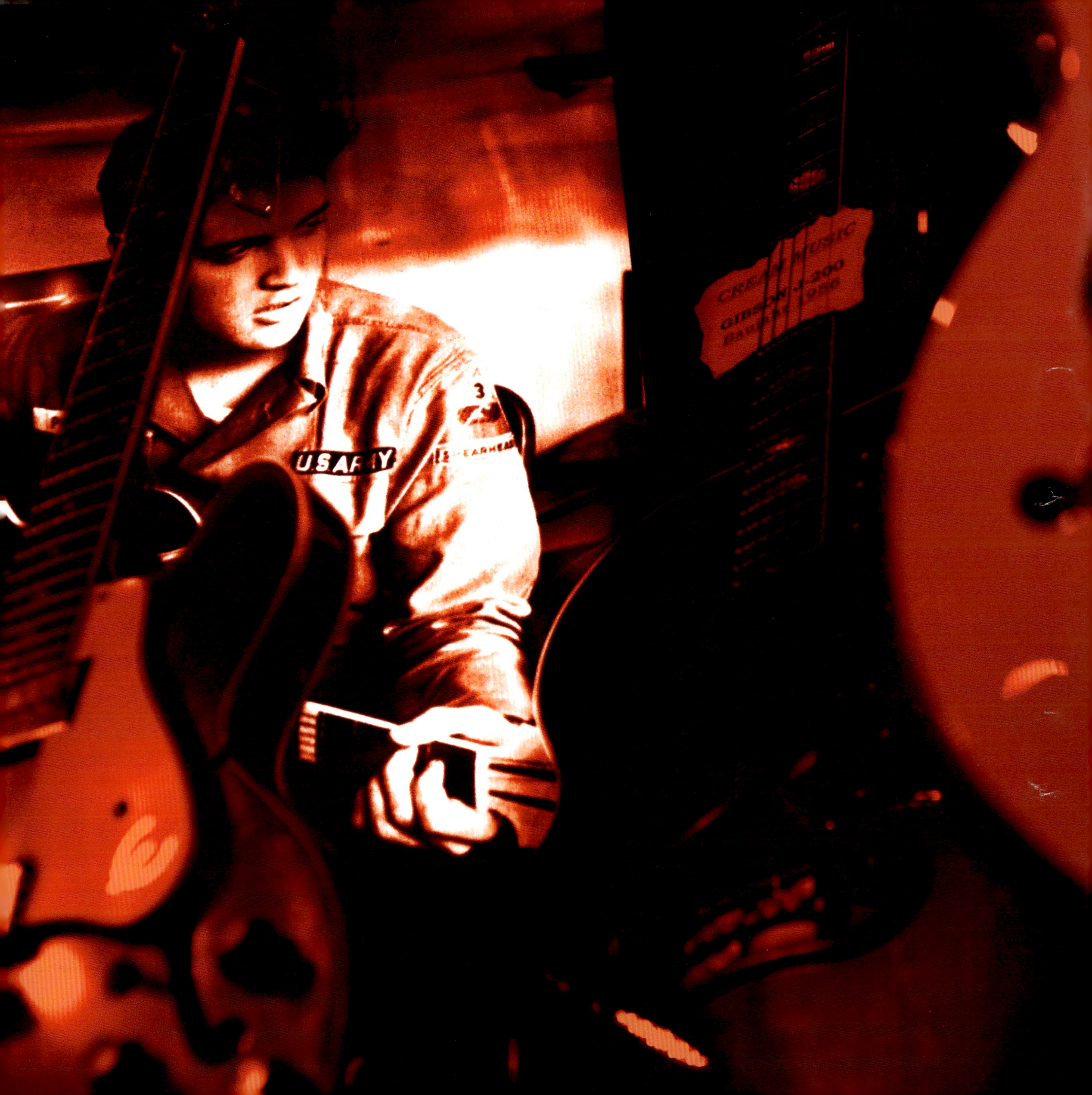

GIBSON J-200

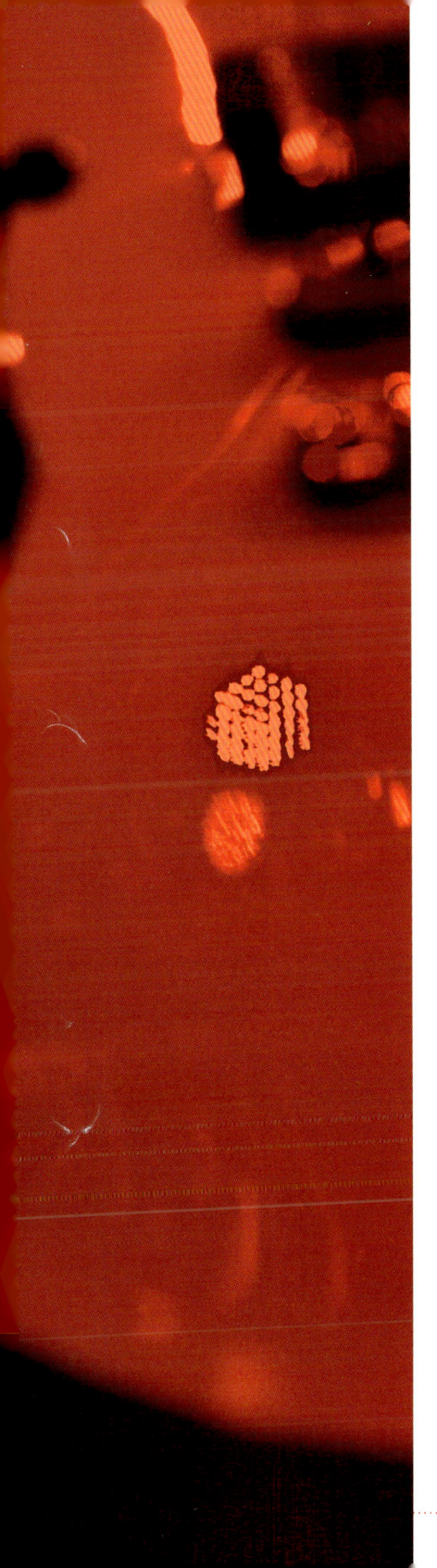

Wo Elvis und ich gerne hingehen

MARK-STEFAN TIETZE

Man muß nicht die Hälfte seines Lebens in Münster/Westfalen verbracht haben, um die Taunusstraße im Frankfurter Bahnhofsviertel ein bißchen unheimlich zu finden. Aber es hilft! Immerhin führt die schmale Straße nicht nur schnurstracks in den Schlund der Hölle, nämlich ins wahrhaft gruselige Bankenviertel, sondern beherbergt auch erstaunlich viele Spielsalons, rosafarben blinkende Eros-Center und eine teils etwas ungesund aussehende Lauf- und Sitzkundschaft mit einem Faible für illegale Substanzen.

Andererseits gibt es in Münster/Westfalen natürlich auch keinen Gitarrenladen, der so wäre wie Cream music in der Taunusstraße im Frankfurter Bahnhofsviertel. Will man also unbedingt mal wieder dahin, muß man da durch, hindurch durch diese Straße, muß wohl oder übel die Zähne zusammenbeißen – und sollte sich vielleicht auch mal nicht ganz so landpomeranzenhaft anstellen. Was wäre das schließlich für ein Verständnis von Rock 'n' Roll, würde man vor richtigem Großstadtpflaster, vor dem Geruch von Gefahr, käuflichem Sex und Drogensucht davonrennen?

Im Hauptbahnhof, in einer eher entlegenen Ecke der B-Ebene, steht ein mit Gitarren und Verstärkern vollgestellter Glaskasten, an dem ein hübscher Text neben einer handgemalten Karte den etwa dreiminütigen Fußweg zu Cream music weist. „Drehen Sie sich um, und gehen Sie 70 Schritte geradeaus", kann man da lesen. „Zu Ihrer Linken sehen Sie einen Floristen, wie auch immer, fühlen Sie sich nicht genötigt, uns Blumen mitzubringen!"

Den Floristen gibt es mittlerweile nicht mehr, so daß die Übung recht leicht ist, doch es lohnt sich, die weiteren Tips ebenso zu befolgen. Für den Weg aus der Unterführung heißt es etwa: „Falls die Rolltreppen mal wieder ausgefallen sein sollten, benutzen Sie einfach die Treppen", und für die letzten hundert Schritte durch die Taunusstraße gilt: „Lassen Sie sich nicht von dem hektischen Treiben um Sie herum anstecken." Als Lohn verheißt der Zettel am Ende der Reise schließlich: „Sie stehen vor dem wahrscheinlich ungewöhnlichsten Musikgeschäft im ganzen Universum."

Wenn man im Universum noch nicht weit genug rumgekommen ist, weil man die Hälfte seines Lebens in Münster/Westfalen verbracht hat, kann man das schlecht bestätigen. Vermutlich stimmt es sogar. In jedem Fall handelt es sich bei Cream music um ein außerordentlich schönes Musikgeschäft. Die Vorderfront mit der zurückgesetzten Ladentür und den zwei kleinen Schaufenstern gemahnt mit ihrer braunen Holzverkleidung an einen Westernsaloon oder den Souvenirladen aus einem Vergnügungspark der Siebziger.

Tritt man über die Schwelle, sieht man sich zumindest im Erdgeschoß in eine gelungene Mischung aus Backstagebereich, Musikalienhandel und Museum versetzt. Vitrinen voller Gitarren und Bässe erstrecken sich bis unter die Decke, ein rotes Sofa lädt zum Mittagsschläfchen ein. Kompetente Verkäufer, die man an den schwarzen T-Shirts erkennt, fachsimpeln mit hoffnungsvollen Nachwuchsmusikern, die man an den schwarzen T-Shirts erkennt. Hinten, im schallgedämmten Verstärkerraum, wird gerockt und gegniedelt, was das Zeug hergibt. Davor, dazwischen und daneben befinden sich samtverkleidete Schreine mit leider unverkäuflichen Raritäten, Regale, die bis zum Anschlag vollgestopft sind mit Effektgeräten, Saiten und anderem Zubehör, sowie eine lange, abgeschabte Ladentheke aus den Fünfzigern. Sie wurde im Laufe der Jahre mit Aufklebern sämtlicher Instrumentenhersteller der Welt verziert und trägt eine grüne Registrierkasse von 1927 – seit 1908 gibt es das Musikhaus B. Hummel nämlich, seit kurz nach Ende des Ersten Weltkriegs steht es an dieser Stelle.

Unter anderem diese gewachsene Tradition macht Bernhard Hahn für die herausgehobene Stellung des Hauses unter den Musikgeschäften dieses Universums verantwortlich. Hahn, ein erzsympathischer Mann von Anfang vierzig, der sich am Telefon mit „Bernie" meldet und nebenher auch als Sänger einer Band und Moderator einer Show im Nachtklub *Pik-Dame* unterwegs ist, betreibt das Familienunternehmen zusammen mit seinem Bruder und zwei Cousins in nunmehr vierter Generation. Nicht allein dies ist allerdings mit Tradition gemeint, sondern auch die innige Beziehung des Ladens zu allerlei prominenten Kunden. Wegen der verkehrsgünstigen Lage, der in Frankfurt stationierten US-Soldaten und einiger geschickter Entscheidungen der Vorväter – man bot beispielsweise als erster in Europa überhaupt Fender-Gitarren an – erspielte sich der Laden schon in den Fünfzigern unter internationalen Stars einen ausgezeichneten Ruf. An wen man am 20.12.1958 „1 Gitarre Modell 59" für 225 Mark verkaufte, bezeugt die gerahmte „Rechnung für Herrn Elvis Presley", die hinter der Kasse hängt.

Dabei blieb es allerdings nicht. In späteren Jahren ließen sich neben vielen anderen Bill Haley, Sammy Davis Jr., John Lennon und Billy Idol blicken. Die Rolling Stones schickten ihre Roadies vorbei, Police-Gitarrist Andy Summers kaufte vor zwei Jahren eine Gibson Les Paul Custom, und der Gitarrentechniker von AC/DC ließ bei seinem letzten Besuch im Jahre 2008 fallen, daß Cream music auf seiner privaten Liste zu den fünf besten Gitarrenläden weltweit zählen würde. Als Dankeschön brachte er neben Freikarten fürs ausverkaufte Konzert in der Festhalle netterweise auch Plektren von Angus Young mit, mit denen Bernhard Hahn noch heute junge Musiker zum Staunen bringt.

Der irische Gitarrist Gary Moore hingegen, der seit den Siebzigern immer mal wieder vorbeikommt, staunte kürzlich eher über die alten Gitarrenschätze in der verschlossenen Vitrine mit dem „Not for sale"-Aufkleber. Auf seine Frage, wieviel er denn für ein besonders schönes der ausgestellten Exemplare hinlegen müsse, antwortete Bernhard Hahn pflichtgemäß: „Not for sale." Moore zeigte auf eine weitere Gitarre, holte sich aber dieselbe Antwort noch einmal ab und zischte ergrimmt: „So you have a fucking guitar shop and don't sell guitars?!" Später ⁖

WO ELVIS UND ICH GERNE HINGEHEN : 151

152 : MARK-STEFAN TIETZE

verließ er den Laden dann aber einigermaßen versöhnt mit einem brandneuen Effektgerät, auch wenn er beim Kauf leider keinen Star-Rabatt heraushandeln konnte.

Obwohl Cream music nicht alle Tage so berühmte Gitarristen zu Gast hat, genießen diese noch lange keine Vorzugsbehandlung. Das scheint denen sogar zu gefallen – wo sonst wird ein gewöhnlicher Superstar noch als ganz normaler Mensch bewirtet? Hier ist man jedenfalls stolz darauf, allen Kunden, und seien es nur potentielle, mit der gleichen Freundlichkeit zu begegnen. Wer als blutjunger Mensch eine Gitarre anspielen will, die er sich gewiß noch nicht leisten kann, darf dies gerne tun, und überhaupt findet man im Ladenlokal nicht nur Saiteninstrumente und Verwandtes, sondern im hellen und geräumigen Untergeschoß auch Keyboards, Mischpulte, DJ-Equipment, Musiksoftware und dergleichen. Deshalb tummeln sich hier auch eher Prominente anderer Genres, Leute wie die Snap-Produzenten Michael Münzing und Luca Anzilotti oder vielleicht ja auch Sven Väth, der seine allerersten Aufnahmen im Cream-music-Studio machte. Und für die Problemkinder unter den Musikanten, die Schlagzeuger, gibt es ein paar Häuser weiter einen separaten Shop, der bei seiner Gründung 1978 der erste deutsche Schlagzeugladen mit eigenem Vorführraum war.

In der menschlich angenehmen und fachkundigen Beratung sieht Hahn denn auch die Chance, sich neben Musik-Schmidt, der großen Konkurrenz draußen an der Hanauer Landstraße, sowie den marktbeherrschenden Musikversandhäusern des Internets zu behaupten. Man mache zwar nur wenig Werbung, habe allerdings den eigenen Online-Auftritt ausgebaut und sich mit dem Ebay-Shop ein weiteres Standbein geschaffen. In den vergangenen Jahren habe man zudem einige Nachwuchsfestivals gesponsert und in der Folge einen Zustrom junger Kunden erlebt, darunter überraschenderweise auch viele junge Musikerinnen, die freilich die eigenwillige Atmosphäre der Taunusstraße nicht durchgehend begrüßten.

So wundert es kaum, daß Bernhard Hahn gelegentlich mit der Szene draußen vor der Tür hadert, die dort auf dem Bürgersteig ganz gerne ihren Müll, ihr Leergut und ihre leergespritzten Utensilien hinterläßt. Nach einem pressewirksamen Brandbrief aus seiner Feder hat sich allerdings jüngst die Oberbürgermeisterin persönlich im Laden sehen lassen und versprochen, für Abhilfe zu sorgen. Den Hahns wäre dies zu wünschen; schließlich wollen sie Cream music auch noch durch die nächsten hundert Jahre steuern, ohne auf junge Musikerinnen als Kundschaft verzichten zu müssen.

Doch auch sonst sollte jeder, der sich auch nur im entferntesten für Musikinstrumente interessiert, seine Bedenken beiseiteschieben und dem zauberhaften Laden einfach mal einen Besuch abstatten. Schreckhaften Gemütern sei versichert: Die paar Junkies und Crackköpfe, an denen man da eventuell vorbei muß, haben noch keinen umgebracht. Bis jetzt jedenfalls!

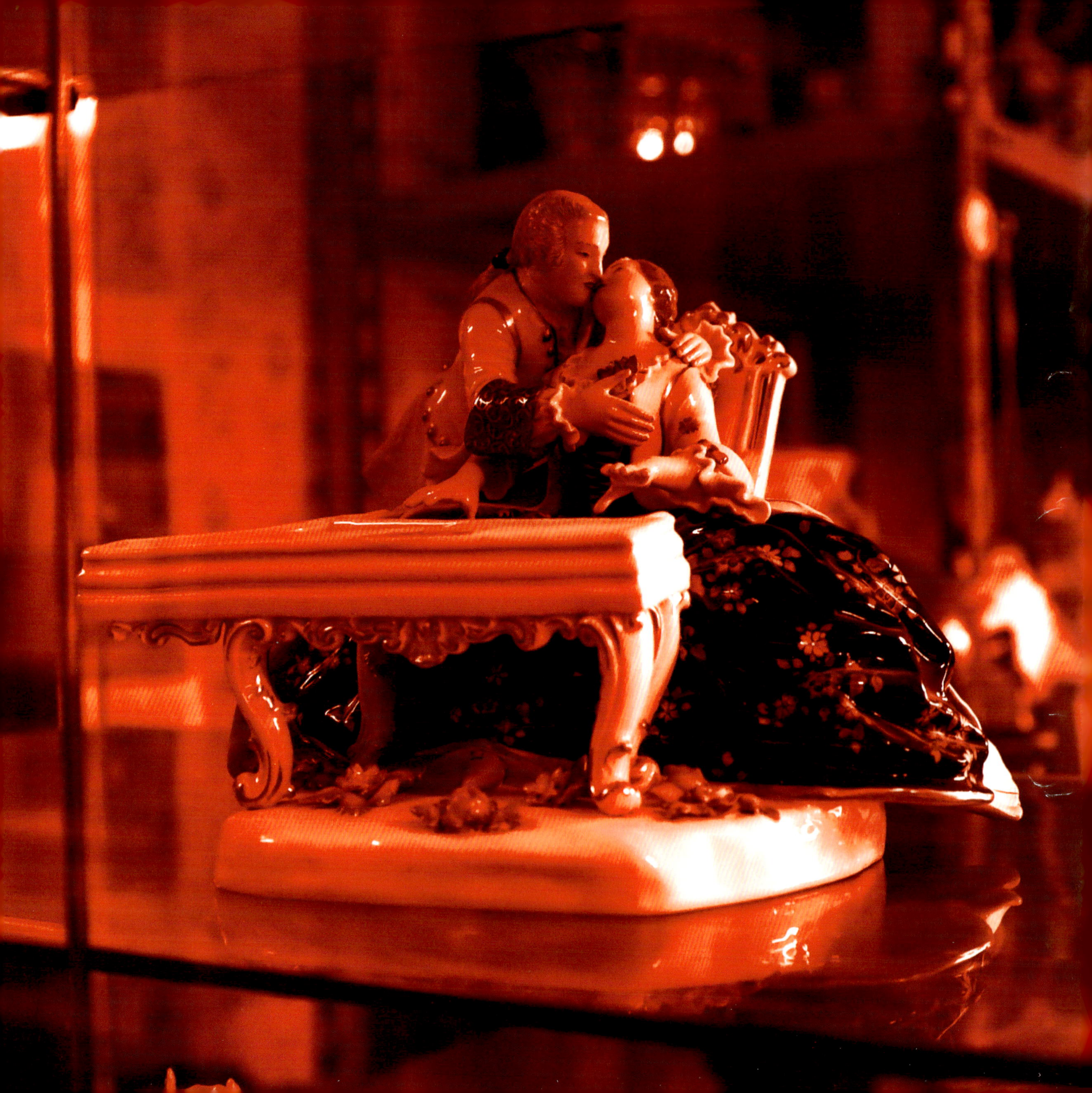

Tante Mohrle

HUBERT SPIEGEL

Tante Mohrle habe ich nie kennengelernt. Sie war schon tot, als ich erste Einblicke in die Familienverhältnisse meiner Frau erhielt. Wahrscheinlich lebte sie schon nicht mehr, als ich auf die Welt kam. Über Tante Mohrle wurde nur mit Zurückhaltung gesprochen, mit zarter Zuneigung und leisem Bedauern, in das sich beinahe unmerklich Spurenelemente von Befremden mischten. Um Tante Mohrle, zart und zu Depressionen neigend, wie ich sie mir vorstelle, war stets etwas Geheimnisvolles. Ich habe nie viel über sie herausbekommen, nur eines wußte ich genau: Sie hatte getöpfert. Jahrelang stand eine klobige Vase bei uns herum, außen dunkelblau, innen schwarz. Nicht sehr hübsch, nicht sehr elegant. Ich war nicht sonderlich erpicht darauf, noch mehr aus Tante Mohrles Produktion bei uns zu versammeln. Dann kamen die Terrier.

Zwei kleine Hündchen. Das Fell schwarzblau schimmernd glasiert, standen sie auf einem kleinen Sockel, Seite an Seite, leicht versetzt, die Flanken aneinander gepreßt, die Schnauzbärte erwartungsvoll in die Luft gereckt, die kleinen Körper voller Energie und Spannung. Sie waren nicht naturalistisch gearbeitet, aber jetzt stehen sie schon seit Jahren auf unserer Fensterbank, als könnten sie jederzeit losrennen, als wären sie auf dem Sprung. Manchmal, wenn ich an Tante Mohrle denke, frage ich mich, ob die kleinen schwarzen Totenhündchen auf unserer Fensterbank nicht nur Rast machen. Sie kommen aus einer anderen Welt, und sie sind auf dem Weg in eine andere Welt. Tante Mohrle, denke ich dann, wird schon auf sie warten.

Dann kamen die Hasen. Sie wurden groß angekündigt. Meine Schwiegermutter hatte beschlossen, sich von der Hasenfamilie zu trennen, die Tante Mohrle ihrer Familie nachgebildet hatte: das Elternpaar und drei Hasenkinder. Es waren Totenhasen, winzig klein und bedeutungsschwer. Aber die Hasen hatten uns noch gar nicht erreicht, da begann die Katastrophe sich abzuzeichnen.

Mein Schwiegervater hatte es übernommen, die Hasen zur Post zu bringen. Aus unerfindlichen Gründen steckte er das kleine Pappschächtelchen mit den filigranen Tierchen in einen ungefütterten Umschlag und schickte ihn als Warenmuster los. Während meine Frau, gegen die Tränen ankämpfend, vom furchtbaren Streit ihrer Eltern und dem womöglich noch furchtbareren Schicksal der armen Hasen erzählte, sah ich Tage des Zorns und der Trauer heraufziehen. Warenmuster darf man nicht verschließen, sonst wird das Porto teurer. Die Überlebenschance der Häschen schien mir äußerst gering. Während meine Frau in den folgenden Tagen jeden Morgen dem Briefträger entgegenzitterte, versuchte ich mir ein Bild von der Lage zu machen.

Was konnte meinen Schwiegervater nur geritten haben? Sehenden Auges hatte er die Hasen in den sicheren Tod geschickt. Und warum der plötzliche Entschluß seiner Frau, uns die über alles geliebten Hasen zu schenken? Warum ging ein so großzügiges Geschenk mit so überaus knickrigen Begleitumständen einher? Gab es da einen innerfamiliären Zusammenhang, der mir verschlossen geblieben war? Hatte mein Schwiegervater womöglich vehement gegen das Hasengeschenk optiert? Oder hatte er die Hasen seit jeher gehaßt, weil Tante Mohrle ihn nicht in Hasengestalt verewigt hatte? Er war ja nur eingeheiratet. Wie ich.

Geiz und Großzügigkeit. Darüber dachte ich nach. Und über meinen Schwiegervater. Und über mich. Man konnte Frauen gegenüber schon mal geizig sein. Das war mitunter sogar angebracht. Aber doch niemals gedankenlos und unbedacht geizig, bitte niemals nebenbei geizig, gewohnheitsmäßig geizig. Gezielt geizig, ja. Gedankenlos geizig, nein. Gezielt großzügig, ja. Gedankenlos großzügig? Ich zögerte. Mir konnte nicht verborgen bleiben, daß meine Überlegungen etwas Berechnendes hatten. Eher unbeteiligt beobachtete ich, wie der Plan entstand. An jenem Morgen, als der Briefträger den unverschlossenen, ungefütterten Briefumschlag mit den traurigen Überresten der Totemhasen endlich in unser Haus brachte, wir hatten kaum noch damit gerechnet, hatte ich mich dabei ertappt, wie ich zum erstenmal mit den Terriern sprach.

Es muß mehr als fünfzehn Jahre her sein, daß mich eine Freundin, eine reiche Erbin, fragte, ob ich ihr nicht helfen könne. Sie hatte eine kostbare Porzellanfigur zerdeppert, echtes Meißen, sehr alt, sehr wertvoll. Sie habe gehört, im Bahnhofsviertel gebe es einen Handwerker, der so etwas reparieren könne, einen Araber wohl oder einen Nordafrikaner aus dem Maghreb, jedenfalls einen Künstler. Vielleicht stimme das alles aber auch gar nicht. Ob ich ihn wohl kennte?

Meine Reaktion, fürchte ich, muß damals ein wenig barsch ausgefallen sein. Ein Porzellanklempner im Bahnhofsviertel? Und was, bitte schön, hätte ich denn mit kostbarem Meißner Porzellan zu tun? Kleinlaut gab sie zurück: „Ich dachte ja nur, wenn es ihn gibt, würdest du ihn kennen." Das freilich änderte alles, das war ein Satz nach meinem Geschmack: „Ich dachte, wenn es ihn gibt, würdest du ihn kennen."

Dieser Satz, vermutlich leichthin dahergesagt, knüpfte sofort ein Band zwischen mir und dem unbekannten Mann im Bahnhofsviertel. Es klang logisch: Wenn es ihn gab, müßte ich ihn kennen. Ein Sohn der Wüste, eine verwinkelte, für den Nichteingeweihten unmöglich aufzufindende Hinterhofwerkstatt. Ein arabischer Künstler, der im Bahnhofsviertel den unendlich kostbaren, leider vollständig zerdepperten und abgrundtief häßlichen Nippes der westlichen Welt auf magische Weise wieder zusammenlötete. Meine arme Freundin hatte recht: Wenn es ihn gibt, sollte ich ihn kennen. Aber ich kannte ihn nicht.

Ich weiß nicht mehr, was ich den Terriern an jenem Morgen ins Ohr flüsterte, jedenfalls nahm ich meiner Frau den ungefütterten Umschlag mit den schrecklich zugerichteten Hasen aus der Hand. Das Pappschächtelchen, in das meine großzügige Schwiegermutter die Hasen gebettet hatte, war recht sparsam ausgepolstert. Watte fehlte fast vollständig, das bißchen Seidenpapier wirkte jetzt wie ein Leichentuch. Auch ohne den unverständlichen Geiz meines Schwiegervaters hätten die Tierchen die Reise also unmöglich überlebt. Das änderte nichts am traurigen Befund. Aber es befeuerte den familiären Zwist aufs neue. Die alten Herrschaften zerfleischten sich, meine Frau litt, ich schwieg. Warum nur hatten die Schwiegereltern alles Menschenmögliche getan, um sicherzustellen, daß uns nichts außer einigen traurigen Scherben erreichen würde? Ich hielt das Pappschächtelchen so, daß die Terrier es von ihrer Fensterbank aus nicht sehen konnten, und ließ die Hasenteile in meine Handfläche gleiten. Welche Geschichte wollten mir diese Scherben erzählen? Meine Frau weinte, ich sprach einige kümmerliche Worte des Trostes, die ohne jede Wirkung blieben: „Ich weiß noch nichts Genaues." Dann verließ ich das Haus.

Es war gar nicht schwer, ihn zu finden. Mein Plan war wie von selbst entstanden: Ich wollte die Hasen bei dem geheimnisvollen Künstler reparieren lassen und damit meinem armen Schwiegervater aus der Klemme helfen, meine Schwiegermutter besänftigen und meine zermürbte Frau trösten. Und niemand konnte ahnen, nicht einmal meine drahtigen und scharfzahnigen Schwager konnten es, daß ich all das in Wirklichkeit nur tat, um endlich einem Mann zu begegnen, von dem es fünfzehn Jahre zuvor geheißen hatte: „Ich dachte ja nur, wenn es ihn gibt, würdest du ihn kennen." Niemand konnte mir auf die Schliche kommen. Tante Mohrle würde sich meiner schämen.

Wir redeten nicht viel. Ich zeigte ihm die Hasen. Er notierte meine Adresse. Wir sprachen weder über Geld noch über die Dauer der Reparatur. Es würde kosten, was es kosten würde, und dauern, solange es dauern würde. Beim Hinausgehen fiel mein Blick auf das handgemalte Werkstattschild. Es zeigte eine Teekanne, die mit den arabischen Schriftzeichen seines Namens verziert war: El-Idrissi.

Nach einigen Wochen holte ich die Hasen ab. Sie lauern jetzt auf unserer Kommode, nicht weit von der Fensterbank. Es sieht aus, als würden die Hasen, im frischgewonnenen Bewußtsein ihrer Unsterblichkeit, geradewegs auf die Terrier zulaufen. Lebenshasen, die im Rudel Totenhündchen jagen. Als Belohnung für meine Verdienste habe ich eine weitere Arbeit aus dem Nachlaß Tante Mohrles erhalten: Es ist ein Don Quijote auf seiner Rosinante. Er steht auf dem Klavier. Als ginge ihn all das nichts an.

Ein Jahr später schenkte ich meiner Frau ein kleines Teekännchen, eine Arbeit der Keramikerin Hedwig Bollhagen, frühe dreißiger Jahre. Gar nicht teuer, aber sehr selten. Als meine Frau das Geschenk freudestrahlend auspackte, glitt der Deckel aus dem Papier und ihr aus der Hand. Grün auf Schwarz, ein feinziseliertes Muster aus Strichen, Punkten und Sternen. Das Deckelchen hatte den Fußboden noch nicht erreicht, da dachte ich: Das hat sie mit ihren Eltern so ausgeheckt. Die Wut schlug wilde Haken in mir, dann verharrte sie, reglos und sprungbereit. Wortlos suchte ich die Scherben zusammen und barg sie in meinem Taschentuch. Dann verließ ich das Haus.

Im Nebenzimmer auf der Staffelei, unter einem Tuch verhüllt, steht eine Leinwand. Das halbfertige Bild zeigt eine Stadt in der Wüste. Er ist Kunstmaler und Bildhauer. Er modelliert gern. Die Feinarbeiten macht er mit einem Diamantbohrer. Wie ein Zahnarzt, sagt er lächelnd. Vor ihm steht eine Figur, Alt-Wien, 19. Jahrhundert. Ein Schäferpaar in bukolischer Landschaft. Der schönen Schäferin fehlten vier zierliche Finger der linken Hand. Der Schafsbock hatte ein Ohr und ein Horn eingebüßt. Er hat alles neu modelliert, die kleinen Fingernägel sehen aus, als wären sie frisch manikürt. Nur die Farbe fehlt noch. Das Schwerste, sagt er, sind die Farben.

Er hat chinesische Vasen restauriert, die zweitausendfünfhundert Jahre alt waren. Er weist keinen Kunden ab. Kein Gegenstand ist seiner Kunst zu gering. Regelmäßig repariert er Aschenbecher, die eine reiche Witwe auf ihren Reisen um die Welt in Hotelbars stiehlt und zu Hause manchmal versehentlich zerdeppert. Die Reparatur kostet mehr als hundertmal so viel, wie der Aschenbecher gekostet hätte. Aber die Dame hat ihn ja nicht gekauft. Sie hat ihn gestohlen. Das macht ihn so wertvoll.

Das meiste von dem, was ihm gebracht wird, findet er abscheulich. Aber seine Kunden weinen, wenn sie seine Werkstatt betreten, und sie lachen, wenn sie sie wieder verlassen. Das ist ein Handwerk, das keinen Namen hat. Er ist ein Schauspieler, der die Illusion verkörpert, alles ließe sich reparieren. In seiner Werkstatt verkehrt sich die Welt. Hier ist alles ewig, nur die Zerstörung ist vergänglich. Er hebt sie auf und macht sie ungeschehen. Seine Arbeit hinterläßt keine Spuren, er betreibt eine Kunst, die ihre Perfektion darin findet, sich zum Verschwinden zu bringen. Seine Meisterwerke sind unsichtbar.

Wir lachen laut über den scheußlichen Schamott, der in den Regalen wartet, und schweigend gedenken wir der Sterblichkeit seiner Besitzer. Zum Abschied reicht er mir die Hand: „Jede Scherbe erzählt eine Geschichte." Meine habe ich ihm nicht erzählt. Er kannte sie ja längst.

TANTE MOHRLE : 159

Kaiser Sixty-six

MATTHIAS BISCHOFF

„Nein, ich geh' da nicht rein, echt nicht!" – „Mein Gott, Matthew, stell dich nicht so an, was ist denn schon dabei?" – „Mann, ich bin seit Weihnachten mit Kerstin zusammen, was soll ich denn hier?" – „Jetzt sind wir aber schon mal hier, und außerdem muß Kerstin ja nichts davon erfahren. Aber du kannst dir ja gern hier den Arsch abfrieren, ich geh' da jetzt rein." – „Warte doch, Tommy …"

Ich weiß nicht mehr, was mich und meinen Freund Thomas an diesem klirrend kalten Februartag des Jahres 1978 nach Frankfurt getrieben hatte, ich weiß nur noch, daß wir nun, am späten Nachmittag, in der verfluchten und verruchten Kaiserstraße kurz vor dem rettenden Hauptbahnhof dem Sündenbabel in die Venusfalle gegangen waren. Hier, wo einem zwielichtig aussehende Menschen mit Migrationshintergrund (ohne irgendwelche Skrupel nannten wir diese Leute „Neger") in Alufolie eingewickeltes Gras anboten, wo schmierige Türsteher ihr „Nu' ma' reinschau'n!" über den wummernden Diskosound riefen, wo Mädchen unseres Alters mit kurzen Röcken übern Bürgersteig flanierten und sich zu fetten Bankern in den Benz setzten, wo alles roch und stank und laut und bunt und grell war – hier bewahrheiteten sich alle Vorurteile über das gräßliche Frankfurt auf einmal. Frankfurt war von unserer rheinhessischen Provinz aus gefährlich, groß, krank, gewalttätig, kaputt und häßlich. Da wucherten die Banken und tummelten sich die Immobilienhaie, da gab es an jeder Ecke Drogen und Prostituierte, da fanden jeden Tag Demos statt, die stets mit Straßenschlachten endeten. Bei uns wurde das so zusammengefaßt: „In Frankfurt is' jeden Taach Rosemontaach!" Frankfurt war alles, wovor unsere Eltern uns täglich warnten. Noch schlimmer war nur Berlin.

Tommy und ich gingen die Treppen zu Dr. Müllers Peep-Show hoch und standen kurz danach vor einer Reihe von teils offenen, teils verschlossenen Türen. Über den verschlossenen Türen brannten rote Lampen, damit man nicht unnötig an ihnen rüttelte und die Insassen störte. „Einwurf nur eine Mark" stand überall, und Tommy sagte: „Ich hol' mal Kleingeld, gib mir mal 'nen Fünfer."

Wortlos drückte ich ihm ein Fünfmarkstück in die Hand, und er ging zu einer Art Theke, hinter der ein Mann saß und zwischen dem Geldwechseln wichtige Informationen in ein Mikrophon sprach: „Heute bei uns auf der Showbühne mit der Nummer drei unser Topmodel Graziella, jetzt Graziella auf unserer Showbühne!"

Tommy gab mir das Wechselgeld, und ich sah, daß es zwei Zweier und bloß ein Einer waren.

„Mann, ich denke, das kostet nur eine Mark!"

„Kannst ja zu ihm hingehen und dich beschweren, bei zwei Mark Einwurf bleibt die Sichtblende in der Kabine natürlich länger offen."

Movie
center

66

Löschwassereinspeisung
im Treppenhaus

„Sichtblende", „Kabine", „Einwurf" – ich wurde den Verdacht nicht los, daß der Besuch hier für Tommy keine Premiere war.

„Also dann, gute Verrichtung", sagte er und verschwand hinter der Tür direkt vor uns.

Vor meinem inneren Auge erschien Kerstin, ich sah, wie sie mich aus ihren blauen Augen ansah, ich sah, wie sich ihre eher knabenhaften Brüste unter ihrem weißen T-Shirt abzeichneten, ich dachte an die Nachmittage bei ihr zu Hause, während ihr kleiner Bruder beim Fußballtraining war. Andererseits – Graziella, was sollte das schon schaden, da mal reinzuschauen, ganz anonym und nur ganz kurz?

Ohne länger nachzudenken enterte ich die Kabine, machte die Tür hinter mir zu, schob den Riegel vor und warf schnell, ehe weitere Visionen mich von meinem Tun abhalten konnten, mein Markstück in den Geldschlitz. Mit einem Ruckeln ging ein Rollo nach oben und gab den Blick auf eine mit rotem Kordsamt bezogene Drehscheibe frei. Dort kniete auf allen vieren eine vielleicht knapp 30jährige Blondine mit rosigem Teint. Sie hatte einen String an und klatschte sich auf die Pobacken. Eine rassige Südländerin war sie gewiß nicht, wahrscheinlich kam sie aus der Wetterau und hörte in Butzbach auf den Namen Christine. Aber nun kam sie direkt auf mich zu, denn die Scheibe hatte sich bis zu meinem Fensterchen weitergedreht, und als sie sah, daß es offen war, zwinkerte sie mir zu, leckte sich lüstern über die Lippen und machte mit dem Zeigefinger Lockbewegungen. Dann streifte sie sich das schwarze Oberteil vom Körper. Ich machte unwillkürlich einen Schritt nach hinten und hoffte, daß sie meine hervortretenden Augen nicht sehen konnte.

In diesem Moment geschahen drei Dinge gleichzeitig. Erstens begann es zu piepen, und ich sah, wie neben dem Geldschlitz in einem digitalen Feld eine rote 10 aufleuchtete, dann eine 9, eine 8 … Zweitens fiel mir aus meiner nassen Hand das bereitgehaltene Zweimarkstück auf den Boden, und drittens befreite mich ein Blick auf das Fensterchen direkt gegenüber, wo sich ein mir nur allzu bekanntes Gesicht gegen die Scheibe preßte, von der Illusion, hier könne man etwas sehen, ohne dabei gesehen zu werden. Dann wurde es wohltuend dunkel.

Wir sprachen nicht viel auf der Heimfahrt in Bahn und Bus. Tommy versuchte ab und zu durch den Ausruf „Was für Dinger!" den abgerissenen Gesprächsfaden wieder aufzunehmen, aber mir fiel nicht mehr als ein „Hm" dazu ein, und ich will nicht ausschließen, daß das der Anfang vom Ende unserer Freundschaft war, denn etwas in mir war ganz froh, als uns ein paar Monate später das System der Oberstufe in nahezu allen Kursen voneinander separierte.

Als wir uns an der Endhaltestelle der Straßenbahnlinie 11 mit Schulterklopfen voneinander verabschiedet hatten, begann er im Weggehen laut zu grölen: „Come and get your kicks – on route sixty-six!"

*

Nein, da geh' ich nicht rein, ich will das nicht, nie wieder.

Ich hatte meinen Polo vor einem griechischen Imbiß geparkt. „Gyrosteller nur 5 Mark" stand in riesigen weißblauen Lettern über dem Eingang. Na, immerhin würde man hier günstig zu Mittag essen können, dachte ich noch, als ich auch schon von einer nicht mehr ganz frischen Blondine vom Typ „Wir-essen-heut'-bei-Mutti" angesprochen wurde.

„Na, junger Mann …"

„Nein danke", sagte ich höflich und eilte über die Straße.

„Hallooo!" hörte ich dann hinter mir. Keine Frau, nein, das war eindeutig eine Männerstimme.

„Haaalloo!"

Galt das mir? Was wollte der?

„Hallooo, hallooo!" Da war er. Aber er sah gar nicht in meine Richtung. Er ging ungeraden Schrittes Richtung Bahnhof, blieb in unregelmäßigen Abständen stehen und rief ziellos „Hallooo!" über die Straßen, daß es widerhallte. Keiner schien sich an ihm zu stören, offenbar gehörte er wie manche Kuriosität hier zum Inventar.

Ich holte noch einmal tief Luft, dann stand ich vor dem Seiteneingang der Kaiserstraße 66 und erkannte erst in diesem Moment das Haus wieder. Fünfzehn Jahre hatte sich die gnadenlose Nemesis Zeit gelassen, um mir diesen Schlag zu versetzen. Ahnungslos hatte ich die Adresse in der Annonce des Eichborn Verlags gelesen, hatte Bewerbungsunterlagen zugeschickt und war nun, an einem schönen, klaren Februarmorgen, zu einem Vorstellungsgespräch eingeladen. Zugegeben, ein bißchen gewundert hatte ich mich schon über den Verlagsstandort. Aber war man nicht dabei, das Bahnhofsviertel aufzumöbeln, Drogen und käuflichen Sex zurückzudrängen, schicke Geschäfte anzusiedeln, Fassaden zu modernisieren und und und? Sogar davon, im Kaisersack einen Wochenmarkt einzurichten, war die Rede. Und außerdem, sagte ich mir, sind die Mietpreise hier bestimmt sehr niedrig, um so besser kann das Unternehmen für seine Angestellten sorgen.

„EinszweidreiwoisdeBall?" hörte ich einen südosteuropäischen Mann (traute ich mich da noch, „Zigeuner" zu sagen?) neben mir nuscheln, achtete aber nicht weiter auf ihn und seinen kleinen Teppich und machte schnell die Tür hinter mir zu. Immerhin schien das Haus insgesamt recht seriöse Mieter zu haben. Zwar gab es immer noch den Sexshop von Dr. Müller im Erdgeschoß, aber die Peepshow war längst als extrem frauenverachtend verboten worden und hatte garantiert frauenfreundlichen Videokabinen Platz gemacht; in den Stockwerken über dem Eichborn Verlag sorgten ein Notar und ein Anwalt für meine Beruhigung. Das Gebäude wirkte modern, es war wohl kürzlich renoviert worden. Dann allerdings der Schock, als ich den „Verlag" betrat. Die Gänsefüßchen müssen sein, denn was mich empfing, war ein Trödelladen, ein Antiquitätensammelsurium, wie ich es bisher noch nicht gesehen hatte. Schreibtische aus allen Jahrzehnten des frühen 20. Jahrhunderts, kombiniert mit wuchtigen Erzeugnissen aus den ersten Schaffensjahren Ingvar Kamprads, dazu

Tütenstehlampen, Kronleuchter aus Alteisen und Mahagoni, da und dort ein verschlissener Sessel – ich faßte es nicht. Und die Luft über dem fleckigen Teppichboden war zum Schneiden dick, überall qualmte es, auf allen Schreibtischen quollen die Aschenbecher über, während ich von einer rothaarigen Raucherin mit dem seltsamen Namen Peking ins Allerheiligste, ins Epizentrum der Rauchentwicklung geführt wurde. Es war erst zehn Uhr am Vormittag, und doch konnte man durch den Rauch kaum das Fenster erkennen.

Im matten Schein einer Kerze saßen ein blonder Mann mit Schnauzbart und eine mit einem schweren Wollrolli bekleidete Frau an einem runden Tisch. Zwei Tassen Kaffee dampften neben dem gut gefüllten Aschenbecher, und die Frau mit dem lockigen Haar leckte gerade mit einer bräunlichen Zunge über das Zigarettenpapierchen.

„Sei gegrüßt!" sagte der Mann, bei dem es sich natürlich um den berühmten Verleger handelte. Ich schüttelte seine große Hand, folgte seiner einladenden Handbewegung und setzte mich auf einen der knarrenden Korbstühle.

„Hallo", sagte die Frau, die Vito mir als Inga oder Inka vorstellte. Dann drehte sie geistesabwesend weiter an ihrer Javaanse Jongens.

„Und? Warum willste hier arbeiten?" fragte Vito, aber ehe ich irgend etwas antworten konnte, kam ein weiterer Mann hinzu, der meine ganze Aufmerksamkeit verlangte, hatte er doch Augen, die in weite Ferne zu blicken schienen, das eine in weite rechte Ferne, das andere in weite linke Ferne. Er trug abgeschabte Kordhosen, ein grünkariertes Holzfällerhemd und ein gelbes T-Shirt darunter. Ob ich ihm auf der Straße eine Mark hingeworfen hätte, will ich nicht behaupten, aber ich mochte ihn sofort, schon weil sein Hinzutreten mir die Antwort auf Vitos treffliche Assessment-Frage erspart hatte.

„Uwe Gruhle", sagte er und schüttelte meine Hand.

Wir plauderten eine Weile über dies und das, man erklärte mir die Geschichte und die Besitzverhältnisse des Unternehmens (es gab einen Fuldaer Druckereibesitzer mit dem rätselhaften Namen Dr. K., dem der Laden zur Hälfte gehörte), und ich hatte nach einer guten Stunde bereits das wohlige Gefühl, hierher zu gehören.

Inka oder Ilka hatte die ganze Zeit nichts gesagt, sich viermal aus ihrem Javaanse-Beutel Tabak genommen, viermal in aller Seelenruhe gedreht und geraucht. Nun aber zog sie mich mit einem Ruck auf den Boden der Tatsachen herunter. „Jetzt mal Butter bei die Fische. Hast du schon mal lektoriert? Nein? Dacht' ich mir. Hier habe ich für dich einen Probetext mitgebracht, unser *Haustierkochbuch*, soll im Herbst erscheinen, ist noch einiges dran zu machen. Du, auch die andern vier Bewerber, machst uns davon ein Lektorat nach deinen Vorstellungen, bis nächsten Montag, dann entscheiden wir. Tschüs, ich hab' noch zu tun." Und sie rauschte ab.

Wie? Weitere vier Bewerber? Dabei hatten wir uns doch schon alle so fröhlich geduzt, das konnte doch nicht sein. Aber bitte, wenn das hier Sitte war …

Irgendwie peinlich berührt verabschiedeten wir uns voneinander, und ich ging geschlagen die Treppe runter. Aus den Räumlichkeiten von Dr. Müller wehte sanft der Duft von Desinfektionsmitteln herauf und legte mir nahe, in diesem Haus auf gar keinen Fall einen Job anzunehmen.

Ich hatte zweiundzwanzig Semester Philosophie studiert, die noblen Innereien von Suhrkamp und Fischer kennengelernt, hatte auf den Buchmessefesten vor und hinter den Medienpromis am Buffet gestanden, ich hatte während meiner Hospitanz im Feuilleton der *FAZ* die rhetorischen Stahlmantelgeschosse Schirrmachers überlebt, um jetzt hier in Vitos Lampenladen Unsägliches wie das *Haustierkochbuch* zu lektorieren? Nein, nein und nochmals nein. Das durfte mein Weg nicht sein, der führte nicht in solche Niederungen, der führte ganz nach oben, dorthin, wo man sich noch nach Jahren im Ehebett siezt und wo man nicht wie ein kleines Arschloch bezahlt wurde. Ich wußte nun, was ich nicht wollte, und während ich zu Hause, um das Gesicht zu wahren, das Haustiergeschreibsel hie und da mit Verbesserungsvorschlägen versah, tat ich das in der heilfrohen Gewißheit, für diese Lektoratsleistung die Stelle garantiert nicht zu kriegen.

Natürlich kam es anders. Bis heute weiß ich nicht, ob die anderen Bewerber sich aus allzu nachvollziehbaren Gründen gedrückt oder versehentlich aus dem *Haustierkochbuch* die zwei einzigen Pointen rausgestrichen hatten, jedenfalls bezog ich schon zwei Wochen später ein kleines, mit einem vergitterten Fenster versehenes Büro zum Innenhof. Täglich durfte ich jetzt also die Stufen zur Stätte meiner Schmach aufs neue erklimmen. Ich tröstete mich damit, daß der Verlag so schnell wuchs, daß bald schon in dem ekligen Betonkasten in der Kaiserstraße 66 kein Platz mehr sein würde. Und ich mit meinen Bestsellern würde daran einen erheblichen Anteil haben.

Weit gefehlt! Die Jahre kamen und gingen, Eichborn schrieb fröhlich rote Zahlen, Vito mußte gehen, Uwe Gruhle machte sich unsterblich, die Börse nahm uns auf, der pfiffige Dr. K. jonglierte mit Millionen (und alle fielen ihm runter), es kamen der Sommer und der Winter, wir zogen hoch, wir zogen runter – und blieben und blieben doch immer am selben verruchten Fleck.

Ich ließ mich in den Betriebsrat wählen, um durch Druck der Basis einen Umzug zu erwirken (allein, die Basis mochte die „verkehrsgünstige" Lage), ich mogelte mich in Führungsämter, ich erklomm sogar den Aufsichtsratsgipfel – es half alles nichts, an sämtlichen Gremien prallte mein Wunsch nach einem neuen Domizil ab. Und als dann zu allem Überfluß zuerst die Schöfflings, später dann noch Rainer Weiss ihre Verlage im Viertel ansiedelten, war meiner Argumentation endgültig die Grundlage entzogen.

Mehr als einmal bekam ich zu hören: „Banken und Bordelle, Türken und Touristen, Fixer und Fidschis, Luden und Lektoren – das ist die einzigartige Mischung, genau da gehören Verlage hin, mitten ins Leben."

Also gut, ich gebe mich geschlagen.

Wo Haare sind, ist Freude

STEFAN GEYER

Ob die Niddastraße sicher sei, erkundigt sich ein besorgter Mann in einem Internetforum. Er habe für sich und seine Freundin ein Hotelzimmer in dieser Straße gebucht und beim Blick auf den Stadtplan gemerkt, daß sie mitten im Bahnhofsviertel liege. Die Antworten dürften den Mann beruhigen. Das Rotlichtviertel sei rund um die Kaiserstraße, und die sei ein Stück weit entfernt, außerdem gebe es nirgendwo mehr Polizei als im Bahnhofsviertel, in Zivil und in Uniform. Nicht zuletzt das Milieu selbst sorge für Ruhe, Zoff sei geschäftsschädigend, daran habe niemand Interesse.

Das ist schon fast die einzige Spur, die die Niddastraße im Internet hinterlassen hat. Kaum jemand würde sie vermissen, wäre sie plötzlich vom Stadtplan verschwunden. Der eilige Passant kreuzt sie auf dem Weg zum Bahnhof, ohne den Blick nach links oder rechts zu wenden, geschweige denn in der Niddastraße zu verweilen und vielleicht einen Kaffee zu trinken. Der Blick wird vom mächtigen Bahnhof angezogen oder von den Bankentürmen jenseits der Mainzer Landstraße. In der Niddastraße wohnt niemand.

Nein, selbstverständlich finden sich im Netz weitere Hinweise auf die Niddastraße, Hinweise auf Hotels beispielsweise, auf die Deutschlandzentrale des Jeansschneiders Levi's, auf den Druckraum der Drogenhilfe und auf eine auffallend große Zahl von Pelzgeschäften, viele unter der Leitung von Griechen. In der Niddastraße wird gearbeitet, und die Luxuskarossen am Straßenrand deuten darauf hin, daß sich hier Geld machen läßt. Den Eingang zum Europahaus ziert eine beeindruckende Zahl von Messingschildern mit Firmennamen, die meisten aus der Pelzverarbeitung. Aber auch die Stiftungen der Grünen und der Linkspartei, die Heinrich-Böll-Stiftung und die Rosa-Luxemburg-Stiftung, sind hier untergekommen.

In direkter Nachbarschaft zum Europahaus findet sich das Haus Leipzig, und dann endet die Niddastraße vorerst, durchtrennt von einem kolossalen Betonriegel. Ein ungastlicher Durchgang öffnet den Weg zur Düsseldorfer Straße, einer der breiten Schneisen, die nach dem Krieg durch die Stadt geschlagen wurden. In dem schmalen Durchgang tauchen sie dann auf, die Männer mit den dicken Geldbündeln in der Hosentasche. Und da verschwinden sie, nachdem sie ihre Kundschaft mit Stoff versorgt haben, so schnell, wie sie gekommen sind.

Das Haus Leipzig befindet sich also am Hintern der Niddastraße, und das wäre auch zu riechen, käme nicht jeden Morgen gegen fünf der Duftwagen der Stadtreinigung. Er säubert das tote Eck von den unappetitlichen Hinterlassenschaften der Junkies. Dem Sprühwasser sind Duftstoffe beigemengt, die den Fäkalgestank vertreiben sollen. Nicht beseitigen können die Wagen allerdings die Unmengen von Urin, die den Boden kontaminieren und die Immobilienpreise in den

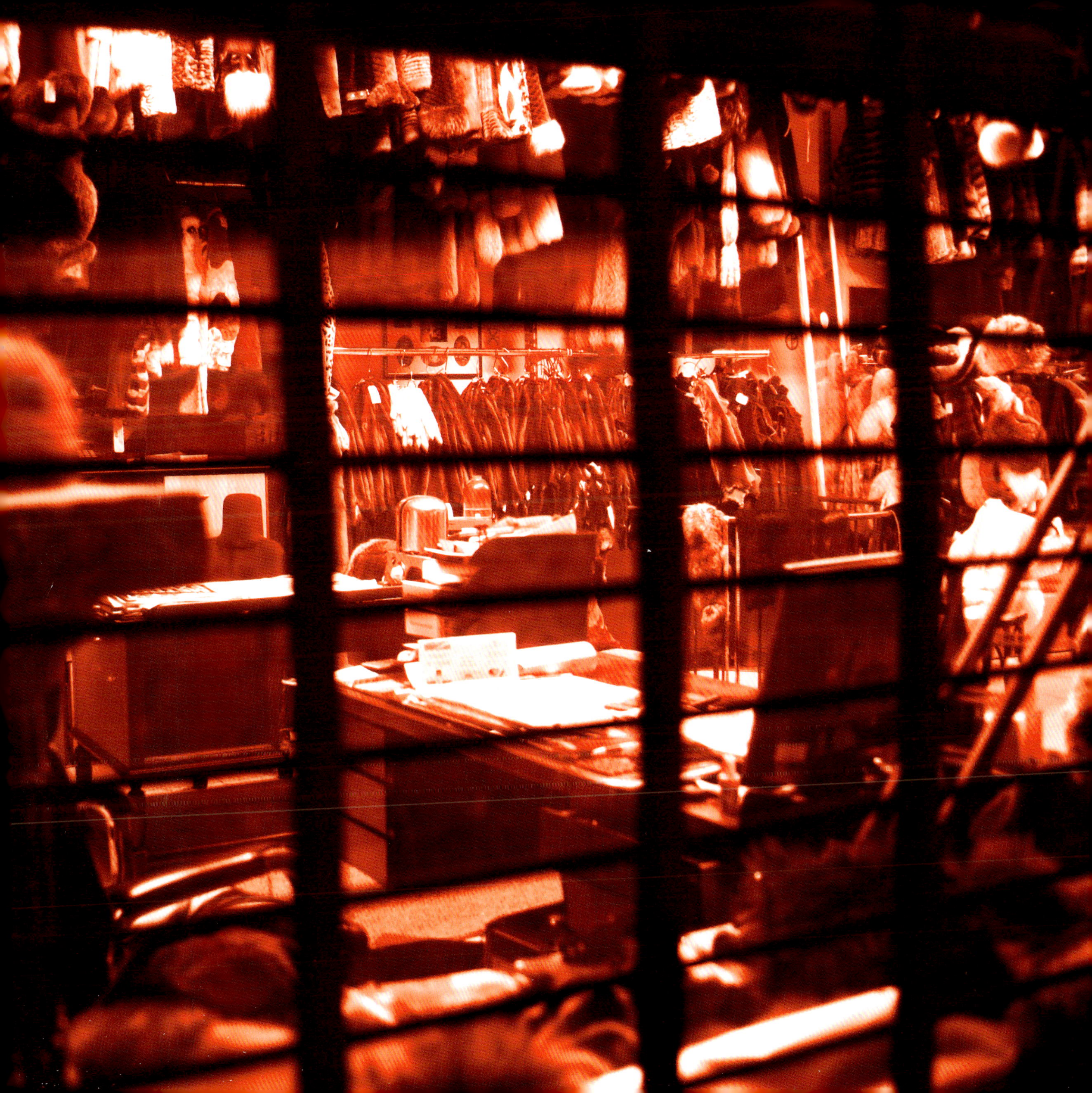

Keller fallen lassen. Manch einer argwöhnt über mafiose Strukturen und einen gezielten Zusammenhang zwischen Drogenkonsum und niedrigen Immobilienpreisen.

Auf diesen zirka zweihundert Metern der Niddastraße zwischen Karlstraße und Düsseldorfer Straße hat sich im Haus Leipzig und im Europahaus versammelt, was noch übrig ist von einer Branche, die in den siebziger Jahren zwanzigtausend Menschen Lohn und Brot sicherte und der Stadt erkleckliche Steuereinnahmen bescherte. Von den ehemals etwa siebenhundert Pelzbetrieben, die sich ab 1945 in der Niddastraße und den umliegenden Straßen angesiedelt hatten, sind gerade mal ungefähr vierzig übriggeblieben.

Dieser unauffällige, auf den ersten Blick unbelebte Straßenabschnitt ist eine unwürdige Umgebung für eine gebeutelte Luxusbranche. Mit Wehmut denkt manch einer der Pelzleute an die glorreiche Wirtschaftswundervergangenheit, als die Umsätze scheinbar selbstverständlich wuchsen und noch keine Tierschützer am Image der Branche nagten. Es waren Zeiten des Wohlstands und des Wachstums, und Frankfurt war das Zentrum des internationalen Rauchwarengeschäfts.

„In der Bundesrepublik kämpfen rund 5.000 Pelzfachgeschäfte um einen Anteil an dem wachsenden Wohlstandsgeschäft. Fast jedes Großversand- und jedes Warenhaus hat seine Pelzabteilung", schrieb der *Spiegel* vom 4. November 1964 in einem Artikel über den Frankfurter Pelzhändler Egon Gerson. Die Zeiten, in denen die Branche mit einem Schnellboot unterwegs war, sind passé. Heute wird gerudert.

Ende der siebziger Jahre startete die Schweizer Natur- und Tierschutzorganisation Fondation Franz Weber ihre Antipelzkampagne und beschädigte das Image des Rauchwarenhandels spürbar. Und als dann ab 1985 mehrere ungewöhnlich milde Winter aufeinander folgten, war das große Firmensterben in der Branche nicht mehr aufzuhalten. Seit dieser Zeit haben der Begriff „Pelz" und der etwas holprige Slogan „Wo Haare sind, ist Freude" einen schlechten Beigeschmack. Die Freude war dahin, und man bediente sich eines bewährten Marketingtricks: Die Begriffe wurden ausgetauscht. Heute redet der Kürschner oder Großhändler in der Niddastraße nicht mehr von „Pelz", sondern von „Fell" – Fellmantel statt Pelzmantel.

Lange vorbei sind auch die Zeiten, als ein Pelzmantel eine Wertanlage darstellte, die vererbt wurde, oft über Generationen. Die Branche ist schnellebiger geworden, und es hat sich die Erkenntnis durchgesetzt, daß die Kundschaft heute nicht mehr den Pelz ersteht, sondern Mode. Viele Pelzhändler in der Niddastraße verkaufen daher keine Pelze, sondern Gefühle, Lebensgefühle, etwas Flüchtiges also.

Das Material für diese Gefühle kaufen die Kürschner auf Auktionen in Kopenhagen, Helsinki, Toronto oder St. Petersburg ein. Wenn manch ein Kürschnermeister heute hin und wieder unter Rohstoffmangel leidet, liegt das nicht an der wieder steigenden Nachfrage in Deutschland. Webers Kampagne und die der umstrittenen Tierrechtsorganisation PETA („Lieber nackt als im Pelz") reichten nicht bis nach Rußland oder China. Ungefähr achtzig Prozent aller Pelzlieferungen gehen heute nach China. Den Damen aus der aufstrebenden Mittel- und der Oberschicht genügt es nicht, in europäischen Luxuskarossen zum Shoppen zu kutschieren; der passende Pelzmantel gehört zur standesgemäßen Garderobe. Diese enorme Nachfrage ließ die Preise für Felle allein in diesem Jahr um etwa dreißig Prozent steigen. Noch nie war der tierische Rohstoff teurer.

Das große Firmensterben in den achtziger Jahren war nicht das erste in der wechselvollen Geschichte des deutschen Pelzgewerbes. Bereits 1933 mußte es einen gewaltigen Aderlaß verkraften, freilich aus anderen Gründen. Bis zur Machtübernahme der Nazis war in Leipzig das Zentrum des internationalen Pelzhandels, vor allem in der Straße Brühl im Nikolaiviertel. Ein Großteil der Pelzhändler und Kürschner waren Juden. Vielen von ihnen gelang die Flucht in andere Zentren des Pelzhandels, etwa nach New York oder London. Das war der Anfang vom Ende der Pelzmetropole Leipzig.

Nach dem Krieg versuchte die DDR an die alte Tradition anzuknüpfen, doch spätestens nach dem Mauerbau war der Versuch gescheitert. Die verbliebenen Vertreter des einst so bedeutenden Pelzgewerbes verließen auf teils abenteuerlichen Wegen die DDR und landeten in der Niddastraße, in der Stadt, die die Nachfolge Leipzigs angetreten hatte. Das Haus Leipzig verweist auf diese Tradition. Noch heute reden sie hier gerne vom „Brühl", wenn sie die Niddastraße meinen. Brühl ist der Mythos, das Synonym für die goldenen Zeiten.

Der Ruf des neuen Brühl wurde auch in Kastoria, dem griechischen Leipzig, gehört. Viele griechische Pelzhändler folgten ihm. Seit dem 14. Jahrhundert verdankte die nordgriechische Stadt ihre wirtschaftliche Bedeutung vor allem dem Pelzhandel und dem Kürschnerhandwerk. Noch heute hat Kastoria eine große Bedeutung im Pelzhandel, und die Griechen aus der Niddastraße pflegen enge Kontakte zur Heimat.

Es ist davon auszugehen, daß die Schaufenster im Leipziger Brühl mehr Glanz ausstrahlten als die stumpfen Fenster mancher Pelzgeschäfte in der Niddastraße. Von Luxus ist dort nichts zu ahnen. Eher wirken die schmuddeligen Läden wie Sinnbilder einer untergehenden Branche.

Der Niedergang des Gewerbes spiegelt sich auch im Ende der einst weltgrößten Pelzmesse Fur & Fashion wider. 2008 fand sie zum letztenmal statt. Es kamen immer weniger Aussteller und Besucher. Die Proteste von PETA taten ein übriges. Heute trifft sich die Branche auf der internationalen Pelz- und Ledermesse MIFUR in Mailand.

Es ist einsam geworden um die Pelzhändler und Kürschner in der Niddastraße. Laufkundschaft gibt es nicht mehr. Die Kunden kommen mittlerweile aus den USA und Rußland, und diese Klientel findet den Weg per Taxi, oder der Chauffeur kennt ihn. Kyrillische Schriftzeichen an manchen Schaufenstern weisen auf die neue Kundschaft hin.

Diskretion gehört mittlerweile zum haarigen Geschäft. Da mutet es nur folgerichtig an, daß sich der einst das Bahnhofsviertel dominierende Pelzhandel zwischen Junkietreffs und Hotels, Parteistiftungen und Rotlichtbars im Niemandsland einer fast unsichtbaren Straße zu verstecken scheint. Die Website des Deutschen Pelzverbandes e. V., der ebenfalls in der Niddastraße beheimatet ist, verschweigt sämtliche Namen. Kein Vorstand, kein Schatzmeister, niemand wird genannt. Die Anonymität ist Beschimpfungen und Bedrohungen geschuldet, denen einige Vertreterinnen und Vertreter der Pelzwirtschaft durchaus ausgesetzt waren.

Unterdessen macht sich in der Branche wieder vorsichtiger Optimismus breit. Die Trendwende sei spürbar. Alle bedeutenden Designer an den Laufstegen der Modemetropolen hätten wieder mit Fellen gearbeitet.

Drei erfolgreiche Jahrzehnte erlebte die Pelzbranche im Bahnhofsviertel, bis in den achtziger Jahren der Schweizer Franz Weber und die Junkies kamen. Dreißig Jahre hatten die Händler Zeit, sich an das Drogenelend zu gewöhnen, es ist ihnen nicht gelungen. In den Druckräumen, einige von ihnen befinden sich in den Räumlichkeiten ehemaliger Pelzhändler, sehen sie nichts anderes als einen „Ballermann für Drogensüchtige". Sie haben sich nicht damit abgefunden, daß sich die Drogenszene ausgerechnet in einem ehemals gutsituierten Wohn- und Geschäftsviertel breitmachen konnte.

Ebenfalls nicht gewöhnt haben sie sich an die Männer und Frauen, die das tote Eck der Niddastraße als Toilette benutzen, während Uniformierte des Ordnungsamtes wegsehen oder Strafzettel hinter Scheibenwischer klemmen. Und so klingt es fast trotzig, wenn ein Kürschnermeister sagt: „Diese Straße ist unser Leben!" – und: „Wir fühlen uns hier sicher!"

Das wird unseren besorgten Hotelgast beruhigen.

WO HAARE SIND, IST FREUDE : 171

Blaue Stunde

MATTHIAS ALTENBURG

Nachmittags im *Weser-Stübchen*. Noch ist alles still. Im Nebel der ersten Biere dösen die wenigen Gäste dem Abendrausch entgegen. Keiner sagt etwas, die Musikbox schweigt, und in den Aschenbechern verglimmen die Zigaretten. Vor der Toilettentür schläft ein großer Hund. Als ein Zittern seinen Körper durchläuft und die Krallen übers Linoleum kratzen, hebt Herbert den Kopf.

Gerda: „Häbbärt, laß gut sein, des sin' bloß die Nerve' von dem Tier."

Gerda ist so auf der Grenze. Ein bißchen geht sie noch anschaffen, ein bißchen schon kellnern. Heute steht sie hinterm Tresen, weil Susi, deren Tochter morgen heiratet, sich eine frische Dauerwelle machen läßt.

Herbert legt sein Handy auf den Tresen.

Gerda: „Was is' 'n das?"

Herbert: „Wie, was das is'? 'n Delephon is' das!"

Gerda: „Un', haste sonst noch was zu Weihnachte' gekrischt?"

Herbert: „Sehr witzisch."

Als Achmed hereinkommt, öffnet der Hund ein Auge, schlägt kurz mit dem Schwanz und schläft wieder ein. Achmed arbeitet für einen Sicherheitsdienst, der die benachbarten Stripteaselokale betreut. Auf seiner schwarzen Bomberjacke steht: Security Guard. Er zeigt Herbert, wie er sich gegen aggressive Gäste zur Wehr setzt. Dabei fuchtelt er mit den Händen wie ein Karatekämpfer.

Achmed: „Wenn einer kommt mit Messer, mach' isch einfach zack und zack. Und wenn einer kommt mit Pistole, mach' isch so, und zack ist er alle."

Gerda: „Und was machste, wenn aaner mit de' Straßebahn kommt?"

Achmed starrt Gerda einen Moment lang wortlos an.

Achmed: „Was Straßebahn? Was soll sein mit Straßebahn? Willst du misch verarsche'? Nur weil isch Türke bin, muß isch misch ned verarsche' lasse'."

Herbert: „Laß gut sein, Achmed, die Gerda wollt' bloß e bissi witzisch sein."

Gerda: „Häbbärt, was is' 'n mit dir, willste misch nachher ned e bissi figge'? Isch mach's von vorn un' hinne', 's ganze Programm. Isch waggel' aach schee mit 'm Bobbes.

Herbert: „Dätste mir aach aanä blase?"

Gerda: „Blase schon, abä ned schlugge'!"

Herbert hält die rechte Hand hoch und reibt die Spitzen von Daumen und Zeigefinger aneinander.

Herbert: „Un' was is' damit?"

Gerda: „Fuffzisch!"

Herbert: „Fuffzisch? Für fuffzisch kriesch isch e frische Polin."

Gerda: „Ohkeh, dreißisch."

Herbert: „Isch denk' drübä nach."

Gerda: „Mit was dann?"

Herbert: „Wie – mit was?"

Gerda: „Mit was de denke' willst? Mit dei'm dicke' Pickel uff 'm Hals?"

Herbert: „Sehr witzisch."

Gerda: „Isch war heut' morje' erst beim Frauearzt. Un', was maanste, was er gesacht hat?"

Herbert: „Na?"

Gerda: „Dippdopp wie e Puppestubb, hat er gesacht. Was sachste nu'?"

Herein kommt, früher als normalerweise, die dicke Hilde. Sie

BRAVO HITS 37 / CD 1

01. If tomorrow never comes / Ronan Keating
02. Just more / Wonderwall
03. Girlfriend / *N-SYNC
04. A new day has come / CelineDion
05. Murder on the dancefloor / Bextor
06. Like a prayer / Mad'House
07. Ooohhhwee / Master P
08. Youth of the nation / P.O.D.
09. Whenever, wherever / Shakira
10. Like ice in the sunshine / No Angels
11. You're not alone / ATB
12. Dou you / Bro'sis
13. In your eyes / Sylver
14. We are all made of stars / MOBY
15. 4 my people / Missy Elliot
16. Catch / Kosheen
17. Culture Flash / Memvers of Mayday
18. Because the night / Jan Wayne
19. Time 2 wonder / DJs at Work
20. Nessaja / Scooter

BRAVO HITS 37 / CD 2

01. Missing you / Band ohne Namen
02. I'm not a girl, not yet a woman / Britney Spears
03. Four Fists (2) / KC DA ROOKEE
04. Put your arms around me / Natural
05. No more drama / Mary J. Blige
06. Always on time / Ja Rule
07. No more tears / Jeanette
08. Engel / Ben
09. Nasty girl / Destiny's Child
10. Babariba / Ganesha
11. One day in your life / Anastacia
12. Forever not yours / A-HA
13. Dein Lied / Laith Al-Deen
14. Blame / SONO
15. Such a shame / Moonwalker
16. Life is good / Espen Lind
17. Get it on / Nat. Born Hippies
18. Steh auf, wenn Du am Boden bist / Die Toten Hosen
19. Tainted love / Marilyn Manson

wuchtet sich auf einen Barhocker, bestellt ein Hütchen und kippt es in einem Zug herunter. Plötzlich beginnt sie hemmungslos zu weinen. Gerda geht zu ihr und legt einen Arm um Hildes Schulter.

Gerda: „Määdsche, Määdsche, was is' dann los mit dir?"

Hilde (unter Schluchzen): „Mein Peter hat misch übä Nacht verlasse'."

Herbert: „Apropos Peter. Da kenn' isch ein schönes Gedischt: Wenn mein Peter fertisch ist, dann wird er Lederfetischist."

Gerda: „Häbbärt, das war jetzt grad gar ned witzisch. Hilde, mach dir nix draus, du findst schon wiedä 'nen annern Bock."

Hilde: „Ach, des isses ned. Er hat bloß mei' ganze' Polstermöbel mitgenomme'. Bloß weil isch e bissi mit 'm Schimmy rumgemacht hab …"

Gerda (als könne sie ein Lied davon singen): „Ach je, der Schimmy."

Herbert trinkt aus, legt einen Schein auf den Tresen und läßt sein Handy in die Jackentasche gleiten.

Herbert: „Na, dann will isch ma'."

Gerda: „Un'? Nix mit figge'?"

Herbert: „Heut' ned!"

Gerda: „Grüß die Gattin!"

Herbert: „Mach isch."

Als Herbert schon fast draußen ist, ruft die dicke Hilde ihm hinterher.

Hilde: „Häbbärt, nimmste misch mit nach Lieblos?"

Herbert: „Klar, was willste dann da?"

Hilde: „Zu Möbel Walther, da is' grad Polster-Woche."

BLAUE STUNDE : 173

Ein Überbleibsel

JÜRGEN ROTH

In geringer, in womöglich gefährlich geringer Entfernung befindet sich die *BierBar*, die im Untertitel, weil wir uns im Dunstkreis der Münchener Straße bewegen, *Futterstadl* heißen muß. Manches, vielleicht vieles muß so sein, wie es sein muß. Es könnte anders sein, muß aber nicht. Deshalb muß es sein, wie es ist. *Futterstadl*. Man könnte sich bereits jetzt auf offener Straße übergeben.

Ich weiß nicht, ob die *BierBar* für das *Moseleck* eine Bedrohung ist, ob sie Gäste abzieht, ich kenne die mikroökonomischen Verhältnisse in dieser Ecke der Stadt aus eigener Anschauung zu schlecht. Ich kenne ein paar Geschichten und Gerüchte übers *Moseleck*, ich war, nachdem ich Ende der achtziger Jahre nach Frankfurt gezogen war, auch einige Male im *Moseleck*, an viel erinnern kann ich mich nicht, es werden schon nach Strich und Faden verquatschte und mit Sicherheit versoffene Abende gewesen sein, unter Kaputten und Nutten und so weiter und so fort, damals ging man ja öfter ins Bahnhofsviertel und in Peepshows und Lapdancebars, einmal sogar mit der bildschönen Cousine aus dem Fränkischen, die mit ihrer weichen Grazie und ihrer unaufdringlichen Souveränität und ihrem stets einnehmend hellen Lachen bei all den um uns herum hockenden Spießern und armen Ärschen einen bleibenden Eindruck hinterließ, diese Schönheit, die nichts anfocht, nehme ich an.

Ich sitze am frühen Abend im *Moseleck* und denke, die Gefährlichkeit ist die erheblichste hier nicht. So steht es zumindest auf meinem Notizzettel. Der Zapfer, laut Website müßte es Conny sein, sofern mir mein Bildgedächtnis gehorcht, wirkt ein wenig gehetzt. Er raucht Kette, das *Moseleck* ist eine Wirtschaft, in der geraucht werden darf, das war früher nicht mal der Erwähnung wert, heutzutage schreibt man so was hin.

Das *Moseleck*, heißt es auf der Website, sei ein Lokal, „welches nunmehr seit über hundert Jahren besteht. Im Schatten der Wolkenkratzer im Bankenviertel dürfen ich und meine Mitarbeiter nicht nur Banker zu unseren zufriedenen Kunden zählen, vielmehr sind Messebesucher aus aller Welt unsere Stammkunden. Ich lege Wert auf die Gastlichkeit, um den entspannungssuchenden Gast mit gepflegten Getränken aller Art eine willkommene Abwechslung zu bieten."

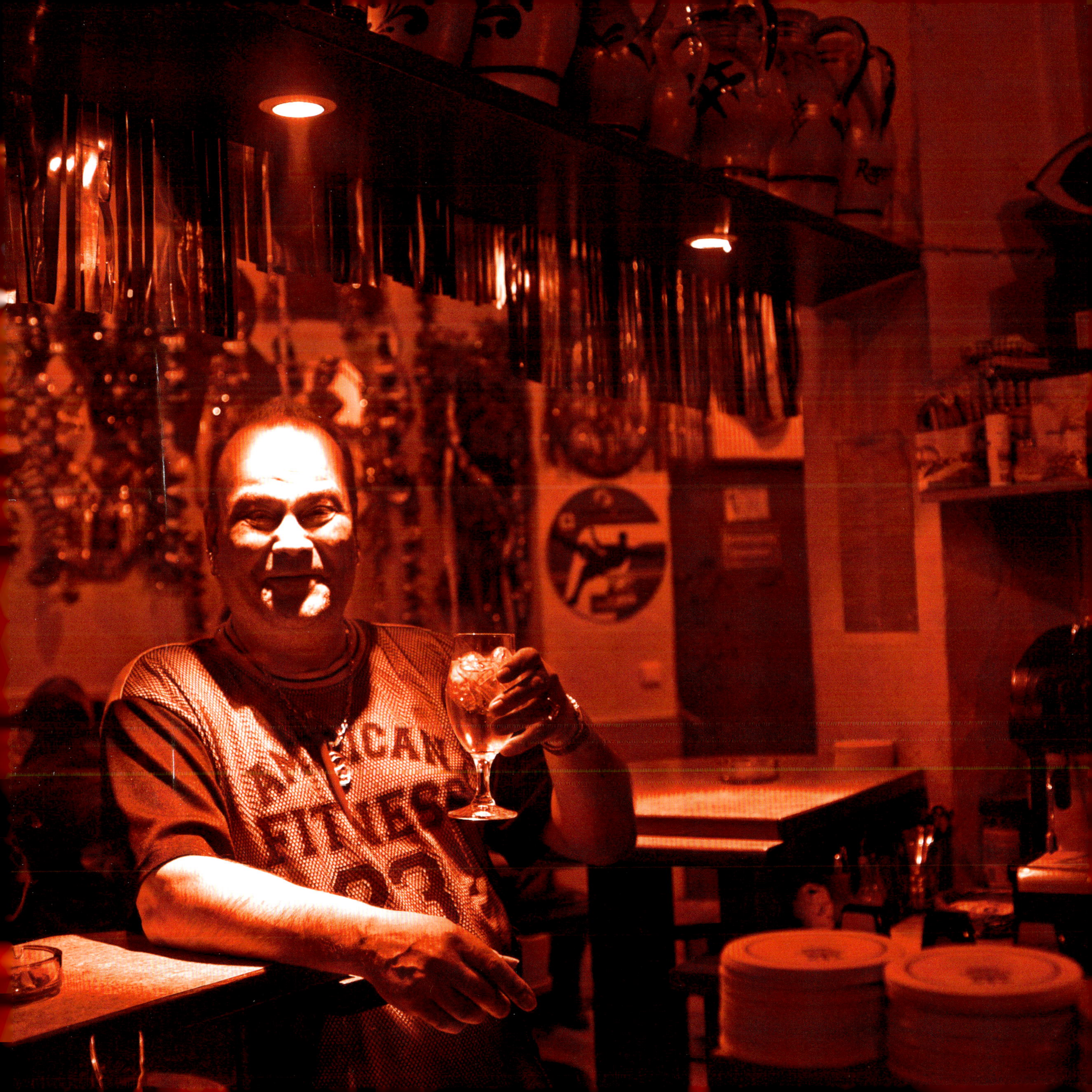

Links neben der Eingangstür sind irgendwann unter dem Fenster Kinderstühle montiert worden. Das steht auf meinem Zettel. Warum? Warum nicht. Ich sitze gerne in Wirtshäusern wie dem *Moseleck*, alleine, meistens tue ich nichts anderes, als in den Raum zu stieren, Bier zu trinken und so weiter. Von Belang ist das selbstverständlich nicht. Doch. Sinnfreie, geschichtsfreie Zonen. Ohne die ist es nicht auszuhalten.

Man könnte natürlich irgendwo ficken gehen, wäre einem danach. Macht man hier so. Wieso nicht. Groß von Belang ist es allerdings ebensowenig. Und das ist das Gute und, wenn es gut ist, Schöne daran.

„So haben wir für den sportbegeisterten Besucher eine Videogroßbildwand, auf welcher alle Wettbewerbe und Meisterschaften live übertragen werden. Unser langjähriges Personal versucht sich diskret auf die Belange unserer Kunden einzustellen, wobei jeder Mitarbeiter ein Spezialist in seinem Fach ist. Unsere Maxime lautet: Ein zufriedener Kunde wird zum Freund des Hauses."

Aus dem rückwärtigen Bereich des sich um den Tresen herumschmiegenden Gastraumes dringt eine Äußerung zu der ganzen Irakkriegsscheiße herüber, zu diesem bepißten, verschissenen, abgefuckten Schwachsinn. Oder zu Afghanistan? Links von mir die „Digital Jukebox". Auf der anderen Seite, in Verlängerung meiner Blickachse, leicht nach oben gewandt die Augen, als mustere man die Weltlage und fürchte, einen Rest von sehr alter Mythologie in sich tragend, der Himmel, hier: die Decke, die gelbliche, beginne sich zu bewegen, mache sich selbständig, entwickele ein Eigenleben, fange an zu zittern, zu grollen, um schließlich zu bersten und herunterzustürzen –: Holzfiguren unter dem Fernseher. Sie stellen die alten Wirtsleute dar. Sagt mein Notizzettel.

„Der Harry ist okay gewesen", sagt mein Kumpel J. am Tresen meiner Stammkneipe im Gallusviertel. Ich befrage ihn zum *Moseleck*. Der Wirt, der als Kürschner lange im Bahnhofsviertel gewohnt und das *Moseleck* regelmäßig frequentiert hat, will zum *Moseleck* nichts sagen. „Der Harry hatte", sagt J., „das *Kaiser 51* und den sagenhaften *Dampfkessel*. Im *Dampfkessel* hat er seine Kohle gemacht. Der war rund um die Uhr offen, und da hat er mit den Leuten die Kohle gemacht. Im *Dampfkessel* gab es eine deutsche Übermacht, die Jungs aus dem Milieu. Da verkehrten auch die Jungs von außerhalb. Dann ist der *Dampfkessel* zugemacht worden, und der Harry hat das *Moseleck* übernommen."

Das ist Harry.

„Der Harry hat sein Motto. Der läßt jeden rein, der 'nen Euro hat. Das kann ein Penner oder ein Staatsanwalt sein."

Eine Frau in einer blauen Trainingsjacke, deren Alter, schriebe man einen literarischen Text, durch die Angabe bestimmter Merkmale recht präzise benannt würde, verläßt das *Moseleck*. Sie hat, das glaube ich sagen zu können, viele Jahre stark getrunken, was sie heute gemacht hat, weiß ich nicht, es geht mich nichts an, ich könnte es mir ausmalen, ich könnte herumspinnen, ich könnte eine Geschichte beginnen und wieder versickern lassen, sie trägt eine Milchtüte bei sich. Über der Tür klebt ein „Germany"-Banner. Hinter meinem Rücken hängt ein gerahmtes Poster an der Wand: „Andrea Berger: ‚Splitternackt'". Hat was, hat was, hat was.

„Über das *Moseleck* kannste nur soviel sagen, wie du erkennst, wenn du jetzt reingehst", sagt J.

Harry soll Angestellte aus dem *Dampfkessel* übernommen haben, zum Beispiel Mike, der sich später umgebracht hat.

„Alle Getränke, gleich, ob es sich um Bier oder ausgefallene Spirituosen handelt, sind gepflegt und darüber hinaus, was heute nicht selbstverständlich ist, äußerst preiswert."

Rechts von mir sitzt am Tresen ein Mann mit einer Baseballkappe. „Kennste noch die *Sonne von Mexiko*?" fragt er einen Mann, an dessen Aussehen ich mich nicht erinnere. Es geht um einen legendären Puff, so legendär, wie das *Moseleck* ist oder sein soll.

„Ich würde mich freuen, wenn auch Sie einmal uns besuchen. Nicht weit vom Hauptbahnhof gelegen, finden Sie bestimmt den Ruhepol für einige erholsame Stunden."

Es ist nichts zu sagen gegen Normalität, gegen die behagliche Stumpfheit des Gegenwärtigen. Legenden sind lästig, meistens, sie versperren den Blick auf die Gegenwart, die bestenfalls jene ist, die du dir ohne Not, Zwänge, Ängste vorstellen, die du auf dich zukommen lassen kannst. Das kann ich gerade, im *Moseleck* sitzend, dem legendären, dem angeblich legendären. Vielleicht liegt es an der Tageszeit.

Aber ohne Geschichte, ohne die Bemühung um die Mehrung des Wissens über sie, verblöden wir vollends, werden wir zu den Räubern und Schlächtern, die wir alle sind. Andererseits.

Nu' nimm mal das Pathos raus.

Okay. J. sagt: „Im *Moseleck* sitzen die restlichen Überlebenden aus der guten, alten Zeit, die sich bis zum Gnadenschuß den letzten Schuß geben." Und mein Kumpel, ein fabelhaft warmherziger, sachte sanguinischer Mensch, für den Solidarität im kleinteilig verkanteten Alltag eine Selbstverständlichkeit ist, sagt: „Das *Moseleck* ist heute eine der letzten deutschsprachigen Kneipen im Bahnhofsviertel."

„Ein Überbleibsel", wirft jemand ein.

„Die Restlichen vom Überbleibsel", ein anderer.

Stores wie eingelegt in Nikotin, hängen da seit 1957, vermute ich. Bis 1938 hieß die Henninger-Pachtkneipe *Landsturmeck*. Seit hundertzehn Jahren gibt es die Wirtschaft, die seit wann auch immer den Untertitel *Musik-Pilsstube* trägt. Er gefällt mir, er möge überdauern, welche Zeiten auch immer kommen werden.

Was soll man zu alledem, was man an einem Frühabend im *Moseleck* sieht und hört, sagen? Ziemlich beknackte Frage. J. behauptet, das *Moseleck* sei nie eine richtige Nuttenkneipe gewesen. Immer zu proletarisch. „Aber wenn Messe ist, werden da die Messegäste abgesoffen." Von den Nutten vermutlich. Oder irgendwie halt.

Noch was an der Wand: eine Bricolage aus einem goldenen High Heel und einer Bacardi- und einer Champagnerflasche samt passenden Gläsern. Auf der Toilette an der Scheißhaustür ein Grafitto: „Fick die Polizei!" Ins Depraviertenmilieu reingeschneite Linksgesinntheit?

19.05 Uhr, am Tresen: „Ich hab' früher mal gelebt, und heut' bin ich ganz unten. Ich hab' die Welt geseh'n, fuffzich Jahr' krieg' ich nemmer." Sind hier die alten Zeiten tatsächlich alt, verschwommen, schwammig, schaurig schön beschissene Zeiten?

„Im *Dampfkessel*", sagt J., „sind auch Boxer verkehrt. Ebby Thust war da. Im Keller war ein Trainingsraum eingerichtet. Da konntest du dir die Fresse polieren lassen, wenn du genug gesoffen hattest."

Jetzt sagt der Wirt meiner Stammkneipe doch was – zum *Dampfkessel*: „Vom obersten Professor bis zum letzten Penner war jeder drin. Da hatte jeder Kultur in dieser Zeit, '76, '78, achtziger Jahre. Huren ohne Ende, Lesben, alles drin. Wenn du müde warst, hast du hinten im Kabuff geschlafen. Morgens hieß es: ‚Bitte leise! Da hinten schlafen ein paar Leute.' In dieser Zeit, das waren gute Leute, nicht das heutige System."

Auf meinem Notizzettel steht übers *Moseleck*: „Rustikalität und Rabaukentum". Es läuft „Tutti Frutti" von Little Richard. Der Wirt schlägt im Hamsterrad der Befüllung beinahe Salti. Geräuschforscher könnten ergiebiges Material sammeln – und Gesichtsforscher, die sich die Blicke jener am Alterungsanstieg befindlichen Frauen einprägten, die am Tresen den Kopf übers kleine Pils senken und irgendwohin schauen, wahrscheinlich in sich hinein, wo man nichts oder das Immergleiche sieht.

J. sagt: „Das waren bessere Zeiten. Wir waren eine Clique von Autohändlern und Gastronomen. Wir haben gute Geschäfte gemacht, da galt der Handschlag. Es waren gute Zeiten."

Ich denke: Im *Moseleck* findet das, was in jeder Trabantensiedlung und in jedem Kaff in diesem Land jeden Tag stattfindet, wenigstens öffentlich statt. Ohne Scham. Und deshalb – schöner?

Markus, um die zwanzig, schätze ich, sagt in meiner Stammkneipe im Gallusviertel: „Heute saufen sich im *Moseleck* die Eintracht-Fans einen an."

„Asbach Uralt 2 cl 2,–; Remy Martin 2 cl 2,50; Wodka Moskovskaya 2 cl 2,–; Bacardi-Rum 2 cl 2,–; Jägermeister 2 cl 2,–; Fernet-Branca 2 cl 2,–; Fernet-Menta 2 cl 2,–; Underberg 2 cl 2,–; Kümmerling 2 cl 2,–; Campari Soda 2 cl 2,50; Martini Bianco 2 cl 2,50; Martini Rosso 2 cl 2,50; Korn 2 cl 2,–; Doornkaat 2 cl 2,–; Johnnie Walker 2 cl 3,–; Chivas 2 cl 4,–; Jim Beam 2 cl 3,–; Jack Daniels 2 cl 4,–."

Sauna & Fleisch

....ALBAN NIKOLAI HERBST

– und außerdem? Wie kam das denn?

Zuerst las ich Zeitung, es war schon gesagt. Nicht ratifiziert, las ich, und folgt SALT III auf SALT II: Der eine König starb, schon jubelt der nächste im Volksmaul. Dann fielen mir die Alliierten auf, die Schutzmacht; ich war, kaum aus dem Zug, dem Bahnhof, der Unterführung, der Leopardenfrau gefolgt, wie ich es mir dachte und immer noch denke. – Wie sich ihm einigermaßen menschlich die olivgrünbraunen Hosenseiten beulten: schwarzer Soldat Lowerclass, prima Mittelgewichtler. Nicht mich grinst er an, sondern seine Erinnerung wohl; ein Anflug von Slumgeruch durchweht *god's today army*. Wieso's mich ausgerechnet nach Frankfurt verschlagen habe, will sie wissen dann, später, Anna die Erste, Tochter der Leopardenfrau, Herrin der Fleischmarkthalle, auf dem Appartement. Immerhin, sage ich, eine ehrliche Stadt, man kann behaupten, was man will. *Die drei Riesenphalli* beschrieb ich spontan den ersten Eindruck: erheben sich blitzend mit Spiegelflächenfenstern. Dies ist deine Heimat, soweit es das gibt für dich. Also dachte ich sofort. Und schon auf der Kaiserstraße kam mir der Gedanke, wie der David den Goliath und daß er's nun selber ist, man stell' sich das vor! Reicht mir einen Photoapparat! Das Geschlingere um mich, die bunten Farben, der Schweiß. Spitzenphotos für Millionen, Agfa, Klick, Starfighter vor untergehender Sonne. Die Darstellung der aufgerissenen Gebärmütter von My Lai, wer denn kennt das heute noch? Oder wie sie sie hineinpferchten, -schoben, -wälzten mit Baggern und vorgezogenen Schaufeln, die Leichen in riesige Gruben in Deutschland. Alles Photomontagen, klar, wie noch mein Großvater behauptet hat bis zu seinem Tod in dem Geräteschuppen in Essen. Zudem, man soll nicht nachtragend sein. Die weggeschnittenen Brüste, deren Wiedergabe pervers genannt wird von solchen Ästheten. Dagegen die tadellose Formung eines Maschinengewehrs! – Und wo ich hinblicke jetzt, dazu sind achtundzwanzig Jahre gut, Mercedes-Flut, metallicgrün, -blau, -braun. Träume, Stahl. Und raucht, der Mensch dort, seelenruhig. Lärm und ein Anflug von Chaos, in dem wie Dolche die Banklatten stecken. Zu Hause, hier; ich Laupeyßer, ich Falbin. Die Bankgebäude sind das Kristallblut der gefrorenen Arbeit. Während eine dickliche Frau mir entgegenschlenkert, betütet und kurzatmig: Schneider, dein-goldenes-Haar-Margarete, geborene Wiese, 8. Juni '29 erblickte das Licht, früher BDM, dann „Nie wieder Krieg!" – wie eben alle – gerufen, aber schon gejubelt, als Kennedy kam nach Berlin und erste Panzer, weit vorher bereits, entrollten der freiesten Republik aller ins Gehege der NATO. Flüchtig geht's mir über die Augen: Gestorben wird morbid bei uns oder fett, 65 Prozent der Deutschen sind übergewichtig, fettleibig, ekelhaft und den Menschen ein Wohlverfallen. Wo ist sie nur hingelaufen, die Leopardin, die Pantherfüßige? – Die Deutschen pflegen ihre Füße nicht, auch das lese ich in der Zeitung. Vergessen Sulamith, nie gekannt Sulamith, wie sie, Frau Schneider, jetzt die Fäuste in die weichen Hüftseiten stemmt. Die Küche einer Dreizimmerwohnung, ich seh's genau vor mir, es könnte Falbins elterliche Wohnung sein. Essensgeruch.

Vor Frau Schneider auf dem weißlackierten Stuhl hockt der Junge, der zu Boden sieht. – „Herrgott, macht doch nicht immer so 'n Theater!" Das ist ein Satz meiner ekligen Mutter.

Clubs/Bars
EUROPAS GRÖSSTER FKK CLUB
HEUTE Dessous-Tag
Sharks FKK CLUB
VENI VIDI VICI
FKK-OASE
SIMPLY THE BEST
MASSAGE HAUT NAH 069-27220836
ENJOY-MASSAGE-ZENTRUM

„Das Leben fordert auch Pflichten", sagt Frau Schneider oder wie das Weibsstück nun heißt. „Is nich nur Zuckerschleckn. Was meinste, wo wir jetz wärn ohne die Amerikaner?" Und setzt hinzu: „So 'n kleines Land wie wir …?!" Der Junge schweigt. Frau Schneider denkt flüchtig ans Einkaufen, die Hitze, Vater und die offenen Abzahlungsraten bezüglich des Kredits. Dann die Russn, wie se reinmarschiert kamen, '45 in Machdeburch. Ham die Mädels sich auffes Holz vonner Dachluke gelegt, gekauert, mit angehaltenem Atem. Nich maa flüstern durftn wa. Das klopfende Herz. Laute Schreie, die wie aus Watte vom Nachbarhaus herdrangen, wo der Kati angetan ward, was die Mädchen damals nur ahnen konnten. Man dachte Schreckliches darüber, wenngleich dem ein eigentümlicher Kitzel beigemengt war. Das Stampfen des schweren Schuhwerks. Die weichfremden, selten rauhen Sprachklänge. Tief. Die Wärme der unterdrückt atmenden, aneinandergepreßten Körper.

Der Junge antwortet immer noch nicht. Frau Schneider wendet sich dem Eintopf zu.

„Was wißt ihr denn schon?!" Während unten die Straßenbahn gleichmütig vorbeifährt und das Lärmen der Dampfhämmer von der gegenüberliegenden Baustelle in die Wohnung dringt, schlingere ich mich – um Kilometer entfernt vom Ort meiner Vorstellung – durch die Autoreihen, überquere die Kaiserstraße, aufdringlichen Linsengeruch in der Nase. Ich suche ein kleines Lokal, setze mich. Der Kellner trägt enganliegende Hosen mit scharfen Bügelfalten. Haben uns unsere Großväter denn erzählt, wie viele sie vergewaltigten arisch schwarzweißrot? Persönlich hat nie jemand jemanden. So ist das. Jeder amerikanische Soldat verkörpert ein Stückchen Freiheit der westlichen Welt.

Vergessen die Wellpappdächer am Rand der Metropolen. Eichmann war ein fürsorglicher Familienvater. Überhaupt! Ausgesprochen tierlieb. Robespierres Hobby war Häkeln. Die drückend feuchte Schwüle der Dschungel setzte ihnen zu: aufgeregte Schweißperlen im zerstochenen Gesicht, klatschnasse Hemden, das Drücken der MP-Halfter. Erektion. Vor ihnen, am Boden, die leicht gelbhäutigen Gesichter, entsetzt. „Knebelt sie nicht, ich will sie schreien hören", sagte der Truppenchef mit Flatterstimme. Dann rissen sie die Kleidung einer der vor ihnen zwischen ihren Stiefeln mit gespreizten Extremitäten an in den Boden getriebenen Pflöcken gefesselten Frauen herunter. Die sanfte Erhebung über der Scham: so fest, so zart. – Mit grinsendem Ernst stieß der erste sein Bajonett hinein. Drei weitere Soldaten, ranghöher wohl, Weiße, schlendern eilig, und rauchen Zigaretten, durchs Stadtgewühl. Amerikanische Wortbrocken, heiter, fliegen mich an. Irgendein Angestellter verläßt in korrekter Kleidung ein Geschäftshaus. Frau Schneider schleppt an zwei Plastiktüten, Hemdbluse und Überwurfmantel geöffnet. Die aufgebrochene Hitze, seit Wochen schon, macht ihr zu schaffen. Drei Kinder hat sie geboren seit dem Krieg, davon eines, Annette, ihrerseits eins. Wie schnell man Großmutter wird. Gut, daß die Wechseljahre vorüber sind. Vor der großen Vitrine der KAUFHALLE hält sie einen Moment. Ihr praktischer Geist wägt den Nutzen gegen die Spielerei ab. Als man den Schah vertrieb, hatte sie getrauert, auch Farahs wegen, und er war schließlich solch ein lieber Mann. Auch Gatte beteuerte Angst der Weltlage wegen, rauchte jedoch kaum nervöser, streckte die Beine von sich, im Sessel, vor dem Fernsehgerät. Nie wieder Krieg war auch sein Ausruf gewesen, vor fünfzig: Man ist halt naiv in politischen Dingen. Der Adenauer weiß schon, was er tut. Mit Stolz betrachteten Schneiders den uniformierten Michael, ihren Ältesten, ganz unbeleckt vom Deutschen Meister. „Sieht 'a nich schnieke aus?!" Das Familienglück im Gruppenphoto, hängt heut' im Wohnzimmer, neben der Schrankvitrine.

Die Vietnamesin schrie, erbrach Essensreste, als sich das scharfe Metall ihr in die Eingeweide fraß. Einer der Soldaten hatte seinen Schwanz entblößt, sich auf die danebenliegende Vietnamesin geworfen. Rasend im Geschrei des aufgeschnittenen Leibs stieß er sich dem Mädchen ins Geschlecht. Das Lustigste, erzählte Michael einmal, waren die Manöver in der Lüneburger Heide. Der Kaffee, eben gebracht, dampft uninteressiert auf meinem Tisch. Ich rauche wieder Zigaretten. Neben mir ein alter, zitronengesichtiger Mann. Im ersten Moment habe ich das Gefühl, es handelte sich um André Schulze, aber ich weiß nicht einmal mehr, ob ich den am 11.8. schon gekannt haben kann. Stets hoffe ich bei Menschen dieser Generation, einem zu begegnen, der im KZ gewesen ist. Gleichzeitig habe ich Angst davor. Denn was sollte ich tun? Am liebsten täte ich Abbitte, doch wüßte ich nie zu erklären, wofür.

Der Mann neben mir hat das Zittern in den Händen und riecht leicht. Ich spüre einen unbestimmten Druck auf dem Gehör und schämte mich im Frühjahr meiner Sprache: Paris, Centre Beaubourg, *Nuit et Brouillard*. Nie vergess' ich die Stimme Celans in der deutschen Fassung. Berthold und ich standen, zwei Deutsche unter lauter Franzosen, vor dem kleinen Bildschirm des der Ausstellung eingefügten Fernsehapparats. Das aufgetürmte Frauenhaar, die abgezehrten, verrotteten Leiber. Wer soll das fassen, wer es sich ständig vergegenwärtigen? Wer kann damit leben? Das Schlackern der toten Gliedmaßen. Und doch, meine Mutter:

„Nun fang nicht schon wieder davon an!" Für solche Sätze könnte ich zum Mörder werden. Die entsetzten Franzosengesichter. Abscheu. Ich konnte nicht einmal weinen. Und aufzurechnen, gegen Algerien etwa, welch kotzige Dummheiten wären das! Dennoch hätte ich's gerne getan, zum erstenmal. Um noch atmen zu können. Um weinen zu können. Wir schweigen. Nur nichts sagen, um Gottes willen nichts sagen. Keinen Ton, denn man erkennte uns sonst. Auch nicht französisch sprechen, dieser Akzent fällt überall auf. Stumm gingen wir fort nach dem Ende des Films, trauten kaum uns noch anzusehen, die Schuld einer Nation auf dem Erbe. Unsere Eltern haben uns den Wohlstand und die Leichen vermacht, wir müssen nun Lebensart lernen.

Dann ging das Dorf in Flammen auf, die verbrannten die abgetrennten Körperteile, das Schreien, den Samen, das Blut. Das Feuer, will ich, soll Bahn sich brechen in die Provinz. In die Städte. Es fällt wie ein glühender Schwarm über die Kaiserstraße her. Die Häuser werden niedergefressen wie von Heuschreckenschwärmen. Sie befallen die Dschungel der Städte, platzen auf aus den Lichtreklamen. Feuer auf den Boulevards, in den Gerichtsgebäuden, dem Parlament. Das Feuer, das das Schweigen verbrennt. Explosionen der Flughäfen, Schiffe, Bungalows. Nachts wird es kühler, denke ich rauchend, verfolge Frau Schneider, oder wie sie nun heißt, mit den Augen. Ich binde ihr eine Geschichte auf, um das Grauen zu verschleiern. Stelle sie mir zu Hause ankommen vor, wie sie die Tüten in die Küche trägt, den Mantel auszieht, den sie sorgsam über einen Bügel an die Flurgarderobe hängt. Diese Gleichzeitigkeit!

Frau Schneider wischt sich mit dem Handrücken der Rechten eine schwitzige Strähne aus der Stirn und macht sich an die Vorbereitung des Mittagessens, wozu sie das Radio eingeschaltet hat.

Funkwerbung, Schlager. Der Enkel kommt, druckst rum. Und mit gesenktem Blick statt mit Stolz, den seine Angst nicht zulassen will, erzählt er von der Musterung vorhin und seinem dort gestellten Antrag. Man handhabt so was nicht leichthin hier; Schneiders sind eine pflichtbewußte Familie. Die Gehorsamsethik des zu Wohlstand gekommenen Kleinbürgertums. Verweigerung, fährt's, ein Messer, durch die Familie. Der Sohn will seinen Anteil nicht tragen. Schmarotzer, Schmutzfink, DDR-gelenkt. Das ist mir grad recht! Hab' ich dich dazu erzogen? „Wie sag ich's dem Vater?", denn der ist Beamter, eingeschworen auf den Staat, schlägt schon mal zu, wenn es denn sein muß. Nun ja, es muß auch Polizisten geben. Frau Schneider schaut in den Topf. „Aber da könntest du doch Offizier werden … Ein sicherer Beruf, wo doch so viele keine Arbeitslosigkeit bekommen." Dann kriegt ihr Ärger Luft: „Herrgott, macht doch nicht immer so 'n Theater! Das Leben fordert auch Pflichtn, is nich nur 'n Zuckerschlecken! Was meinste'n, wo wir jetz wärn ohne die Amerikaner?!" Und setzt hinzu: „So 'n kleines Land wie wir!?" Denkt an die Russen plötzlich, wie sie auf die Frauen sich warfen und von den Wänden die Errungenschaften der Zivilisation montierten, die ist zu verteidigen heut' mehr denn je. Oder willste, daß se uns alles wegnehmen?! Wozu die Jahre härtester Arbeit, in den Trümmern, dem Chaos, dem Hunger, der Not? Ihr Jungen habt den Russn nicht kennengelernt, aber wir, wir, auf der Luke des Dachbodens liegend, im Schreien Katis und den wie geheimen Schüssen im Wald, bis daß wir in die Freiheit gingen, nachts, mit auf Schubkarren und Bollerwagen verstauten Habseligkeiten. Die dunkle Landstraße, die Kälte, fern das Grollen. So gelangten wir ins westliche Berlin, wo über den Trümmerhaufen die Fahne wehte mit Streifen und Sternen, Garant von Freiheitlichkeit. Fingen den Aufbau unseres Landes an, ohne Rücksicht, natürlich, worauf hätten wir so was denn nehmen können? Schließlich hatten wir Hunger. Und wir bauten es auf bis wieder einmal an die Spitze der Welt. Also sind wir beneidet.

Das blieb dem Jungen ohne Wert. Er schwieg passiv.

Ich rühre vorsichtig um, gebe nochmals Milch nach, bis der Kaffee unterm Lichteinfall fast gelb aussieht. Noch habe ich Zeit, ja, aber da kriecht schon wieder die Angst. Ich möchte mit jemandem schlafen. Aus Not, aus Not! Mich einwühlen in eine Schulterbeuge. Zärtlichkeit, Vergessen. Wegdenken können. Endlich wegdenken können. Wo bist du, Pantherfüßige? Wo bist du, Leopardenfrau? Habe ich dich getroffen im Zug? Wo bist du denn, B., wo sind deine grellgelben Tupfer geblieben? Die Angst vor dem Haß, hier, in der Hitze, hier, in dem Taumel. Frau Schneider ist weitergegangen, verschwunden irgendwo. Eine weitere der unzähligen Personen, denen man hinterherlaufen könnte, sie auszufragen, zu protokollieren, mitzuschneiden, was sie denken. Aber wozu noch? Ich hatte recht, den Kassettenrecorder zu Hause zu lassen. Was sollte ich damit? Es mußte endlich um mich gehen; darum, herauszufinden, wie ich leben könne mit alledem.

Ich zahle den Kaffee und verlasse das Lokal. Ich kaufe eine weitere Zeitung, lese die Kontaktanzeigen. Goldige Schmusekatze. Ich werfe das Blatt in den nächstbesten Papierkorb. Dann aber, dann ist mir, als sähe ich sie wirklich, die Erfundene, die Rebellin, die sich knapp zehn Meter entfernt in einem Hauseingang verbirgt. Deutlich glitzert das Leopardenfell. Da bleibt mir keine Wahl, da folge ich, da ist sie schon wieder verschwunden, und ich schiebe die schweren Plastiklappen vor, flutsche hindurch, trete ein in die Sauna, die Gotik des Fleischs. ∴

SAUNA & FLEISCH

Schokolade
9
DEUTSCHES REISEBÜRO
MESSE
SPIELBANK
BAD HOMBURG
ROULETTE • BACCARAT
UNIO
TERRASSE SPEISESAAL KUPPELSAAL
TEERAUM RESTAU
BAHNBUSSE
ANKUNFT DER ZÜGE
Ankunft

Härtere Bandagen

TORSTEN SCHILLER

Als ich Ende 1946 mein Zuhause auf einem Bauernhof im Hohenlohischen gegen mein neues Heim im Hause meines Großvaters in der Niddastraße 10 tauschen mußte, brach zunächst eine Welt für mich zusammen. Aber dieser Zustand dauerte nicht lange an, zu interessant und spannend war das neue Umfeld – und zu wißbegierig war ich selbst. Also tauschte ich den Spielplatz Bauernhof mit Kuh- und Pferdestall sowie angrenzender Wiese gegen den Spielplatz Trümmerfeld. Ich erkundete mit meinen Kameraden die umliegenden Trümmerberge, beobachtete sich liebende Pärchen, nahm Reißaus vor auftauchenden Flitzern, versuchte mich in Völkerverständigung mit den – wie es hieß – Besatzern und war glücklich, wenn ein Kaugummi oder eine Cadbury-Schokolade als Ergebnis meiner Bemühungen abfiel. Mit Interesse beobachtete ich auch die sogenannten Kippenstecher, die sich in Scharen nahe dem amerikanischen Kasino aufhielten, um der weggeworfenen, nur halbgerauchten Zigaretten der amerikanischen Soldaten habhaft zu werden. Manchmal waren die GIs aber gar nicht so spendierfreudig und zertraten die Zigarettenkippen.

Von allergrößtem Interesse für uns war auch das sogenannte Haus Vaterland, ein unzerstörter Häuserkomplex an der Ecke Weser-/Niddastraße. Hier gab es Bars und Amüsierschuppen und vor allem Schaukästen mit Bildern von den Stripteasetänzerinnen, allerdings der prüden Zeit entsprechend recht verhüllten. Nur manchmal hatte sich einer der verhüllenden Streifen gelöst, so daß man mehr erhaschen konnte. Dieser Zustand währte jedoch nicht lange, da die Sittenpolizei oder auch der Betreiber selbst aus Furcht vor Nachteilen solche Einblicksmöglichkeiten schnell unterband.

Aufregend war auch, die flanierenden Prostituierten auf ihrer Suche nach Freiern zu beobachten oder aus der Entfernung dem geschäftigen Treiben von Schwarzhändlern an der Ecke Nidda-/Elbestraße zuzusehen, die gleich einer permanent sichernden Meute hastig ihre Geschäfte abwickelten. Denn stets drohten die blauen Minnas der Polizei, die dem Ganzen schnell ein Ende bereiteten. Dieser Gefahr waren auch die GIs ausgesetzt, die sich bewußt oder unbewußt in das „Off limits"-Gebiet Bahnhofsviertel „verirrt" hatten. Wurden sie von der amerikanischen MP erwischt, machte diese wenig Federlesens und hatte keine Skrupel, von ihren Zedernholzknüppeln Gebrauch zu machen.

So richtete ich mich im Bahnhofsviertel ein, lernte eine Menge vom Leben und dachte nur noch selten an den Bauernhof in Hohenlohe. Die Eltern waren glücklicherweise mit sich beschäftigt, hatten wenig Zeit und ließen einen, wenn man nicht allzusehr über die Stränge schlug und die schulischen Leistungen in Ordnung waren, im wesentlichen in Ruhe. Überhaupt hatte ich den Eindruck, daß die Erwachsenen das vielfältige und – wie man es nannte – unsittliche Umfeld gar nicht zur Kenntnis nahmen, es einfach ausblendeten. Tagsüber gingen sie in der Elbe- und Taunusstraße einkaufen, ohne wahrzunehmen oder wahrnehmen zu wollen, was um sie herum vor sich ging, und abends und nachts war das Gebiet ohnehin tabu.

Bei uns Kindern und später Heranwachsenden war das natürlich ganz anders. Wir wußten Bescheid, was in diesem Viertel vor sich ging, und frönten unserer Neugier und Wißbegier. Als 1957 Rosemarie Nitribitt, die wir Käpt'n Lady nannten, da sie vor dem 190er Mercedes einen schwarzen Opel Kapitän gefahren hatte, ermordet wurde, kamen wir mit Trauerflor in die Schule, was unsere Lehrer geflissentlich übersahen, wie wir überhaupt als Goetheschüler bald jede freie Stunde nutzten, um ins Bahnhofsviertel zu gehen und unsere Kenntnisse zu erweitern.

Und dieses Viertel ließ mich auch später nicht los.

Ich wohnte als Student weiterhin dort und konnte die Entwicklung zu einem ausgeprägten Vergnügungsviertel mit eindeutig sexuellem Anstrich weiterverfolgen. Die vielzähligen Bars mutierten zunehmend zu Anbahnungsinstitutionen, obwohl das eigentlich nicht sein durfte, und der Straßenstrich, der sich bis ins naheliegende Westend erstreckte, nahm immer größere Ausmaße an. Insbesondere zu Messezeiten wurde die einheimische Prostituiertenschar durch Huren aus der ganzen Bundesrepublik verstärkt, was häufig zu erheblichen, unschönen Revierkämpfen führte. Die ungeheure Zunahme der Straßenprostitution führte dann schließlich einige Jahre später zu der Entscheidung der Stadt, Bordelle im Bahnhofsviertel zuzulassen. Ungeachtet dessen drehten die Edelhuren in ihren Edelkarossen weiterhin ihre Kurven um den Kaiserplatz, die Nähe des Nobelhotels Frankfurter Hof suchend. Als die Notstandsgesetze drohten, wurden einige von ihnen auch „Opfer" zweier Rechtsreferendare, die sie über die Tragweite dieser Gesetze aufklärten. Obwohl es sie letztlich nicht interessierte, ließen sie uns gewähren. Im nachhinein springt einem schon die Absurdität dieses Vorhabens ins Auge, und es war wohl nur ein Vorwand, um mit den Frauen wenigstens ins Gespräch zu kommen.

1972 folgte ich dann dem Ruf des damaligen Oberbürgermeisters Arndt und übernahm erst stellvertretend und nach anderthalb Jahren als Leiter das Ordnungsamt der Stadt, mit dem klaren Auftrag, das Bahnhofsviertel, in dem sich trotz Verbots zunehmend Straßenprostitution breitmachte und viele zwielichtige und wenig anziehende Bars und Stripteaselokale befanden, auf ein besseres Niveau zu bringen und attraktiver zu gestalten – eine schwierige Aufgabe, die mich aber allein wegen meiner Verbundenheit mit dem Viertel reizte. Und es gab viel zu tun. Als ich meine Tätigkeit bei der Stadt aufnahm, bestätigte das Ordnungsamt, damals noch Polizei- und Ordnungsbehörde, meine schlimmsten Befürchtungen, die ich in bezug auf Atmosphäre, Einstellung der Bediensteten und Ausstattung einer Stadtverwaltung hegte. Es fehlten nur die Ärmelschoner! Insofern stellte sich mir eine Aufgabe nach innen und nach außen, und es dauerte lange, bis wenigstens ansatzweise ein neuer Geist in das von mir geleitete Amt einzog.

Auch das Milieu meinte zunächst, wie gehabt weitermachen zu können, so daß doch hin und wieder eine härtere Gangart

HÄRTERE BANDAGEN : 187

Persil
Persil
BERLINISCHE LEBENSVERSICHERUNG
HENNINGER BIER HENNINGER
1957
REITTURNIER
FESTHALLE

und härtere Bandagen angezeigt erschienen. So wurden in den teilweise recht schummrigen Bars Gäste immer wieder übers Ohr gehauen. Offensichtlich sollten die wenigen Gäste für die ausbleibenden mitbezahlen. Als 1977 anläßlich der Automobilausstellung in zwei Bahnhofsbars Kunden erneut geneppt wurden, ließ ich sie kurzerhand schließen, was zu folgender Pressenotiz führte: „Torsten Schiller, Chef des Ordnungsamtes, sorgte dieser Tage durch seinen legeren Habitus für Verwirrung. Journalisten, von Schiller zum Lokaltermin vor einem Nepplokal im Bahnhofsviertel gebeten, hielten den jungen Mann, der bärtig und in Lederkluft vor dem Lokal auf sie wartete, für den Rausschmeißer vom Dienst. Es kostete Schiller einige Mühe, seine Gäste vom Gegenteil zu überzeugen."

Es waren solche Maßnahmen und Angebote an Gastwirte, das Niveau ihrer Betriebe zu heben und internationale Gastronomie zu etablieren, die durchaus erfolgreich waren und das Image des Bahnhofsviertels verbesserten. Das alles wurde jedoch durch eine veränderte Stadtpolitik zunichte gemacht, die wohl bezweckte, das Viertel verslummen zu lassen, um dann eine rigorose Kehrtwende vollziehen zu können, die in ein Totalverbot der Prostitution mündete. In der Zwischenzeit hatte sich nämlich eine Menge ereignet. Zu Hochzeiten, also ab Mitte der siebziger Jahre, befanden sich sechsundzwanzig Bordelle in diesem kleinen Gebiet, und man hatte ein riesiges Drogenproblem, das es früher in diesem Bereich nicht gab.

Die Bemühungen, das Bahnhofsviertel von der Prostitution zu befreien, scheiterten, bevor sie auch nur in Ansätzen umgesetzt werden konnten. Die 1989 gewählte neue Stadtregierung aus SPD und Grünen wies mit Hilfe einer neuen Sperrgebietsverordnung einen kleinen Teil des Viertels wieder als Toleranzzone aus und legte mit der Polizei und dem Regierungspräsidenten einen Bettenbedarf (!) fest, den inzwischen zwölf Bordellbetriebe abdecken.

Ich hatte die Stadt 1981 verlassen und mich als Anwalt niedergelassen, was jedoch nicht bedeutete, daß mich das Bahnhofsviertel losließ. Jetzt bemühte ich mich von der anderen Seite um die Rechtssicherheit der ansässigen Betriebe und um eine Verbesserung der Situation und des Umfeldes, was durchaus im Interesse der Gewerbetreibenden und der Stadt lag und liegt.

Es gäbe manches an diesem Eingangstor der Stadt mit den schönen Gründerzeithäusern zu verbessern. Die Bemühungen der Stadt um mehr Wohnungen sind zu begrüßen, obwohl es angesichts des Umfeldes fraglich ist, ob Familien mit Kindern dort einziehen werden, denen heutzutage nicht mehr die Freiräume zugebilligt werden, die wir nach dem Krieg hatten. Ob es glücklich ist, daß die Prostitution nicht zuletzt durch die inzwischen genehmigten zwölf Bordelle einen festen Platz in diesem Viertel einnimmt, mag dahinstehen. Aber historisch gesehen gab es hier immer Prostitution, wenn auch in anderer Form. Das liegt natürlich an der Bahnhofsnähe, und durch die Verlagerung der Prostitution in die Häuser ist die Außenwirkung letztlich gering. Weniger erfreulich ist jedoch die Drogenszene, die sich überwiegend in der Öffentlichkeit abspielt und sehr nachteilig auf dieses an Vielfalt einzigartige Gebiet auswirkt, zumal da eine Eingrenzung schwierig ist und so jeder Bewohner, jeder Passant und jeder Besucher mit ihr konfrontiert werden. Das schadet dem Image Frankfurts, verschreckt Besucher und verhindert, daß das Viertel sich so niveauvoll zeigen kann, wie es ihm gebührt.

DB HAUPTBAHNHO

Zehn Minuten vergehen

BODO KIRCHHOFF

Seit geraumer Zeit schon, seit dem Wohnungswechsel wahrscheinlich, drehe ich mich nicht mehr um beim Gehen. Niemand folgt meinen Schritten, niemand schaut mir nach. Auch jetzt nicht, hier, auf diesem Platz, der eigentlich gar kein Platz ist. Kein Ort, der etwas Bestimmtes vertritt, wie zum Beispiel den nahegelegenen Bahnhof oder die Republik oder einen toten Dichter.

Ich fühle mich leicht. Trete nun in einen Randbereich zwischen diesem Scheinplatz und der Straße, eine Aufenthaltsgleichgültigkeit empfindend, der sich nichts entgegenstellt. Nicht einmal das Hochhaus am Ende der Straße, das sich in einer Mischform zeigt: aus Prunksucht und Verschwendungsangst, die es mir zu einem faulen Ding macht; es stört mich nicht weiter.

Hier oder dort, auf jeden Fall in diesem Grenzgebiet, bleibe ich stehen, unbeschwert, von den wenigen Eindrücken abgesehen, habe noch knapp zehn Minuten Zeit und muß auf einmal denken, sinngemäß und im nachhinein wiedergegeben: Die wirklichen Plätze, die eigentlichen Hochhäuser, sind immer da, wo ich nicht bin, ganz egal, wo ich bin; und da fällt mir plötzlich ein, was ich heute früh, während ich die Neuerscheinungen sortierte, zunächst überflog und später, in der Mittagspause, nachlas. Einen Aufsatz zur geistigen Situation der Zeit, dessen

Verfasser unter anderem meint, das Eigentliche immer zu verschweigen oder, wie auch zu lesen war, das Schlimmste nicht zu sagen. Etwas schiebt sich über die Erinnerung an das Geschriebene. In den Fenstern der Bordelle auf der rechten Moselstraßenseite reflektiert die Abendsonne. Ich gehe ein paar Schritte weiter und bleibe dann dabei. Ohne schon abzusehen, warum, biege ich in die erwähnte Straße ein, stromere an den Häusern entlang, schlüpfe in die Lücken zwischen den Entgegenkommenden, wodurch sich ein Weg ergibt, und stelle mir gleichzeitig vor, diesem Verfasser zu sagen, daß er seine Lage verkennt, ja sogar beschönigt; ich könnte jedenfalls das Eigentliche nicht verschweigen, weil es nicht vorhanden ist für mich, und vielleicht ist das das Schlimmste und ist damit gesagt.

Auf der Uhr, die Ecke Moselstraße/Taunusstraße hängt, ist es genau acht Minuten vor sechs. Wenn ich einmal um den Block lauf', kommt es hin.

Im Gegensatz zur Moselstraße bietet die Taunusstraße noch Unsicherheiten. Hier warten hin und wieder Frauen ohne Zeichen der Bereitschaft auf den ersten Blick. Jüngere und ältere, von denen niemand weiß, wohin sie einen führen, wie sie beschaffen sind im einzelnen, was sie gewähren, was sie verweigern. Das erweckt dann eine angenehme, fast vergessene Angst.

In meiner Einbildung führe ich oft Auseinandersetzungen mit bekannten Leuten, denn ich höre mir dann, im Unterschied zu anderen, die nur an mir lauschen, wenn ich rede, als sei ich eine Wand, auch zu. Ich sage mir, in dieser Unterredung mit dem Aufsatzschreiber, wissen Sie, ich bin selbst effektiv ein anderer und würde niemals öffentlich, wie Sie das tun, mich zur Geschichte stellen, äußerstenfalls ein paar Worte verlieren, mich aber nicht erklären wollen, das wäre tatsächlich ein Witz. Obwohl ich kein Gegner bin von Geschichte. Oder von Sinn. Wenn sich Sinn ergibt, warum nicht … Ich könnte jedoch, anders als Sie, völlig schamlos in der Ich-Form schreiben; das würde mich höchstens als Schreibkraft bezeichnen, verstehen Sie, mich aber keineswegs bedeuten und schon gar nicht als Autor … Und dann sehe ich ihn innerlich an, etwa in Höhe des Spielhalleneingangs, begleitet von elektronischem Piepen, und halte ihm vor: Das Zusammendenken von Ich und Selbst ist doch in Wirklichkeit der Größenwahn …, will das noch vertiefen und werde wieder unterbrochen.

Vor dem Geschäft mit den Schlangenlederstiefeln hält sich eine junge Frau auf ohne Arme. Ich bleibe stehen, so wie andere Männer, Ausländer zumeist und Messebesucher, in unverdächtiger Entfernung, und schaue auf Umwegen hin. Links hat sie gar keinen Arm, und ihr Hemd ist oben verknotet. Rechts ragen zwei Glieder aus einem Schlitz und halten eine Zigarette. Sie lehnt an der Schaufensterscheibe und sieht an jedem vorbei. Dreht ab und zu den Kopf zum Zigarettenende hin, raucht, entfernt mit ihrer Zunge Tabakkrümel, macht Mundbewegungen und andere Zeichen und sendet zudem noch auf unsichtbare Weise; ich weiß nur, daß ich es empfange. Trete ein Stückchen näher und habe plötzlich das Gefühl, in ihrem Weichbild zu stehen; schaue mir indessen, in meiner Absicht noch gedeckt durch die übrigen Männer, ihr Gesicht im ganzen an und, wiederum gedeckt, nun durch die Gesichtsbetrachtung, von dort oben aus, in einer kurzen Abschweifung, die Formen ihres Körpers, nicht von Mitleid ergriffen, sondern unbegreiflichem Begehren.

Sie trägt ihre Haare gesteckt, so daß die Zone zwischen Ohr und Mund breitflächig freiliegt, ohne Spuren von Befall; und auch sonst nirgends ein zu deutliches Merkmal. Ich lasse meinen Blick auf ihr ruhen, an einer geeigneten Stelle, und nie zuvor Gedachtes schießt mir durch den Kopf. Wünsche, die sich überwerfen zu Begierden, zu Zwangsvorstellungen vom Glück, welche ich, nach und nach, mit anderen Überlegungen verschiebe: Wie schminkt sie sich … Wie kleidet sie sich … Womit verschafft sie Reizung … Wie reinigt sie sich nach der Arbeit … Wie setzt sie sich, notfalls, zur Wehr …

Ihr Unterkörper wirkt an jeder Stelle voll, nicht dick, sondern kräftig. Von ihrem Becken, wo er haften blieb zuletzt, gleitet mein Blick wieder rauf, zu ihrem Mund, den sie noch immer in Bewegung hält. Als sei sie damit imstande, so lege ich es mir zurecht, unglaubliche Dinge zu tun, das noch gar nicht Angebbare. Und ich ziehe mir rasch, wie stets in solchen Fällen, ein Netz von Gedanken darüber: Ob sie sich für Bücher interessiert … Ob ich mit ihr reden könnte … über diesen Aufsatz vielleicht … oder sie womöglich als Krüppel bezeichnen …

Ein Mann tritt neben sie und flüstert ihr, zu Boden sehend, sein Anliegen zu. Sie nickt zuerst und schüttelt dann den Kopf. Der Mann dreht sich um und verschwindet, die Verbliebenen mit ihm. Auf der Uhr über dem Wäschereieingang Ecke Taunusstraße/Elbestraße ist es vier Minuten vor sechs.

Die junge Frau läßt ihre Zigarette fallen und tritt sie aus. Neigt nun ihren Kopf so weit zur rechten Schulter, daß die Glieder die Haare erreichen, entfernt eine Spange und verwandelt sich langsam. Unterdessen geh' ich auf sie zu und bleibe, einen halben Meter versetzt, vor ihr stehen, schaue auf die Schlangenlederstiefel in dem Laden und frage sie nach Preis und Ort und Dauer.

Sie erteilt mir Auskunft ohne Unterton, ich zögere daraufhin. Bis sie einen Spottlaut von sich gibt. Ich sehe sie an und weiß nichts zur Antwort; taumele für einen Augenblick und höre mich dann sagen, interessierst du dich für Bücher …?

Wieder ohne Unterton beantwortet sie meine Frage, und ich behaupte auf einmal, aus der Luft gegriffen, mit einem Satz, in dem ein Wort das andere gibt, in einer Stichwortkette von Versprechungen, daß ich Journalist sei und schreiben wolle über sie, über ihr Leben, über ihr Schicksal, ihre Probleme und so weiter, bis sie mich zum Schweigen bringt. Mit beiden Gliedern eine neue Zigarette aus einer Extratasche ihres Hemdes angelnd, hält sie mir vor: Du bist ja nachtragend, was … – und sieht mich jetzt beinahe an. Ich greife in meine Jacke, an meinen Schlüsselbund und verstehe sie nicht. Lasse mir das Wort durch meinen Kopf gehen, male es mir buchstäblich aus. Und nach einer Weile sage ich: Nein, das heißt ja, aber nicht besonders … und füge noch hinzu, was ich bei meiner stillen Unterredung vorhin vergaß: Im Grunde bin ich völlig einfallslos, bestimmt. Höchstens der Einzeller ist originell, und hinter dem steckt dann womöglich noch Gott …

Gott …? wiederholt sie mit einem weit entfernten Fragezeichen und pult ein Feuerzeug hervor, mit ihren Stummeln ein Schauspiel vollführend; und ich verfolge, wie sie sich die Zigarette ansteckt, den Kopf verdreht, mit entsetzlicher Geschicklichkeit.

Sie macht einen Zug und sieht mir dabei, ganz überraschend, ins Gesicht, ein Bein, wie mir jetzt auffällt, halb über das andere setzend, so daß Falten entstehen, die ich bis zu ihrem Ursprungsort ergründen will, den ich aber nicht feststellen kann in diesem Bruchteil einer Sekunde, ehe ich sie wieder anschaue. Ihren unablässig arbeitenden Mund, der sich gerade zu öffnen beginnt. Freundlich sagt sie zu mir: Gehst du dann wieder weiter …

Wie spät ist es? frage ich laut, und sie deutet mit den Augen auf die Uhr oberhalb vom Wäschereingang. Zwei Minuten vor sechs ist es dort, wenn die Zeiger nicht täuschen. Dann …, sage ich, hingerichtet auf sie, muß ich sowieso los … Verwende noch eine Abschiedsformel, laufe zur Ecke, biege in die Elbestraße ein und denke an den Schwarzwald, an einen Ort, der Hinterzarten heißt, an einen Weiher in der Umgebung, an Kaulquappen, die ich einfangen könnte – etwa in Höhe der *Pik-Dame*, andauernd bis zur Ampel.

Jenseits der Kaiserstraße, schon weit hinter der Armlosen, am Rande des Platzes, der keiner ist, liegt mein angenommener Ausgangspunkt. Als ich dort eintreffe, ist es etwas vor sechs auf der Hauptbahnhofsuhr, und ich sehe mich um.

Auf dem Hochhaus neben dem Theater tanzt, hervorgerufen durch Metall und Sonne, quecksilbriger Glanz, wie ich es beschreiben würde, wenn ich müßte. Und noch an diesen Gedanken gebunden, kippt etwas in meinem Hirn: Vor kurzem hab' ich mir dort eine Mütze gekauft, erinner' ich mich. Wenn ich sie trage, komm' ich mir unmöglich vor, denn ich habe nichts, was dazu paßt.

Jetzt wird es sechs Uhr sein vermutlich, und sollte mich hier jemand treffen, dieser Aufsatzmensch am Ende, und fragen, was los ist mit mir, ich könnte ihm sagen: Ich beschwere mich nicht, es läuft.

Untermainkai
31

Du oder ich
– Die Botschaft eines architektonischen Invaliden des Bahnhofsviertels

DIETER BARTETZKO

Zählt der Untermainkai eigentlich noch zum Bahnhofsviertel? Laut den Katasterrastern unbedingt, wenn man ihn erlebt, eher nicht. Denn diese zur Polterstrecke für Trucker und zur Feinstaubmeile für Raser verkommene einstige Promenade wendet, zusätzlich isoliert durch die vielbefahrene Wilhelm-Leuschner-Straße, dem Viertel den Rücken zu. Ihre Häuser – ein knappes denkmalgeschütztes Dutzend stammt noch aus der Erbauungszeit des Bahnhofsviertels – gieren mit weiten Fenstern, Balkons, Altanen und Erkern förmlich nach dem Mainpanorama, dem Tropenrest des Nizza und, an klaren Tagen, den blaudunstigen Höhen des Odenwalds am Horizont. Nach Norden, zum Bahnhofsviertel hin, zeigen diese Mietspaläste und Villen der Gründerzeit meist nur schmucklose Rückfronten, Höfe und Lager.

Natürlich ist der Untermainkai, wie alle Straßen des Bahnhofsviertels, nicht ungeschoren durch den Bombenkrieg und die Abrißbirnenorgien der Nachkriegszeit gekommen. Immer wieder unterbrechen, mal beleidigend kistenartig, mal wenigstens gut proportioniert, Bürohäuser der fünfziger und sechziger Jahre die Stilrevuen des Historismus. Als Lückenfüller übernehmen sie immerhin die alten Flucht- und Höhenlinien und fallen so nicht weiter ins Gewicht. Wirklich barbarisch wird es erst am westlichen Endstück des Kais. Dort klafft eine riesige Bresche in der Bebauung – das mit einem längst verrotteten Siebziger-Jahre-Pavillon besetzte Vorgelände des 1976 entstandenen Hotels Intercontinental. Die zementstaubgraue, parallel zum Main gestellte Scheibe samt ihren normierten, unendlich öden Fensterbändern wetteifert aussichtsreich mit dem als „Schwesternheim" titulierten Hochhaus des Heilig-Geist-Hospitals an der obermainigen Schönen Aussicht um den Titel des häßlichsten Betonklotzes der Stadt.

Neben dem Intercontinental, etwas zurückgesetzt, steht mit keß abgeschrägten Ecken und dennoch plump der Siebziger-Jahre-Turm der IG-Metall, dessen Rambo-Anmutung man auch durch einen Verschönerungsversuch in den neunziger Jahren nicht beikommen konnte. Daß damals gigantische Betonplatten wie plattmacherische Angriffsrampen auf das Areal förmlich niederklatschten, bezeugt ein Parkdeck zwischen den beiden Riesen, das nur mühselig mit Bäumen und Restgrün getarnt ist.

Um so krasser sticht die zierliche Villa Bonn auf dem Nachbargrundstück von diesem Schlachtfeld des Betonwirtschaftsfunktionalismus ab. Weiß, mit grünen Fensterläden und einem anmutig gewalmten Schieferdach leuchtet sie zwischen den Bäumen, Stauden und Rasenflächen eines Gartens – 1790 als Sommersitz einer angesehenen Frankfurter Bankiersfamilie erbaut, 1830 um ein Geschoß aufgestockt, 1875 für die bauwütige Zeit bemerkenswert sensibel um eine gleichgestaltete Achse nach Osten erweitert und mit grazilen halbrunden Dachgauben versehen.

Zirka vier Generationen also haben diese noble klassizistische Architektur für ihre Zwecke umgebaut, ohne die ursprüngliche Schönheit anzutasten. Als in den frühen achtziger Jahren dem Haus infolge jahrzehntelanger Vernachlässigung der Abriß wegen Baufälligkeit drohte, entschloß sich die Stadt, aus dem Schaden der vorherigen Westendzerstörung samt Häuserkämpfen kurzzeitig klug geworden, das Denkmal zu retten. Sogar ein gutwilliger Investor fand sich – und seither steht die Villa Bonn wie die wunderliche Spiegelung eines längst versunkenen Arkadien am Untermainkai, isoliert, weil sie der stacheldrahtbewehrte Sitz eines Konsulats ist, andererseits belebt, weil in ihrem Erdgeschoß eine Kindertagesstätte Platz gefunden hat.

So, wie Welten liegen zwischen den beiden Betontitanen und der Villa Bonn, liegen Welten zwischen ihr und der angrenzenden ehemaligen Villa Helfmann. Daß sie nur noch der Torso eines der vielen gründerzeitlichen Anwesen ist, die vormals das nördliche Flußufer Frankfurts säumten, sieht man auf den ersten Blick. Zwar ragt am Untermainkai ein halbmannshoher Sockel aus schwarzem Basalt und rotsandsteinernen Bossenquadern mit paarweise angeordneten Kellerfenstern aus dem Bürgersteig – einer dieser enorm teuren, trotz Flußnähe trockenen Keller, wie sie sich nur Vermögende leisten konnten. Darüber, in einer Mischung aus Hochrenaissance und Barock, folgt das hochgesetzte Erdgeschoß mit vier rechteckigen, großzügig bemessenen Fenstern, die gerahmt sind von Giebeln und Festons aus ockerfarbenem Sandstein. Zwischen den beiden westlichen Fenstern recken sich mächtige, mit Masken und Grotesken verzierte Konsolen nach vorn, die den Balkon der Beletage tragen. Doch über diesem mit Eckbossen und reliefierten Bogenfeldern geschmückten Festgeschoß bricht die Pracht abrupt ab – zwei weitere Vollgeschosse, ein Mezzanin und ein Flachdach zeigen die dekorlose Glätte der Moderne. Die Dürftigkeit des Ganzen weist auf die frühen Nachkriegsjahre hin. Doch die Sorgfalt, mit der 1952 die Maße und Anordnung der Fenster sowie die Traufhöhen und Fluchtlinien der Nachbarbauten übernommen worden sind, läßt ahnen, wie Frankfurt insgesamt hätte wiederaufgebaut werden können, wären nicht der Dogmatismus der Funktionalisten und die Rentabilitätstabellen der Baukonzerne ans Ruder gekommen.

Man muß guten Willen aufbringen, um beim jetzigen Anblick der Villa Helfmann ihre verblaßte Schönheit zu würdigen. Den ersten Eindruck bestimmt nämlich abstoßender Verfall. Schleimig-glitschiges Moos wuchert rund um die verrosteten Dachrinnen und Regenrohre. Abplatzender Verputz und schwarzfleckiges Mauerwerk, das darunter zum Vorschein kommt, weisen auf Hausschwamm und Schimmel hin. Von den sandsteinernen Masken und Girlanden schilfern Platten ab, auf dem Prunkbalkon liegt zentimeterdick Vogelkot, durch die zerbrochenen Fensterscheiben fliegen Tauben ein und aus, das säulengerahmte vornehme Eingangsportal an der Ostseite des Hauses ist wie alle Erdgeschoßfenster grobschlächtig zugemauert.

Betritt man die ehemalige Villa, steigt einem penetranter Gestank in die Nase; Fäulnis, Moder, Urin. Nur mit angehaltenem Atem betrachtet man das Vestibül, seine farbigen Bodenmosaiken, die weißmarmornen, nach dem Vorbild antiker Stadtpaläste in Pompeji gestalteten Pilaster und den Deckenstuck. Das ist der einzige Rest der ursprünglich prachtvollen Innenarchitektur. Alles andere stammt vom radikalen Umbau zu Büros der fünfziger Jahre, ist versport, beschmiert, zertrümmert.

Oben im Balkonzimmer müssen zeitweise Obdachlose übernachtet haben. Sie sind wieder verschwunden, haben einige zerfetzte Schlafsäcke, sich auflösende Plastiktüten, Lumpen, leere Weinflaschen und Essensreste zurückgelassen. Vielleicht war der verwahrloste junge Mann, der im Winter und kühlen Frühjahr 2010 stundenlang über dem Abzugsgitter eines Lüftungskanals auf dem Untermainkai kauerte, um sich aufzuwärmen, einer von ihnen. Er hatte – man schämt sich, es niederzuschreiben, doch es war so – etwas von einem theatralischen Schauspieler, posierte regelrecht als Elendsfigur, murmelte vor sich hin, genoß es sichtlich, wenn gutgekleidete Besucher des Städel auf ihrem Weg vom oder zum Holbeinsteg vor ihm zurückzuckten.

Oder war diese ausgemergelte Gestalt einer der Stadtstreicher aus den drei winzigen, elenden Papphütten unter dem Uferbogen der nahen Untermainbrücke, die dort, betreut von einer älteren Nonne, einige Monate mit behördlicher Duldung kampierten, ehe sie spurlos verschwanden? Was einem im Bahnhofsviertel allenfalls in der Stunde zwischen Nacht und Morgengrauen, wenn nur noch Junkies, die nicht rechtzeitig unterkriechen konnten, und bis zum Rand der Besinnungslosigkeit Betrunkene umhertorkeln, widerfährt, ereignete sich vor den Papphütten oder der Villa Helfmann täglich: die Begegnung mit dem, was aus jedem hätte werden können, wäre er nicht durch Geburt und tausend glückliche Zufälle auf der richtigen Seite geboren und geblieben. Deshalb weichen wir den Blicken der Stadtstreicher aus, und deshalb meiden wir unbewußt zwar nicht das Bahnhofsviertel und auch nicht das Rotlichtmilieu, wohl aber dessen Abseiten.

Tagsüber ist das überreich verschnörkelte schmiedeeiserne Tor zum Hof der Villa Helfmann geöffnet. So können Nutzer der umliegenden Büros den Hof als provisorischen Parkplatz nutzen. Er ist umringt von ehemaligen Remisen, die, wohl ebenfalls in den frühen fünfziger Jahren, zu Garagen umgebaut wurden. Diese sind, bis unters Dach gefüllt mit verrottendem Sperrmüll, ungenutzt. Wer länger auf die maroden Kleinbauten schaut, bemerkt Fenster mit außergewöhnlich eleganten Brüstungsgittern – Rauten, stumpfwinklige Dreiecke, gerundete hölzerne Handläufe. Ein Seitenblick zur klassizistischen Villa Bonn zeigt, daß sie die gleichen Gitter vor den Fenstern ihrer Beletage trägt. Haben also die Remisen ursprünglich zu dem bürgerlichen Sommersitz gehört? Oder wurden sie aus den Trümmern anderer, längst verschwundener klassizistischer Bauten geborgen und hierher versetzt?

Gut möglich, denn in den ersten Jahren nach 1945 betrieb man das, was wir Ahnungslosen, im Luxus der konsolidierten Republik Aufgewachsenen nachhaltiges Bauen nennen. Damals war das Durchsieben von Schutt, das sorgfältige Ausschlachten von Ruinen bittere Notwendigkeit und kein in die Fülle eingebettetes Zusatzprogramm, das man so nachlässig gutwillig betreibt wie Müllsortieren. Wer Gründerzeitbauten des Bahnhofsviertels aufmerksam betrachtet, die noch nicht auf Hochglanz restauriert sind, wird immer wieder auf zweitverwendete Fenster, transloziierte Dachstühle und manchmal sogar noch auf nackte Mauern treffen, die aus Trümmermaterial zusammengesetzt sind.

Solchen Gedanken nachzuhängen ist auf Dauer unmöglich, wenn man die Villa Helfmann erkundet. Früher oder später wird das Gefühl übermächtig, sich in einem verfallenden, schlimmer noch: in einem verwesenden Gebäude herumzutreiben. Man fühlt sich wie von einer schlimmen Seuche infiziert, möchte keinen Fuß mehr vor den anderen setzen, weil er auf widerlich nachgebenden Moder und Unrat treffen könnte. Nein, hier ist nichts mehr von der Trümmerromantik oder vom Schlampencharme der Seitenstraßen des Bahnhofsviertels, der Hinterhöfe, der reizvoll schummrig-schmuddeligen Strip-Bars und Kneipen zu finden, in denen wir uns so gerne herumdrücken, wenn unsereins das Night-life-Flair der gehobenen Klubs, Bars und Nachtcafés zwischen Goethe- und Bleichstraße gelegentlich satt hat.

Einer für alle, alle für einen: Die Villa Helfmann, so, wie sie sich momentan darbietet, zeigt auf schwer erträgliche Weise das zweite, wenn nicht das wahre Gesicht des Bahnhofsviertels, Frankfurts und aller europäischen Großstädte. Denn alles in Städten Gebaute dient mittlerweile nur noch auf Zeit, wird radikal und pausenlos verwertet, sei es durch Aufbau, Umbau, Leerstand oder Vernichtung. Was schon das Entstehen des Bahnhofsviertels kennzeichnete, die ungehemmte Spekulation, hat in unseren Tagen einen Kulminationspunkt erreicht. Ob Neues gebaut oder restauriert, umgebaut, erweitert oder abgerissen wird, entscheidet nicht der Sinn für Zweckhaftes, Nachhaltigkeit, Notwendigkeit oder gar Schönheit, sondern einzig der freie Markt.

So kommt es, daß am Untermainkai momentan drei opulente Mietspaläste aus dem Jahr 1895 als Residenzen für Notariate und Konzernverwaltungen aufwendig saniert werden, die Villa Bonn in Kürze Sitz einer internationalen Bank werden, das Hotel Intercontinental seine abschreckende Häßlichkeit vorerst behalten – und die Villa Helfmann verschwinden wird. An ihrer Stelle soll ein ansehnlicher steinverkleideter Kubus im gediegenen Metropolenstil der Zweiten Moderne für Anwaltspraxen und Chefetagen entstehen. Ein zusätzlicher, ebenso ansehnlicher Trakt im Hofbereich wird, betitelt als „Gartenhaus", Wohnungen für den gehobenen Bedarf bieten.

Investor und Architekt gehen bei ihrem Projekt ungewöhnlich sensibel vor. Sie planen – und das trotz Dutzender Hürden, die ihnen der blinde Bürokratismus von Baubeamten in den Weg stellt –, beim Abriß Teile des Altbaus zu bergen und in den neuen Gebäuden wiederzuverwenden. Das Können und die Ernsthaftigkeit des Architekten Jens Jakob Happ stehen dafür, daß eine gelungene Kombination aus Tradition und zeitgenössischem Bauen entstehen könnte. Damit arbeitet Happ gleichsam Hand in Hand mit dem hiesigen Architekten Christoph Mäckler, der am Bahnhofsplatz den öden Betonriesen, der seit 1976 das zu seinen Gunsten abgerissene Prachthotel Carlton aus dem Jahr 1906 ersetzt, mit nobler Steinverkleidung und zwei halbrunden Ecktürmen der ursprünglichen Erscheinung des Vorgängerbaus wieder annähert. Beide wiederum sind aus dieser Perspektive Nachfolger der Architekten, die für den Immobilienhai Jürgen Schneider 1986 zumindest die Prunkfassade und das Treppenhaus des ehemaligen, zum Abriß freigegebenen Luxushotels Fürstenhof an der Gallusanlage retteten, indem sie beides in einen Neubau integrierten.

Schneider war ein Baulöwe, Hochstapler und notorischer Krimineller, aber auch eine Art Hauptmann von Köpenick des Immobilien- und Geldmarkts. Er rettete mit erschwindelten Millionen in Frankfurt auch den neobarocken Taubenhof nahe der Hauptwache vor der Zerstörung und in Leipzig Barthels Hof, das einzige erhaltene barocke Messeensemble der Stadt. Hätte zu seiner Zeit noch das leicht kriegsbeschädigte Schumanntheater am Frankfurter Bahnhofsplatz gestanden, dessen hinreißender Jugendstil 1961 einem beleidigend ordinären Großkasten aus Stahl und Glas weichen mußte, es wäre heute eine Attraktion des Bahnhofsviertels. Daß nur die List eines Betrügers es möglich machte, Finanziers zu schönheits- und traditionsbewußtem Bauen zu bewegen, zeigt, wie hoffnungslos – trotz aller gelegentlichen Lichtblicke – die Lage auf dem Bausektor ist.

Dafür steht die hier so ausführlich beschriebene ehemalige Villa Helfmann. Das Zitat, das sie einige Passagen zuvor als „einen für alle" charakterisiert, stammt aus dem bekannten Roman *Die drei Musketiere* von Alexandre Dumas. Vor einigen Jahren wurde eine deutsche Musicalfassung erstellt. Der Refrain „Einer für alle, alle für einen" mündet in die Feststellung: „Nichts haut uns um." Was die Villa Helfmann und ihre Botschaft anbelangt, hält man sich besser an das Lied der Rockgruppe Die toten Hosen, in dem die Musketier-Losung zynisch mit dem Satz „Wenn einer fort ist, wer wird denn gleich weinen" fortgesetzt wird und mit der sarkastischen Feststellung endet: „Einmal trifft's jeden, ärger dich nicht. So geht's im Leben – du oder ich!"

„Du oder ich" – der neue Leitsatz unserer stetig härter werdenden Gesellschaft ist an wenigen Orten so hautnah zu erleben wie in Frankfurts Bahnhofsviertel. So ist denn auch kaum daran zu zweifeln, daß es dort in irgendeiner Nebenstraße längst eine andere Villa Helfmann gibt, die ihrem Ende entgegendämmert – einem Ende, das vermutlich nicht so sanft verlaufen wird wie das am Untermainkai.

Las Vegarisierung
– Devianz als Attraktion

CHRISTOPH PALMERT

Jeder Frankfurter kennt das Bahnhofsviertel. Fast jeder Tourist, der Frankfurt besucht, kennt es. Jeder hat eine Meinung zu diesem Quartier, das sich direkt vor dem Hauptbahnhof erstreckt und Reisende in der Stadt begrüßt. Viele denken, es zu kennen. Doch die wenigsten verfügen über ein Wissen, das über die gängigen Vorurteile hinausginge.

Dabei hat Frankfurt zwei Bahnhofsviertel: das Bahnhofsviertel bei Tag und das Bahnhofsviertel bei Nacht. Tagsüber laufen viele Menschen auf dem Weg zu ihren Arbeitsplätzen in den zahlreichen Frankfurter Banken durch dieses Viertel. Mittags und nachmittags, gerade bei warmem Wetter, ist das Viertel ein hipper Schmelztiegel, in dem Berufstätige im Anzug in angesagten Restaurants ihre Mittagspause genießen. Viele dieser Leute, die sich hier am Tag wie selbstverständlich bewegen, setzen nach Einbruch der Dunkelheit keinen Fuß mehr in das Viertel, das dann zum zweiten Mal an diesem Tag zum (Nacht-)Leben erwacht. Wenn die Neonreklamen der Bordelle und Bars ihre volle Wirkung entfalten, wird das Viertel zum Spielplatz von Vergnügungssüchtigen, Junkies, Prostituierten, Zuhältern und Verbrechern – so das gängige Klischee. Erst jüngst war in der Onlineausgabe der *Frankfurter Allgemeinen Zeitung* wieder von einem Ordnungsdezernenten zu lesen, der den Stein der gängigen Klischees erneut ins Rollen gebracht hat.

Hierarchie

Wie bereits beschrieben, liegen Bank- und Bahnhofsviertel an einigen Stellen nur Schritte voneinander entfernt. Und sosehr sie sich voneinander unterscheiden, so unübersehbar sind hie wie da große Gemeinsamkeiten in den Hierarchien.

Beide nennen sich „Bänker", dennoch wäre niemand so vermessen, den Schalterangestellten der Commerzbank mit Josef Ackermann zu vergleichen. Ähnliches gilt beim Blick ins Innere des Bahnhofviertels. Für den unvorbereiteten Betrachter breitet es sich einer homogenen Masse gleich vor dem Auge aus. Es gibt Prostituierte, die ihre Dienstleistungen auf der Straße anbieten, um sie dann in privaten Autos zu erbringen, und Prostituierte, die ihrem Beruf in Bordellen nachgehen. Auf den ersten Blick sind sie nicht maßgeblich voneinander zu unterscheiden. Und doch liegen genau hier feinste Unterschiede, die über das Offensichtliche hinausgehen. Sicher, einigen Straßenprostituierten ist eine lange Drogenkarriere auf den ersten Blick anzusehen, sie bedienen sich der Prostitution, um schnell an Geld für weitere Drogen zu gelangen. Diese Form der Prostitution ist verboten und wird, nach den Beobachtungen des Autors, trotzdem zumeist polizeilich geduldet. Prostitution in Bordellen ist dagegen tatsächlich ein normaler Beruf „auf Steuerkarte", mit allen erforderlichen Anmeldungen. Die Damen mieten die Bordellzimmer zu einem festgelegten Tagessatz vom Betreiber des Hauses, arbeiten also freiberuflich.

Die Hierarchie in Bordellen ist deutlich gegliedert. In den unteren Etagen sind meist junge, attraktive Prostituierte anzutreffen, die häufig gut bis sehr gut deutsch sprechen. Darüber befinden sich die

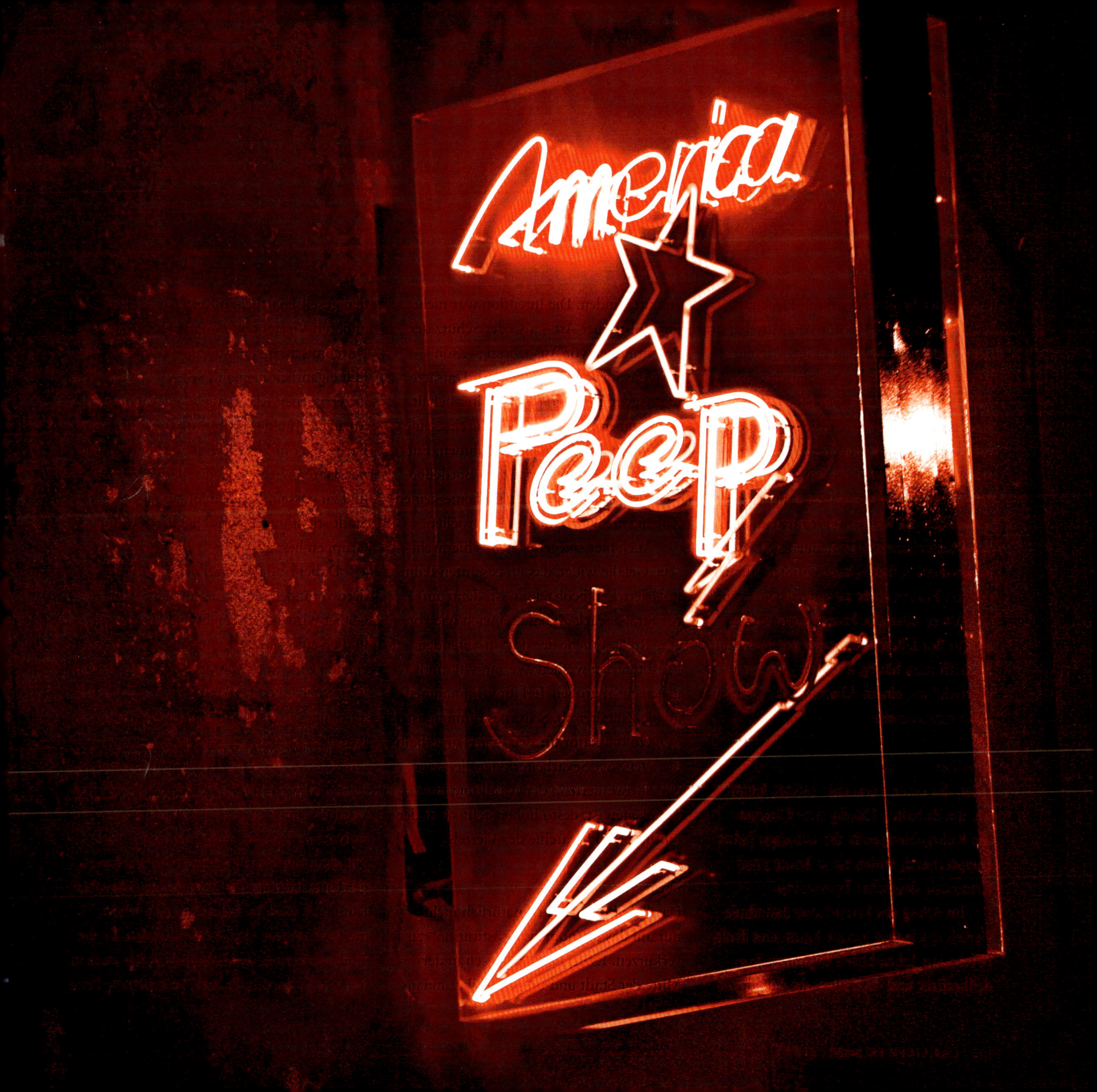
America
Peep
Show

Etagen der Prostituierten mit Herkünften, die sich immer weiter von Mitteleuropa entfernen. Man kann hier oft eine Reise unternehmen von Osteuropa über Afrika bis nach Asien. Die Stockwerke sind klar voneinander abgetrennt, und es findet so gut wie keine Durchmischung statt – darauf achten die Prostituierten selber. Im obersten Stockwerk finden sich schließlich die Räume der transsexuellen Sexarbeiter(innen) – so nennen sich viele Prostituierte selber –, zum Großteil Männer, die von Frauen nicht zu unterscheiden sind.

Ältere oder alte Prostituierte halten sich in Bordellen kaum oder gar nicht auf. Sie trifft man häufig auf dem „Hausfrauenstrich" an, einem Abschnitt der Straßenprostitutionsmeile.

Zuhälter

Jeder, der einen Fernseher besitzt, kennt sie, die Zuhälter. Häufig dem Klischee des Ruhrgebietsprolls der achtziger Jahre entsprechend, fehlen sie in kaum einer Krimiserie deutscher Provenienz.

Im Alltag des Frankfurter Bahnhofsviertels spielen sie jedoch kaum eine Rolle. Bereits vor Jahrzehnten begannen Bordellbesitzer und -betreiber, die Zuhälterei zu unterbinden. Die Intention war nicht humanistischer Art – also der Schutz der Prostituierten vor Ausbeutung –, sondern die Steigerung der eigenen Umsätze und Gewinne. Denn ein Zuhälter behält häufig einen großen Teil der durch „seine" Damen erwirtschafteten Einnahmen. Entsprechend wenig bleibt für die Bordellbetreiber übrig. Zuhälter haben heute keinen Zugang mehr zu Frankfurts Bordellen.

Auch hier spiegelt sich das hierarchische Gefälle wider, das im gesamten Bahnhofsviertel zu beobachten ist, denn auf der Straße spielt Zuhälterei nach wie vor eine Rolle. Etliche der dort arbeitenden Prostituierten werden „vermittelt" und geben einen großen Teil ihrer Einnahmen an die Zuhälter ab. Selbstbestimmung ist also ein Indikator für den Status innerhalb der Szene der Sexarbeiterinnen. Je freier eine Prostituierte in der Ausübung ihrer Tätigkeiten ist, desto höher steht sie in der inoffiziellen Hierarchie des Viertels.

Die Entwicklung

Das Bahnhofsviertel ist natürlich nicht nur auf das Phänomen „Prostitution" zu verkürzen. Es liegt geographisch in der Mitte der Stadt und bildet darüber hinaus den gesellschaftlichen Kern. In keinem anderen Viertel findet man eine ähnliche Durchmischung der sozialen Schichten. Hier fällt eigentlich niemand auf. Ob Obdachlose in zerrissenen Klamotten, Angestellte in Anzügen, Junkies im Elend, Touristen oder Barbesitzer in Ferraris mit zu großen goldenen Uhren – jeder scheint hierher zu gehören und zu passen. In jedem anderen Viertel der Stadt sticht mindestens eine der erwähnten Gruppen heraus.

Dabei ist das Viertel nicht statisch, sondern verändert sich konsequent weiter. Das Gebiet wird zunehmend von außen entdeckt und erschlossen. Der von der Norm abweichende Chic des zweitkleinsten Stadtviertels Frankfurts übt eine Anziehungskraft gerade auf junges Publikum aus, das das Viertel als Partymeile entdeckt, was manch aufgewecktem Klub- oder Barbesitzer nicht verborgen bleibt. Man könnte diese Entwicklung „Las Vegarisierung" nennen. Wie Las Vegas entwickelt sich das Bahnhofsviertel vom „Sündenpfuhl" zum Stadtteil mit hochwertiger Unterhaltung für Erwachsene. Mancher Klub und manche Bar geben sich Mühe, die Verhältnisse umzukehren, indem sie die Tagbevölkerung des Bahnhofviertels auch in der Nacht dorthin locken. So eröffnete Prinz

Marcus von Anhalt, ein Adoptivsohn von Frédéric von Anhalt (der auch lediglich ein Adoptivblaublut ist), im Mai 2009 seinen *VIP-Club*, um ihn im September darauf gleich wieder zu schließen. Das noble, durch PR mühsam aufgebaute Image des Klubs kam beim angesprochenen Publikum nicht an. Trotzdem ist es mittlerweile angesagt, im Bahnhofsviertel unterwegs zu sein, die Angst, vom Nachbarn erkannt zu werden, schwindet, denn das Viertel verliert peu à peu den Ruf, ein Ort ausschließlich der Prostitution zu sein.

Parallel zu dieser Entwicklung kommt es zu einer Politisierung. Versuchten viele Betreiber von Klubs und Bordellen früher, das Bahnhofsviertel nach außen hermetisch abzuriegeln, ist nun eine Öffnung gewollt. Viele Betreiber betrachten das Viertel als ungeschliffenen Diamanten und sehen die Möglichkeit, mit einem hochwertigen Unterhaltungsangebot die Kasse klingeln zu lassen. Schon heute werden Serviceleistungen offeriert, wie man sie sonst nur von Fünf-Sterne-Hotels kennt. Langsam bilden sich Gruppen, die politisch aktiv werden. Ihnen gehören u. a. Bordellbesitzer, Klubbetreiber und Bauherren an, die Projekte planen. Häufig stöhnen diese „Politiker des Viertels" aber darüber, daß sie kein Gehör finden. Die Frankfurter Politik rund um die Oberbürgermeisterin klage lediglich, ohne sich mit konkreten Vorschlägen zu befassen. Somit ist der Ball der Politik zugespielt.

Politische versus wirtschaftliche Interessen

So stehen sich im Viertel vor dem Hauptbahnhof zwei Parteien gegenüber, die das selber vielleicht noch gar nicht erkannt haben: auf der einen Seite die Politiker der Stadt und des Landes, auf der anderen die Geschäftsleute. Vielen von denen, die ihr Geld hier verdienen, ist daran gelegen, die Situation im Bahnhofsviertel zu verbessern, das Quartier zu verschönern, um mehr zahlende Kundschaft zu akquirieren. Hauptkritikpunkt dabei sind die zahlreichen Drogenabhängigen, die seit Jahren ins Viertel ausgebürgert werden. Denn um den Drogenhandel und -konsum in den Griff zu bekommen, setzt das Frankfurter Modell darauf, die Drogenszene der gesamten Stadt im Bahnhofsviertel zu konzentrieren. Hier existieren momentan vier sogenannte Konsum- oder Druckräume, in denen Drogenkranke ihre illegalen Substanzen konsumieren dürfen und mit sauberen Spritzen versorgt werden. In den Flußstraßen des Viertels – Elbe-, Nidda- und Weserstraße – kommt es dabei mehrmals täglich zum Stelldichein der Drogenabhängigen. Viele können nicht auf den Einlaß warten und setzen sich ihren Schuß dann doch auf dem Gehweg vor den Druckräumen.

Dieses Modell ändert nichts an der Drogenkriminalität und der Zahl der Abhängigen, zeitigt aber große Erfolge bei der Verringerung von Todesfällen und der Weitergabe von lebensbedrohenden Krankheiten wie Hepatitis und HIV. Allerdings führt diese Politik zur Ghettoisierung der Problematik, die der „Las Vegarisierung" im Wege steht. Für sich allein sind beide Ansätze sicher gut, zusammen können sie nicht funktionieren.

Ein inflationär benutztes Modewort meiner Generation ist „Kommunikation". Aktiv kommunizieren jedoch die wenigsten. Dabei würde echte Kommunikation jedem nützen. Denn letztlich wollen alle das gleiche – eine Imageverbesserung für den wohl am stärksten unterschätzten Stadtteil Frankfurts. Vielleicht entstünde dann eine ungewohnte Art der Public Private Partnership.

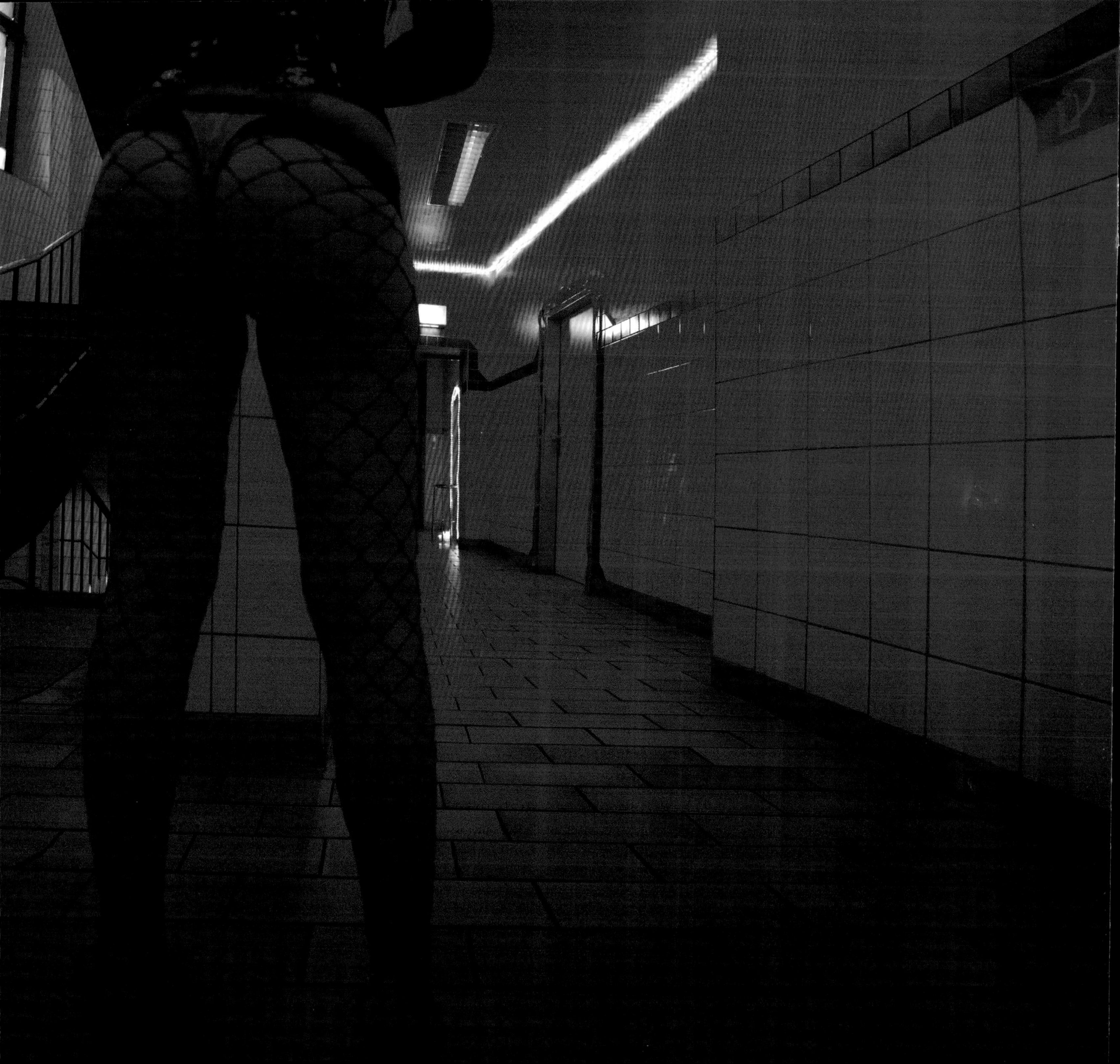

Interaktionsgeheimnisse –
Mythen des Alltags in der Laufhausprostitution

THORSTEN BENKEL

1. Mythen und Entzauberungen

Wenn es einen Bereich des Großstadtlebens gibt, der als Biotop für urbane Märchen und Mythen wohl niemals von der Trockenlegung durch nüchterne Tatsachenberichte in Tageszeitungen und Magazinen bedroht ist, dann muß es sich um die Rotlichtszene handeln. Das typische Rotlichtviertel ist eine städtische Nische, die, oft nahe des Bahnhofs lokalisiert, in sozialer und ästhetischer Hinsicht zu den Schattenseiten der großen Metropolen gezählt wird, die aber zugleich – und vielleicht auch deswegen – doch irgendwie „dazugehört".

In Frankfurt spielt das Bahnhofsviertel die Rolle der lokalen Rotlichtarena seit vielen Jahrzehnten und mit anhaltendem „Erfolg". Der Stadtteil ist, darin sind sich Befürworter und Verächter einig, auf Grund seiner Reputation zu einem der bekanntesten Viertel der Republik geworden. Daß dieser ungebrochene Bekanntheitsgrad tatsächlich auf Kenntnis der gesellschaftlichen Wirklichkeit des Bahnhofsviertels beruht, darf getrost bezweifelt werden. Wie ein näherer Blick offenbart, stehen der sagenumwobene Ruf auf der einen und die Alltagsrealität auf der anderen Seite für zwei recht unterschiedliche Ansichten des Stadtteils. Häufig läßt sich beobachten beziehungsweise durch Gespräche in Erfahrung bringen, daß die Außenwahrnehmung des Bahnhofsviertels von einer Art „mythologischem Bild" dominiert wird. Wenn man denn will, könnte man auch von einer „mythischen Erzählung" sprechen, die im Kern die auffälligsten, kuriosesten und spannendsten Facetten und Anekdoten der vergangenen Jahrzehnte bündelt und dem Außenstehenden, wo immer er sich aufhalten mag, einen kompakten, in bunten Farben geschilderten Eindruck zu vermitteln verspricht. Und je weiter sich der Zuhörer vom Viertel entfernt befindet, desto geringer fallen seine Möglichkeiten aus (sofern er dazu überhaupt die Lust verspürt), den Zusammenhang (oder eben die Kluft) zwischen Kolportage und Realität eigenständig zu überprüfen.

Dabei läßt sich in den Häuserschluchten und Verzweigungen zwischen Kaiser- und Taunusstraße vieles von dem, was man beispielsweise in Hamburg, Stuttgart, Rostock oder – hier spricht der Autor aus eigener Erfahrung – in Kaiserslauterner Vorortdörfern an „Tatsachenschilderungen" zugetragen bekommt, wenn die Rede einmal auf das Frankfurter Bahnhofsviertel kommt, nicht bestätigen. Aber wer findet schon die Gelegenheit, sich selbst ein Bild zu machen? Und wer will überhaupt die Mühe auf sich nehmen, Wahrheit und Mythos gegeneinander abzuwägen, wo doch die „Erzählvariante" des Bahnhofsviertels ohnehin die aufregendere Version ist? Mit anderen Worten: Wer ist schon bereit, sich als Außenstehender im Bahnhofsviertel durch die Realität irritieren zu lassen – oder es zumindest billigend in Kauf zu nehmen, ernüchtert zu werden? So rhetorisch die Frage klingen mag, die Antwort liegt auf der Straße. Das Bahnhofsviertel wird ständig von Flaneuren, Touristen und neugierigen Erstmalsbesuchern frequentiert, die – neben anderen Motivlagen – eben auch einmal mit eigenen Augen sehen wollen, „was dran ist" am Mythos.

Zu den interessiertesten, hartnäckigsten Gruppen unter den Neugierigen dürfte damals wie heute jene (überwiegend männliche) Schar junger Leute gehören, die die in den „Mythos Bahnhofsviertel" immerzu eingebundene Mixtur aus sex and crime nicht als Warnhinweis versteht, sondern sich den Kurztrip in die vermeintliche „Unterwelt" als durchaus verlockende Reise in eine andere, den eigenen Erfahrungen bislang fernstehende Welt imaginieren. Denn wie kaum ein anderer großstädtischer Ort strahlt das Rotlichtviertel die Aura der Abenteuersafari aus, als handele es sich um den letzten unkontrollierbaren Flecken in einer sonst rational organisierten und bürokratisch umzingelten Städtewelt.

Ein ganz andere Gruppe, die die spannungsreiche Beziehung zwischen fact und fiction schon von Berufs wegen unter die Lupe nimmt, sind Soziologen. Aus soziologischer Sicht gibt das Bahnhofsviertel nicht nur ein interessantes Untersuchungsgebiet für Feldforschungen ab, die Einblicke in die Sozialstruktur des Viertels ermöglichen. Es lädt darüber hinaus dazu ein, die vielen kursierenden Gerüchte, die sich mühelos aufschnappen lassen, wenn Passanten oder das Internet nach „Kenntnissen" über die „Wahrheit" des Bahnhofsviertels befragt werden, einer Überprüfung zu unterziehen. Im besten Fall gelangen Soziologen, die neugierig und – in manchen Situationen – wagemutig genug sind, zu Einsichten über die soziale Konstruktion des Stadtteilimages und können ihre Erkenntnisse den Vorannahmen und Vorurteilen gegenüberstellen, die die öffentliche Wahrnehmung bestimmen. Das war nur eines der Ziele im Aufgabenkanon einer mehrmonatigen Forschungsphase im Frankfurter Bahnhofsviertel, deren Ergebnisse – als eine erste umfangreiche sozialwissenschaftliche Bilanz – mittlerweile vorliegen. Aus der Menge des geschöpften Untersuchungsmaterials soll nachfolgend ein Aspekt näher beleuchtet werden, um den sich auch deshalb Mythen des Alltags ranken, weil er auf einen Ort verweist, mit dem viele Menschen zeitlebens nicht in Berührung kommen (wollen) – ein Umstand, der von jeher die Entstehung von Halbwissen und Halbwahrheiten erheblich begünstigt. Andererseits lädt dieser Ort selbst diejenigen, die seine „Vorderbühne" aus eigener Anschauung kennen, zu Spekulationen über die (undurchsichtigen) Hintergründe ein. Diesen Ort hat der französische Philosoph Michel Foucault einmal eine „Heterotopie" genannt; das meint einen Ort „außerhalb aller Orte", der für einen Bruch mit herkömmlichen (Raum-) Ordnungsvorstellungen steht. Es geht, kurz gesprochen, um das Bordell, das Foucault als einen „Illusionsraum" begreift, der das menschliche Leben auf seine Weise „noch illusorischer" macht.

Zunächst sind Bordelle Orte der Begegnung und der Kommunikation. Hier werden Geschäftsbeziehungen geknüpft, die außerhalb dieses spezifischen räumlichen und sozialen Settings nicht oder kaum vorkommen. Bordelle sind also vorrangig Interaktionsräume, deren reibungsloser Betrieb wesentlich davon abhängt, daß die beteiligten Personen bestimmte soziale Regeln verinnerlichen (und sie anwenden und dadurch ihre Geltung reproduzieren), die außerhalb der Bordellfläche keine Bedeutung haben. So gesehen, muß das Bordell als eine eigenwillige Sinnwelt betrachtet werden, die Handlungen und Verhaltensweisen erfordert oder bietet, die nur für jene Akteure Sinn haben, die am prostitutiven Kontext teilnehmen. Für eine soziologische Analyse dieser Sinnwelt bietet sich als erster Schritt die Klärung der Fragen an: Was ist der Fall? – beziehungsweise (nach Erving Goffman): Was geht hier eigentlich vor?

Das klärt sich beispielsweise durch die äußere Beschreibung der gewählten Szenerie(n) und der typischen Abläufe und durch die Fokussierung auf das, was den Alltag und die Routinen des gewählten Interaktionsraumes erkennbar auszeichnet.

Dieser Forschungsauftrag klingt unkompliziert; tatsächlich jedoch stellt schon der erste Annäherungsversuch an die Bordellszene im Frankfurter Bahnhofsviertel für viele Menschen (und auch für viele Soziologen) eine schwer überwindbare Hürde dar, die auf die Mythen des Alltags zurückgeht. Zu den populärsten Vorstellungen über Bordelle in Rotlichtvierteln gehört das Schreckensszenario, daß sich dort Kriminelle die Klinke in die Hand geben und im Halbschatten der von ihnen geliebten Unterweltatmosphäre die nächsten Coups planen. Eine Tür weiter zwingen brutale Zuhälter unschuldig verführte Mädchen in die Hände von

Freiern, deren Unattraktivität mit der Perversität ihrer sexuellen Interessen wetteifert und die den verruchten Ort nutzen, um endlich einmal jenseits institutioneller Kontrollen ihre animalischen Triebe auszuleben. Im Eingangsbereich verkaufen Dealer ihre Drogen an Minderjährige, und die Polizei ist machtlos, unfähig, schaut weg; sie hat dem kriminogenen Sumpf, in dem die Bordelle wie Unkraut sprießen, offenbar nichts mehr entgegenzusetzen und überläßt diejenigen, die auch nur in die Nähe des unheilvollen Soges kommen, schulterzuckend ihrem unausweichlichen Schicksal.

Solche, hier stark zugespitzt formulierten Schreckensvorstellungen sind nicht schlichtweg Ausdruck eines vorurteilsbehafteten Weltbildes oder mangelnder Vorstellungskraft. Wer meint, daß das Frankfurter Bahnhofsviertel auf diese Weise „funktioniert", ist schließlich nicht automatisch bereit, auch jedes andere unglaubwürdige Märchen für bare Münze zu nehmen. Die Dämonisierung von Rotlichtbezirken ist *auch* ein strategisches Mittel, mit dem sich Menschen außerhalb der entsprechenden Distrikte versichern können, „auf der richtigen Seite" zu stehen. Denn dort, wo sie leben, gibt es keine Großbordelle und keine Junkies, die sich über Straßenprostitution finanzieren. In den allermeisten Fällen stellen Stadtteile wie das Bahnhofsviertel für Besucher und zufällige Passanten eine Kontrastfolie dar, die sich schon auf den ersten Blick von den eigenen Lebensumständen radikal unterscheidet. Diese Unterscheidung kann zur (beruhigenden) Bekräftigung dafür umgedeutet werden, daß es selbst heute noch, in den vielbeschworenen postmodernen Zeiten, klare Trennlinien zwischen einer guten und einer schlechten Lebensweise gibt. Das Rotlicht vereint – zumindest im Mythos – genau jene Elemente, die gemeinhin das Abweichende, das Schlechte, wenn man möchte: sogar das „Böse" einer Gesellschaft kennzeichnen. Das Leben außerhalb dieser „Abwärtsspirale" (als die das Bahnhofsviertel oft wahrgenommen wird) ist so offenkundig die bessere, die wünschenswertere Alternative, daß es folglich undenkbar erscheint (und mythologisch umgedeutet werden muß), daß sich beispielsweise junge Frauen freiwillig in Bordellbetriebe einmieten und dort jenseits von Zwang und Gewalt ihrer täglichen Arbeitsroutine nachgehen.

Die Beantwortung der Frage, was im Bahnhofsviertel überhaupt vorgeht, hängt immerzu vom Weltbild oder – soziologisch formuliert – von den Normalitätsvorstellungen und Konstruktionen ab, die der Befragte vor dem Hintergrund seiner persönlichen Biographie auf den Stadtteil bezieht, einen Stadtteil, der nun einmal, abseits aller Mythologie, in der Tat vom Drogenkonsum und von der Prostitution, aber eben auch noch von vielen anderen Aspekten geprägt ist. Nur ist die Gleichzeitigkeit der Elemente, die das Bahnhofsviertel prägen, im öffentlichen Bewußtsein ungleich repräsentiert. Hinzu kommt, daß Massenmedien wie etwa die *Bild*-Zeitung mit ihren regelmäßigen Berichten über „Frankfurts Schande" denjenigen Lesern, denen es an persönlichen Eindrücken mangelt, „Erfahrungen zweiter Hand" vermitteln. Wer oft genug liest, daß das Bahnhofsviertel ein Hauptquartier des Verbrechens ist, wird es möglicherweise auch dann glauben, wenn er sich doch einmal dorthin verirrt – und sich überraschenderweise gar nicht bedroht fühlt. Auch diese Art der Medienberichterstattung ist ein Weg, um zu zeigen, was der Fall ist; und zwar nicht vor Ort im Bahnhofsviertel, sondern auf seiten der Leserschaft, die auf diese Weise ihre Ängste oder Ärgernisse bestätigt bekommt. *Bild* „beweist" mit seinen Reportagen aus dem „sozialen Brennpunkt" Bahnhofsviertel (wo sich „Schmutz-Freier", „bulgarische Prostituierte", „Rocker-Rollkommandos", „aggressive Bettler" und „Wildpinkler" tummeln; vgl. *Bild Frankfurt* vom 16. Juni und 17. August 2009) das, was man selbst immer schon wissen konnte, sofern man es denn wissen *wollte*. Der dahinterstehende Mechanismus ist ein entscheidendes Bindeglied mythologischer Erzählungen. Es gehört zur Mythenbildung im Alltag mit dazu, daß Menschen eher dazu neigen, Bestätigungen für ihre Vorstellungen wahrzunehmen, als die Gefahr einzugehen, diese Vorstellungen in der harten Schule der zwar eigenen, zugleich aber neutral-distanzierten Erfahrung irritieren zu lassen. Das Festhalten an weitverbreiteten Mythen ist weit weniger kompliziert als die Herausforderung, die Mythen auf ihre Standfestigkeit hin abzuklopfen – und sie womöglich gar zu entzaubern. ∴

2. Laufhausinteraktionen

Einen Vorwurf kann man der Bordellszene rund um den Frankfurter Hauptbahnhof nicht machen: Das Gebot der Diskretion, das für die zahllosen unauffälligen Bordellbetriebe in den Bungalows der Industriegebiete und für die diversen Prostitutionswohnungen in Hochhausbauten gilt, auf daß kein Nachbar sich belästigt und kein Kunde sich bloßgestellt fühlen muß, ist im Bahnhofsviertel von offenen Zugeständnissen abgelöst. Aggressive Werbeausleuchtungen, die berühmten „Fensterlampen" und zahllose Hinweisschilder, Plakate und Aufsteller lassen keinen Zweifel darüber, worum es hinter den zahllosen, ständig vorhangverdeckten Fensterreihen geht. Die Bordelle im Bahnhofsviertel sind Laufhäuser, das heißt der interessierte Freier kann das Haus in Eigenregie durchlaufen und die Gänge passieren, auf denen sich ihm das „Angebot" (ähnlich wie in einem Kaufhaus) sozusagen im Vorbeigehen präsentiert. Auf mehreren (zumeist fünf) Stockwerken reihen sich jeweils zwischen drei und zwölf Zimmer nebeneinander, die im Durchschnitt etwa fünfzehn Quadratmeter groß sind. Sie sind durch die erwähnten Gänge miteinander und mit einem zentralen Treppenhaus verbunden. Die Mieterinnen der Zimmer halten sich, sofern sie anwesend beziehungsweise nicht mit Kundschaft beschäftigt sind, zumeist im Bereich des Türrahmens auf und versuchen, die vorbeiströmende Kundschaft über Interaktionsofferten (Blicke, Ansprachen, Berührungen) zu einem Gespräch und in dessen Verlauf schließlich zum Eintreten zu bewegen. Das Eintreten und vor allem das Schließen der Tür signalisiert den anderen Kunden, daß die Mieterin nun „besetzt" ist, während es für Freier und Prostituierte den ersten Abschnitt der symbolischen Bekräftigung des soeben geschlossenen mündlichen Vertrages darstellt, an den sich üblicherweise die Vorabzahlung der vereinbarten Geldsumme direkt anschließt.

Innerhalb des Laufhauses wird die äußerliche Aufmerksamkeitserregung auf Grund der Beleuchtung und Verzierung des Hauses von einer ganz anderen, aber doch vergleichbaren Methode der Blicklenkung ergänzt. Die Frauen sind schon in der Phase des Erstkontaktes, wenn sie im Türrahmen lehnen oder auf ihrem Bett die durchlaufende Kundschaft mustern (während sie zugleich selbst gemustert werden), üblicherweise leicht bekleidet (Standard sind eine Bikinimontur und High Heels), und geben dem neugierig umherschweifenden Blick somit die Möglichkeit, die Auswahl des Körpers, der für den sexuellen Akt „gemietet" werden kann, direkt an Hand dieses Körpers vorzunehmen. Diese Fixierung des Blicks bedingt zum einen, daß die Mieterinnen dem gesellschaftlich vorherrschenden Schönheitsideal (Schlankheit, Makellosigkeit, Symmetrie) entsprechen müssen, um eine breite Masse an interessierten Kunden anzuziehen. Zum anderen verlangt das Outfit innerhalb der sozialen Gemeinschaft, als die die Prostituierten untereinander sich verstehen, eine schon im Anblick verbürgte Offenheit im gegenseitigen Umgang. Damit ist gemeint, daß das äußere Erscheinungsbild (einschließlich der Schminke und der Körpersprache) im Laufhaus so gestaltet ist, wie es im Privatleben nicht gestaltet ist. Die Arbeit erfordert die Übernahme solcher strategischen Mittel, um bei der Kundenanwerbung erfolgreich zu sein, und forciert damit schon auf der visuellen Ebene ein Bekenntnis der Frauen zu sich selbst, zu den Kolleginnen und den Kunden gegenüber, daß die Sinnwelt des Laufhauses mit den sozialen Regeln der Alltagswelt nur schwach verbunden ist. Bereits der Dreßcode der Frauen und die typischen Kommunikationen zeigen, daß diverse Verhaltensweisen, die keine der beteiligten Personen außerhalb des Laufhauses an den Tag legen oder betrachten wollen würde, innerhalb dieser geschlossenen Sinnwelt von den Beteiligten als akzeptable Verhaltensweisen geduldet und auch selbst realisiert werden. Was von außen gesehen wie ein Wechsel zwischen zwei verschiedenen Welten wirkt – nämlich zwischen der Laufhausrealität und der „Restwirklichkeit" –, ist in Wahrheit lediglich eine Umdeutung sozialer Regeln und Definitionen, der alle Beteiligten stillschweigend zustimmen, weil sie wissen, daß der Ort von solchen eigenwilligen Sinnsetzungen lebt.

Zu den auffälligen Besonderheiten, die ebenfalls quer zum Mythos verlaufen, zählt der Umstand, daß die Kontaktanbahnung häufig von seiten der Frauen erfolgt. Sie sind geübt darin (oder lernen rasch), den potentiellen Freiern Unschlüssigkeiten

INTERAKTIONSGEHEIMNISSE – MYTHEN DES ALLTAGS IN DER LAUFHAUSPROSTITUTION : 209

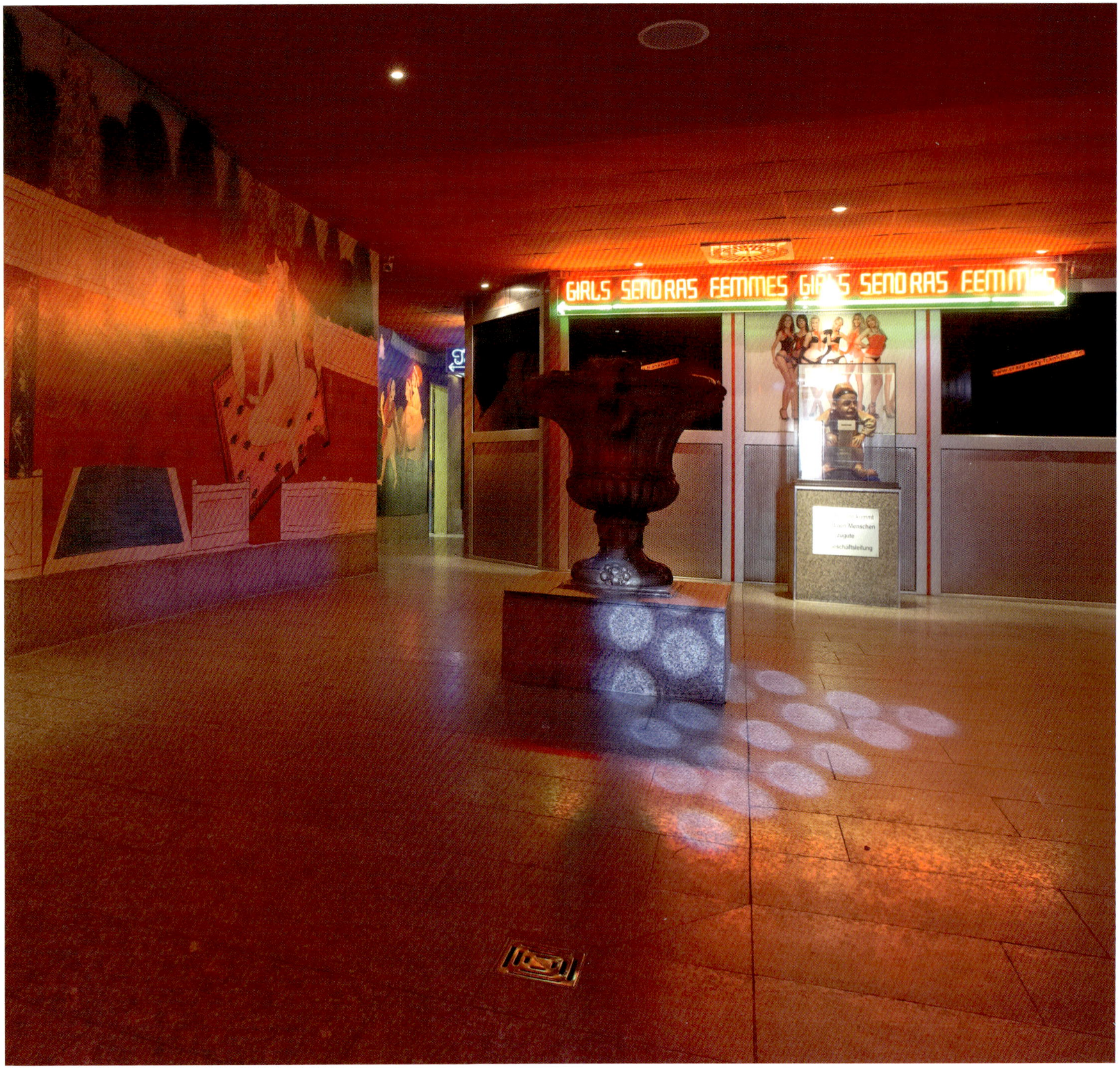
GIRLS SENORAS FEMMES GIRLS SENORAS FEMMES

und den Wunsch, „überredet zu werden", anzusehen, und sie setzen ihr erworbenes Geschick rhetorisch ein, um den Kunden so zu adressieren, wie er – ihrer Erfahrung nach – adressiert werden will. Ein Hindernis stellen Sprachbarrieren dar, weil in den Laufhäusern des Bahnhofsviertels nur wenige Prostituierte, aber dafür die Mehrheit der Freier deutschsprachig sind. Die Bandbreite der Sprachkompetenz bei den Frauen rangiert zwischen sehr guten Deutschkenntnissen (mitsamt den daraus erwachsenden Vorteilen bei der Kontaktanbahnung) bis hin zu kaum vorhandenen Ausdrucksmöglichkeiten. Zwar ist für die Wahl des Freiers schon die erste Interaktionssequenz entscheidend, sich genau hier – und nicht in einem der anderen Zimmer – auf das Geschäft einzulassen (oder eben nicht). Auf der anderen Seite ist jedoch bemerkenswert, daß gerade diese Phase der Interaktion überwiegend vom Aufzählen standardisierter Formeln geprägt ist, mit denen die Prostituierte ihre Angebotspalette (typischerweise: Oralverkehr, Geschlechtsverkehr, wechselnde Position, Anfassen) und den Preis (gegenwärtig zirka dreißig Euro pro Akt) kundtut. Es geht also nicht darum, auf den ersten Blick Individualität auszustrahlen. Im Vordergrund steht zunächst einerseits der Körperblick durch den Freier und andererseits die Klarstellung der ökonomischen Faktenlage durch die Prostituierte, die alle weiteren Interaktionselemente dieser Information unterordnet. Manch eine Sexarbeiterin mit geringer deutscher Sprachkompetenz lernt die Aufzählung von Praktiken und Preisen phonetisch auswendig, weil ihre Sprachkenntnisse zu mehr nicht ausreichen; zuweilen leugnen Mieterinnen aber auch ihre vorhandenen Deutschkenntnisse, um einen größeren „Exotenbonus" zu erhalten oder um die – bei nicht wenigen neugierigen Flaneuren verbreitete – Tendenz zu unterbinden, sich ausführlich über sexuelle Dienstleistungen austauschen zu wollen, ohne sie anschließend in Anspruch zu nehmen.

Diese Art der Aushandlung widerspricht dem Alltagsmythos, wonach die Frau in der Prostitution stets die Abhängige, Gezwungene ist, die gegenüber dem Freier eine unterwürfige Position einnimmt. Am deutlichsten ausbuchstabiert ist die vermeintliche rational-ökonomische, psychologisch-emotionale Überlegenheit des Mannes gegenüber der Frau in der mythologischen Figur des Zuhälters, der aus dieser Abhängigkeit handgreifliches Kapital zu schlagen weiß. Tatsächlich gibt es in den Laufhäusern längst keine Zuhälter mehr, die ihre „Damen" am Ende des Tages dafür „abkassieren", daß sie sie „beschützt" haben. Die Betriebe werden zwar von sogenannten Wirtschaftern geleitet und kommissarisch verwaltet, die Frauen sind als Mieterinnen ihrer Zimmer jedoch selbständige Dienstleisterinnen, die lediglich die Tagesmiete zu entrichten haben. (Die Preise hierfür schwanken gegenwärtig zwischen achtzig und hundertvierzig Euro pro Tag, je nach Haus und Lage.) Das durchaus nachdrückliche Zugehen der Mieterinnen auf potentielle Kunden im Laufhaus ist an erster Stelle eine wirtschaftliche Entscheidung, weil das finanzielle Primärziel die Erwirtschaftung der Tagesmiete ist, damit im Anschluß ein Überschuß gewonnen werden kann. Im Mythos ist das Animieren zum sexuellen Verkehr etwas, wozu der Zuhälterprofit die Frauen zwingt – während sie in Wahrheit selbst entscheiden, wie die Interaktionen ablaufen (oder auch nicht ablaufen, wenn sie sich einmal nicht danach fühlen). Sie entscheiden autonom, wie sehr sie beispielsweise die (Un-)Zufriedenheit mit der eigenen Situation in die Kommunikation einbringen; wie sehr sie eine Rolle spielen, die Klischees bedient (oder widerlegt); wie flexibel und verhandlungsbereit sie sind; wie sehr sie ihre Persönlichkeit einbinden und wie sehr sie sie hinter einer Maske verbergen. Die Interaktion verläuft also nicht über ein hierarchisches Gefälle, sondern als Aufeinandertreffen zweier wechselseitig aneinander interessierter Verhandlungspartner, die über ein Geschäft verhandeln, das für beide, wenn auch aus unterschiedlichen Motivlagen heraus, lukrativ wäre.

Gespräche mit Sexarbeiterinnen aus dem Bahnhofsviertel haben gezeigt, daß viele gezielt nach Deutschland gereist sind, um hier für einige Zeit als Prostituierte zu arbeiten und danach in ihrem Heimatland (häufig in Südosteuropa, Ostasien, der Karibik oder Südamerika) den angesparten Betrag in eine alternative Berufsexistenz zu investieren. Solche zielgerichteten Zukunftspläne wollen auf den ersten Blick nicht recht zur schummrigen

Rotlichtatmosphäre passen, in der scheinbar jeder Tag derselbe ist. So mancher Freier bastelt sich daher eine eigene Antwort auf die Frage, weshalb die Prostituierten tun, was sie tun. Doch ebenso, wie der Mythos von der aus Not in die Repressionsfalle geratenen Prostituierten falsch ist, ist es der überliberale Gegenmythos, wonach sich „nymphomanische" Frauen im Laufhaus auf „angenehme Weise" ihren Lebensunterhalt verdienen und das Nützliche mit dem Genuß verknüpfen wollen. Solche Vorstellungen entstehen dann, wenn (potentielle) Freier sich mit der Tatsache konfrontiert sehen, daß kein Zuhälterring das Sagen hat, und deshalb versuchen, die Freiwilligkeit der Sexarbeit für sich selbst plausibel zu machen. Schließlich könnte die „Dame", deren Dienste man in Anspruch nimmt, ja auch kellnern – es muß also, meint der Mythos, etwas dran sein an der unbändigen Lust, die offenbar nur durch das tägliche Sichausliefern an unbekannte Männer(-körper) halbwegs zu stillen ist.

Nicht wenige Sexarbeiterinnen greifen diesen Mythos bereitwillig auf und spielen eine entsprechende Rolle. Das erfüllt mehrere Zwecke: Zum einen sieht sich der Gast in seinem Weltbild bestätigt – und muß andererseits die Interaktion als einen „Kontakt auf Augenhöhe" begreifen, der beiden Lust bereitet. Zum zweiten ist dadurch die Lücke, die die unklare Motivlage auf seiten der Prostituierten offen läßt, gefüllt (während tatsächlich selbst die vermeintlich eindeutige Motivlage der Freier gar nicht so eindeutig ist). Und zum dritten ermöglicht dieser Mythos es den Frauen, sich in sexueller Hinsicht zur treibenden Kraft zu stilisieren und dadurch die Klischees des Alltags spielerisch zu durchbrechen. Sie können die Bühne ihres Laufhauszimmers nutzen, um eine Rolle einzunehmen, in der sie die Zügel in der Hand haben – und das nicht nur hinsichtlich des Einforderns von Bezahlung und des Gewährens (oder Verweigerns) von gewünschten Praktiken. Der Mythos von der sexuellen Motivation kann von der Sexarbeiterin instrumentalisiert werden, um dem Freier (zumindest während der Interaktionen vor dem Akt) das Gefühl zu geben, sie gewinne durch das Geschäft mehr, als sich auf der Geldebene überhaupt transferieren läßt (und somit auch mehr als ihre Kundschaft).

3. Offene Geheimnisse

Ein weiterer Alltagsmythos, der das Laufhaus umweht, ist die Stigmatisierung der Mieterinnen. Sexualität gilt in westlich geprägten Gesellschaften als eine hochgradig intime Sozialleistung, die durch die Investition von Sozialkapital (Vertrauen, Zuneigung, Sympathie usf.) erworben wird. Der Kauf sexueller Dienstleistungen geht jedoch auf dieses Sozialkapital nicht ein, sondern setzt an seine Stelle das Geldgeschäft; das soziale weicht damit dem rein ökonomischen Kapital. Die offenkundige Aushöhlung der Notwendigkeit, Sexualität als soziales Gut erst durch eine soziale Investition erwerben zu müssen, ist eine von vielen Ursachen für die historische Stigmatisierung der Sexarbeit. Die darauf bezogene moralische Entrüstung früherer Jahrhunderte, vielleicht auch noch Jahrzehnte, ist jedoch längst einer liberaleren Einstellung gewichen, derzufolge Sexarbeit die Konsequenz jener strukturellen Gewalt ist, welche die Menschen dazu zwingt, sich ihren Lebensunterhalt selbst zu erarbeiten. Es ist kein Zufall, daß die Frankfurter Laufhäuser überwiegend nicht von gebürtigen Frankfurterinnen bevölkert sind, sondern von Frauen aus Ländern, in denen sich diese strukturelle Gewalt noch wesentlich schärfer auswirkt als in westlichen Industrienationen, weil es an sozialpolitischen Hilfsmechanismen, an staatlichen Versorgungsleistungen, an Absicherungsmöglichkeiten usw. fehlt. Den Freiern sind die biographischen Wege, die die Frauen zu der Entscheidung geführt haben, Prostituierte zu werden, unbekannt, denn der persönliche Background ist – von beiden Seiten her – üblicherweise ein verschwiegenes Thema. Aus der gesellschaftlichen Perspektive wird das einstige moralische Dilemma, daß Menschen sich für Sexualität bezahlen lassen und andere bereit sind, dafür zu zahlen, mittlerweile mehrheitlich außermoralisch betrachtet, also unter den Vorzeichen der wirtschaftlichen Zwänge und der persönlichen Entscheidungen, die dahinterstehen und die allein die involvierten Akteure abzuwägen haben. Ob und wie sexuelles Handeln dabei abläuft, ist, wie der Hamburger Sexualwissenschaftler Gunter Schmidt einmal gesagt hat, mittlerweile nur mehr eine Frage der „Konsensmoral" der Beteiligten. Das ändert nichts daran, daß viele Freier und viele Prostituierte ihre Laufhaustätigkeiten der Familie und Freunden gegenüber geheimhalten – aber eben nicht, weil durch dieses Verschweigen soziale Regeln eingehalten werden, sondern weil es der Wahrung eines Selbstbildes entspricht, das die betroffene Person ausstrahlen will (und nicht: ausstrahlen muß).

Die „Interaktionswahrscheinlichkeiten" (Gilles Deleuze) im Laufhaus sind sehr hoch, weil das Laufhaus ein Ort der Begegnungen ist; ohne Interaktion ist das Laufhaus tot. Dieser Ort der Begegnungen wiederum fügt sich mehr oder weniger harmonisch in das zeitgenössische Image westlicher Großstädte ein: Eine Großstadt ohne Bordellbetrieb ist kaum mehr vorstellbar. Insofern gehört die Aushandlung von bezahlten Sexualdienstleistungen zur Urbanität in der Moderne ebenso dazu, wie es überall und jederzeit zum Alltag dazugehört, daß Waren und Dienstleistungen ge- und verkauft werden. In den Laufhäusern begegnet man dem buchstäblich nackten Kern von Kaufgeschäften, nämlich der Zurückführung des Käuflichen auf die grundsätzlichste Ressource, die Menschen haben: ihren Körper. Der Glaube, in der Prostitution stehe folglich der Körper im Zentrum, ist jedoch ebenfalls ein Mythos, denn Sexualität besteht zwar äußerlich aus der Koordination von Körpern, sie ist aber – und gerade im Kontext der Prostitution – auch immerzu eine soziale Angelegenheit, die ohne das Einhalten von Interaktionsritualen nicht funktioniert. Nicht der sexuelle Akt als solcher ist in der Prostitution das Aufsehenerregende, Schockierende oder soziologisch Interessante; es sind die Begleitumstände, die diese besondere Form des sozialen Umganges ermöglichen. In der Sinnwelt des Laufhauses ist Nacktheit unproblematisch, Intimität deplaziert, Oberflächlichkeit standardisiert, Anonymität erwünscht; es ist ein offener Raum der Geheimnisse und ein geheimnisvoll offener Ort. Es ist, mit anderen Worten, ein Ort, der für Mythenbildungen wie geschaffen ist.

Vor dem Gesetz oder im Recht?

KAI GUTHKE

Vor dem Gesetz steht ein Türhüter. Zu diesem Türhüter kommt ein Mann vom Lande und bittet um Eintritt in das Gesetz. Aber der Türhüter sagt, daß er ihm jetzt den Eintritt nicht gewähren könne.
Franz Kafka: *Vor dem Gesetz*

Die Bordellbetriebe haben das Frankfurter Bahnhofsviertel in Verruf gebracht, ist auf der Website der Stadt Frankfurt, www.frankfurt.de, zu lesen. Noch vor hundert Jahren sei es das Renommierviertel Frankfurts und die Kaiserstraße eine Pracht- und Einkaufsmeile gewesen. Immerhin habe das Viertel aber trotz des „Milieus" noch viel von seinem Flair behalten.

Ein paar Seiten weiter wird die neue „Sicherheitsoffensive Bahnhofsviertel" vorgestellt. Ein zentraler Punkt ist die verstärkte Bekämpfung der Straßenprostituierten durch uniformierte und zivile Polizeistreifen. Dadurch solle das Sicherheitsgefühl verbessert werden.

Der illegale Straßenstrich sei Teil der globalen Kriminalität, wurde die Oberbürgermeisterin kürzlich in einer Boulevardzeitung zitiert. Er mache sich mit Impertinenz breit. Zwar könne man die Prostituierten durch verstärkte Kontrollen kurzfristig in andere Städte vertreiben, doch kaum sei weniger Polizei vor Ort, werde wieder „Frischfleisch" aus anderen Städten geordert.

Diese Äußerungen stehen exemplarisch dafür, wie weitenteils auch heute noch über Prostitution, nicht nur über die Straßenprostitution im Frankfurter Bahnhofsviertel, gesprochen wird. Prostituierte seien mit polizeilichen Mitteln „in den Griff" zu kriegen.

Das ist bemerkenswert. Denn zum einen wird, anders als in den fünfziger und sechziger Jahren, von der Mehrheit der

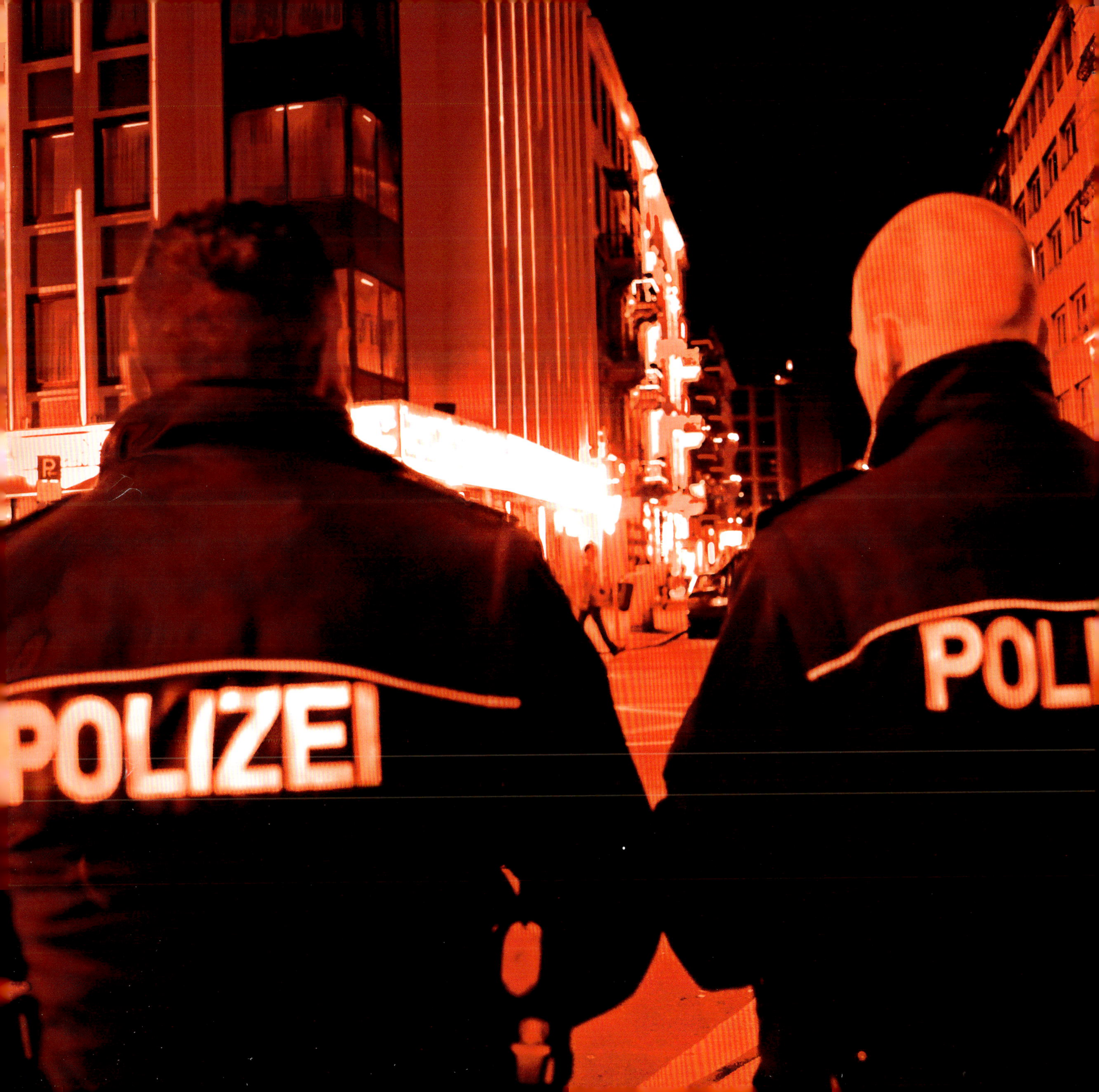
POLIZEI
POLI

Bevölkerung freiwillige Prostitution nicht mehr grundsätzlich als unmoralisch abgelehnt. Zum anderen hat diese Veränderung der sozialethischen Wertvorstellungen auch zu einer veränderten Rechtslage geführt. Bereits 2002 ist das Gesetz zur Regelung der Rechtsverhältnisse der Prostituierten in Kraft getreten, mit dem Prostitution als Beruf anerkannt wird, wenn auch nicht als ein „Beruf wie jeder andere". Ziel des Gesetzes ist es, die rechtliche Diskriminierung abzubauen und eine Verbesserung der Lebensverhältnisse von Prostituierten zu erreichen. Dieser sozialethische und rechtliche Wandel begründet die Hoffnung, daß auch in der Kommunalpolitik ein Umdenken stattfindet und die Diskussion über die Gegenwart und Zukunft des Bahnhofsviertels unter anderen Vorzeichen geführt wird. Die neue rechtliche Bewertung von Prostitution müßte sich also auch in der politischen Wahrnehmung von Problemen, in ihrer Analyse und den daraus zu entwickelnden Lösungsvorschlägen niederschlagen.

Statt dessen wird in gewohnter Bekämpfungsrhetorik die illegale, also die laut Sperrgebietsverordnung dort nicht zulässige Straßenprostitution ins Visier genommen. Besonders ärgerlich ist in diesem Zusammenhang auch, daß dies im Namen des „Sicherheitsgefühls der Bevölkerung" geschieht. Abgesehen davon, daß die Straßenprostitution im Bahnhofsviertel eine Ausnahmeerscheinung darstellt, ist sie, wenn sie vorkommen sollte, sicherlich kein besonders hervorzuhebendes Sicherheitsproblem. Ihre Darstellung als Unsicherheitsfaktor verschleiert, daß es dort, wo die Sperrgebietsverordnung die Straßenprostitution noch erlaubt, nämlich an den dunklen Ausfallstraßen, für Prostituierte tatsächlich unsicher ist und daß dort die Arbeitsbedingungen schlechter sind als im Bahnhofsviertel, wo es Rückzugsmöglichkeiten und Sanitäranlagen gibt. Dieses reale (Sicherheits-)Problem der Prostituierten kommt allerdings im Sicherheitskonzept der Stadt nicht vor; es ist nicht einmal ansatzweise daran gedacht worden, denn es geht ausschließlich um die vermeintliche Unsicherheit der Bürger aus den sogenannten ordentlichen Stadtvierteln. Eine Politik, in der eine solche Diskrepanz zwischen tatsächlichen Problemen auf der einen und ihrer Wahrnehmung und Thematisierung auf der anderen Seite klafft, muß sich den Vorwurf der Doppelmoral gefallen lassen. An der Art und Weise, wie auch nach der Einführung des Prostitutionsgesetzes in Frankfurt mit dem Thema Prostitution umgegangen wird, wird deutlich, daß von einem Umdenken nichts zu spüren ist.

Allerdings war das Prostitutionsgesetz schon im Gesetzgebungsverfahren leidenschaftlich umstritten, innerhalb der Fraktionen und in der Frauenbewegung. Einig ist man sich lediglich darin, die soziale Situation von Prostituierten verbessern zu wollen. Die Vorschläge könnten jedoch unterschiedlicher nicht sein. Während die einen mit Hinweis auf die Menschwürde die rechtliche Diskriminierung von Prostituierten weiter abbauen und die repressive Strafverfolgung in bestimmten Bereichen zurücknehmen wollen, fordern andere, ebenfalls unter Bezugnahme auf die Menschenwürde, ein absolutes Verbot der Prostitution durch die Kriminalisierung der Freier. In dem Maße, in dem das Thema mit Menschenhandel, Zwangsprostitution und organisierter Kriminalität in Verbindung gebracht wird, gewinnt die Diskussion eine durch die Medien aufgeheizte Dynamik.

Noch im Preußen des ausgehenden 18. Jahrhunderts herrschte ein aus heutiger Sicht überraschend pragmatischer Umgang mit Prostitution. Sie war zwar grundsätzlich verboten, doch es gab ein detailliert geregeltes Konzessionierungs- und Registrierungsverfahren. So mußten der „Hurenwirth" und die „Dirne", letztere nach eingehender Belehrung über die Folgen ihres „Wandels", auf der Polizeiwache einen schriftlichen Vertrag abschließen, in dem die jeweiligen Rechte und Pflichten, insbesondere die Arbeitsbedingungen, geregelt wurden.

Dieses Modell der offenen amtlichen Konzessionierung hatte allerdings nicht lange Bestand. Man kritisierte bald die staatliche Billigung von Sittenwidrigkeit. Auf das geregelte Verfahren folgte eine zunehmend willkürliche Polizeikontrolle. Dieses Kontrollmodell sollte prägend werden für das gesamte 19. Jahrhundert. Im Preußischen Strafgesetzbuch von 1851 wurde es erstmals normiert. Dort hieß es schlicht, daß sich eine „Weibsperson" dann, wenn sie den polizeilichen Anordnungen zuwider gewerbsmäßig Unzucht treibe, strafbar mache (§ 146 Abs. 1 Preuß. StGB). Die inhaltlichen Anforderungen an die polizeilichen Anordnungen blieben im Gesetz allerdings offen.

Dieses Vorgehen war so flexibel und praktisch, daß es in das Strafgesetzbuch für das Deutsche Reich übernommen wurde. Nach einigen Novellierungen wurden 1876 für die Strafbarkeit immerhin Themenkreise benannt. Strafbar war nunmehr „eine Weibsperson, welche wegen gewerbsmäßiger Unzucht einer polizeilichen Aufsicht unterstellt ist, wenn sie den in dieser Hinsicht zur Sicherung der Gesundheit, der öffentlichen Ordnung und des öffentlichen Anstandes erlassenen polizeilichen Vorschriften zuwiderhandelt, oder welche, ohne einer solchen Aufsicht unterstellt zu sein, gewerbsmäßige Unzucht treibt".

Diese von der Sittenpolizei überwachten „Kontrollmädchen" erhielten einen Erlaubnisschein, der ihre Tätigkeit legalisierte. Frauen konnten gegen ihren Willen jederzeit in die Kontrolle aufgenommen werden, auch konnte ihnen der Kontrollschein wieder entzogen werden. Aus der Überwachung wurden sie oft trotzdem nicht entlassen, es schloß sich eine halbjährliche sittenpolizeiliche Beobachtungsphase an.

Auch in Frankfurt, das sich nach der Annexion durch Preußen 1866 von Berlin aus regieren lassen mußte, griff die Sittenpolizei zur Aufrechterhaltung des öffentlichen Anstandes rigoros durch. So wurde zum Beispiel durch Verordnungen des Frankfurter Polizeipräsidenten jegliches „Anlocken von Mannspersonen", sei es durch Worte oder Gesten, verboten. Die Fenster mußten mit schweren Vorhängen versehen werden, selbst das Hinausschauen war verboten. Auch das Tragen auffälliger Kleider war strafbar. Nachdem alle Bordelle geschlossen worden waren, war zudem das „Umherziehen" auf den Straßen strafbar. Am Ende wurden dann sogar die Benutzung der Straßenbahn, das Radeln und das Fahren in offenen Wagen kriminalisiert. Positive Auswirkungen auf das Sicherheitsgefühl der Bevölkerung hatte das kaum. Nach wie vor wurde beklagt, das Leben und Treiben auf den Straßen trage den Stempel der Großstadt – mit dem typischen „gewissen hohen Grad an Unsittlichkeit".

Durch den Bevölkerungszuwachs und die Eingemeindungen entstand eine lebendige Stadtgesellschaft. Am Anfang des 20. Jahrhunderts hatte Frankfurt eine der höchsten Kneipendichten unter den deutschen Großstädten. Das Bahnhofsviertel, aber auch die Altstadt waren traditionell Orte, an denen Prostitution stattfand. Schon kurz nach der Eröffnung des Hauptbahnhofes 1888 wurde das Viertel auch im Zuge der zahlreichen Messen und Ausstellungen schnell einer der zentralen Orte mit

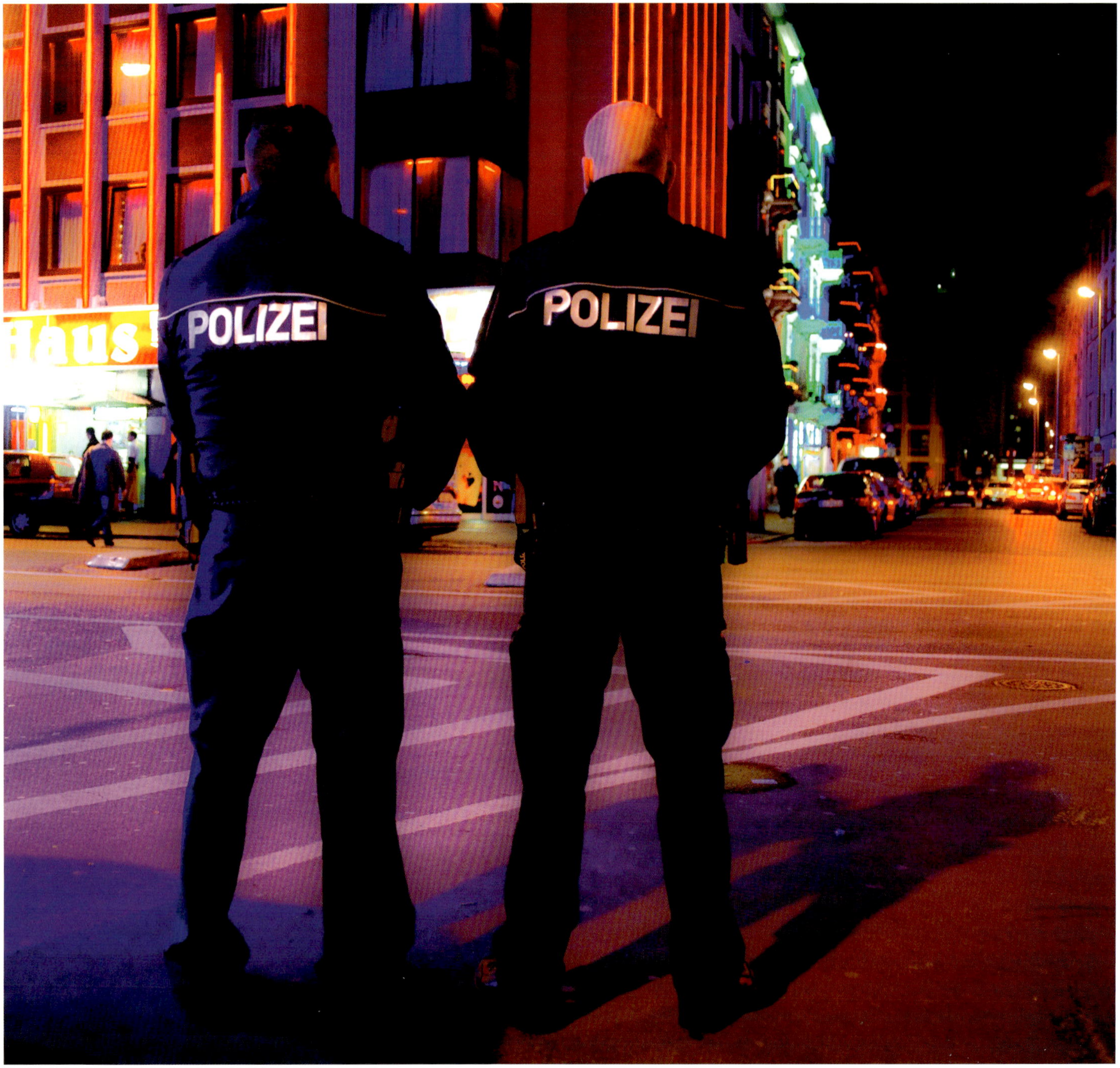
Haus
POLIZEI
POLIZEI

großstädtischem Flair. 1899 konnte der Verein zur Hebung der Sittlichkeit erste Erfolge vermelden: In der Moselstraße wurden zwei Animierkneipen geschlossen.

Seit Ende des 19. Jahrhunderts nahm allerdings auch die Akzeptanz für diese Art der repressiven Prostitutionskontrolle zunehmend ab. Reformorientierte soziale Bewegungen, Teile der Kirche, vor allem aber die aufkommende bürgerliche Frauenbewegung, für die das Thema zu jener Zeit zur Schlüsselfrage wurde, kämpften für die Abschaffung der rigiden sittenpolizeilichen Kontrolle. Unterstützung fanden sie auch bei einem Teil der Ärzteschaft, da die medizinischen Kontrolluntersuchungen oft gemieden wurden, um die sanitätspolizeiliche Repression zu umgehen.

Nach einer rund zwanzig Jahre andauernden heftigen Diskussion wurde allerdings erst 1927 die strenge Polizeiaufsicht abgeschafft. Auf Grund des neuen Gesetzes zur Bekämpfung von Geschlechtskrankheiten mußten sich die Frauen nun nicht mehr bei den Polizeiärzten, sondern im Frankfurter Stadtgesundheitsamt untersuchen lassen. Kamen sie dem nicht nach, drohten ihnen weiterhin erhebliche Strafen; in den städtischen Krankenhäusern wurden zudem Sonderstationen zur Zwangsbehandlung eingerichtet.

Begrenzt werden sollte die Prostitution jetzt vor allem auch durch das Strafrecht. Es war bereits strafbar, öffentlich auf eine die Sitte oder den Anstand verletzende oder anderweitig belästigende Art und Weise zur Unzucht aufzufordern oder sich zu ihr anzubieten (vgl. § 361 Nr. 6 a RStGB). Bei derart unbestimmten Rechtsbegriffen war letztlich nichts an Rechtssicherheit und Freiheit gewonnen. Tatsächlich behielt die Polizei ihre überkommene Kontrollstrategie bei. Unterstützung bekam sie vom Reichsgericht. Die Rechtsprechung sah schon das einfache Angebot zum entgeltlichen Beischlaf als geeignet an, Sitte und Anstand zu verletzen. Die Betroffenen waren somit genötigt, sich mit der Polizei gutzustellen, um der permanenten Gefahr der Strafverfolgung zu entgehen.

Es lag nahe, daß ein solches Regelungsmodell im Nationalsozialismus beibehalten wurde. Eine zusätzliche Verschärfung der polizeilichen Verfolgung trat insbesondere durch das Gesetz gegen die gefährlichen Gewohnheitsverbrecher ein. Auf Grund dieser Regelung, mit der im übrigen in Deutschland auch die Sicherungsverwahrung eingeführt wurde, konnten „arbeitsscheue" Prostituierte in ein Arbeitshaus eingewiesen werden.

Nach dem Krieg wurde sie zwar wieder abgeschafft, Prostituierte hatten jedoch weiterhin so gut wie keine Rechte. Prostitution galt unvermindert als moralisch anstößig und wurde deshalb unter Strafe gestellt. Das Bundesverwaltungsgericht setzte Prostitution 1965 mit der Betätigung als „Berufsverbrecher" gleich (BVerwG 22, 286 ff.).

Erst im Zuge der Sexualstrafrechtsreform in den siebziger Jahren wurde in der BRD ein Kurswechsel eingeleitet (in der DDR war Prostitution strafbar). Aus der Straftat gegen die Sittlichkeit wurde ein Delikt gegen das Rechtsgut der sexuellen Selbstbestimmung, also der Freiheit der Prostituierten, nicht zum Objekt sexueller Übergriffe zu werden. Umfassend kriminalisiert wurde weiterhin das Umfeld. Berühmt-berüchtigt ist in diesem Zusammenhang eine Entscheidung des Bundesgerichtshofes (BGH NJW 1986, 596), in der schon das Herstellen einer „gehobenen und diskreten Atmosphäre" als strafbar angesehen wurde, mit der Begründung, daß durch das Schaffen guter Arbeitsbedingungen gegebenenfalls vorhandene Hemmungen gegenüber der Prostitution abgebaut würden.

Obwohl Prostitution nicht strafbar war, wurde ihr mit dem Argument, sie sei sittenwidrig, die rechtliche Anerkennung versagt – mit Ausnahme im Steuerrecht. Im Namen des „Anstandsgefühls aller billig und gerecht Denkenden" waren Verträge zwischen Prostituierten und Kunden nichtig (§ 138 Abs. 1 BGB), mit der Folge, daß Prostituierte keinen rechtlichen Anspruch auf ihr Entgelt hatten. Arbeitsverträge waren allein wegen der oben genannten umfassenden Kriminalisierung von Bordellen und bordellartigen Betrieben undenkbar. Folgerichtig erhielten Prostituierte auch keinen geregelten Zugang zur gesetzlichen Kranken- und Rentenversicherung sowie zur Arbeitslosenversicherung.

Anbahnungslokalen wurde mit dem Argument, sie würden der „Unsittlichkeit Vorschub leisten", keine gaststättenrechtliche Erlaubnis erteilt. Zwar ist Prostitution auch heute noch kein Gewerbe im Sinne des Gewerberechts, weil sie als „sozial unwertige" Tätigkeit angesehen wird. Doch im Baurecht gelten Bordelle als „störende Gewerbebetriebe", so daß sie in Wohn- und Mischgebieten nicht zulässig sind. Jede Betriebsform der Prostitution, auch der sogenannten Wohnungsprostitution, stellt baurechtlich eine gewerbliche Nutzung dar. Vielerorts, auch in Frankfurt, wurden nicht nur zum Schutz der Jugend, sondern auch zum Schutz des öffentlichen Anstandes Sperrgebietsverordnungen erlassen, die die Ausübung der Prostitution in bestimmten Gebieten und/oder zu bestimmten Uhrzeiten verbieten. Seit den sechziger Jahren hat die Stadt durch unterschiedliche, umstrittene und rechtlich problematische Sperrgebietsverordnungen immer wieder versucht, Prostitution aus bestimmten Stadträumen zu verdrängen, um sie in den (Lauf-)Häusern des Bahnhofsviertels zu konzentrieren. Vor allem diese Regulierungspraxis hat das Gesicht des Bahnhofsviertels geprägt; auf engem Raum drängen sich seither Prostitutionsbetriebe und Prostituierte. Frauen, die gegen die Sperrgebietsverordnung verstoßen, drohen Sanktionen. Darüber hinaus wurden Prostituierte – wie in vielen anderen Städten auch – lange Zeit pauschal verdächtigt, „geschlechtskrank" zu sein. Unter Androhung von Sanktionen wurde daher in regelmäßigen Abständen vom Gesundheitsamt eine Untersuchung angeordnet, nach der die „Arbeitserlaubnis", der sogenannte Bockschein, ausgestellt wurde.

Nur allmählich zeichnete sich nach jahrelangen Diskussionen auch auf rechtlicher Ebene eine nachhaltige Veränderung ab. Nachdem im Jahr 2000 das Bundessozialgericht mit einer Grundsatzentscheidung Prostituierten, die in einem faktischen Arbeitsverhältnis stehen, den Zugang zur Sozialversicherung ermöglicht hatte (BSGE 87, S. 53 ff.), wurde noch im selben Jahr vom Verwaltungsgericht Berlin entgegen der langjährigen Rechtsprechung entschieden, daß einem Anbahnungslokal auch eine Gaststättenerlaubnis erteilt werden kann, da das Gaststättenrecht die Sittlichkeit nicht um ihrer selbst willen zu wahren habe (NJW 2001, 983 ff.).

Vor dem Hintergrund, daß Prostituierte statistisch gesehen nicht häufiger als die übrige Bevölkerung an Geschlechtskrankheiten leiden, wurde schließlich auch den Forderungen der Ärzteschaft entsprochen und 2001 das Gesetz zur Bekämpfung von Geschlechtskrankheiten durch ein neues Infektionsschutzgesetz abgelöst. Damit wurden Pflichtuntersuchungen sowie die mit ihnen verbundene Registrierung von Prostituierten abgeschafft. Seither können sich Prostituierte in Beratungsstellen freiwillig und anonym untersuchen lassen.

Angesichts der jahrzehntelangen rechtlichen Diskriminierung von Prostituierten wird deutlich, daß das am 1. Januar 2002 in Kraft getretene Prostitutionsgesetz trotz der Kompromisse im Zuge des Gesetzgebungsverfahrens und trotz seines eher übersichtlichen Umfangs – es beschränkt sich auf zivil-, arbeits- und sozialrechtliche Fragen – als Errungenschaft in die Rechtsgeschichte eingehen wird. Im Vordergrund steht die Legalisierung des Rechtsverhältnisses zwischen Prostituierten und Kunden durch die Abschaffung der Sittenwidrigkeit. Verträge über sexuelle Dienstleistungen sind nunmehr rechtsgültig, so daß Prostituierte ihr Entgelt vor Gericht einklagen können. Das Rechtsverhältnis ist als einseitig verpflichtendes Rechtsgeschäft zugunsten der Prostituierten ausgestaltet. Zudem wurde ihr Zugang zu den Sozialversicherungssystemen gesetzlich klargestellt.

Diskutiert wird zur Zeit vor allem die Aufnahme der Prostitution in das Gewerberecht, wobei aber weniger der Gedanke der Gleichbehandlung mit anderen Gewerbetreibenden im Vordergrund steht als vielmehr die Frage, wie in Zukunft eine umfassende behördliche Kontrolle der Prostitution zur Sicherung bestimmter Standards gesetzlich gewährleistet werden kann. Zweifellos ist es sinnvoll, sich für gute Arbeitsbedingungen einzusetzen und deren Einhaltung zu kontrollieren. Es besteht jedoch die Gefahr, daß dann, wenn man sich bei der Umsetzung dieses Anliegens im Gewerberecht nicht an der Philosophie des Prostitutionsgesetzes orientiert, durch die Einführung neuer Melde- und Kontrollpflichten im Zusammenspiel mit einer Lockerung der datenschutzrechtlichen Vorschriften die Wiedereinführung der überwunden geglaubten repressiven Registrierungs- und Überwachungskultur droht. Hört man die Vorschläge mancher Prostitutionsgegner zur Ausgestaltung des Gewerberechts, fühlt man sich an Kafkas Erzählung „Vor dem Gesetz" erinnert. Nachdem die Prostituierten den ersten Türhüter überwunden und Zugang zum Recht erhalten haben, drohen nun von Saal zu Saal stets weitere Türhüter, einer mächtiger als der andere.

Erfolgreich wird die Umsetzung der verwaltungsrechtlichen Konsequenzen aus dem Prostitutionsgesetz nur dann sein, wenn sich das wachsende Selbstbewußtsein der Prostituierten auch in einer starken Interessenvertretung und Beteiligung an den Entscheidungsprozessen niederschlägt. Die Stadt Frankfurt sollte vorangehen und Schlußfolgerungen aus der rechtlichen Anerkennung und der Legalisierung der Rechtsverhältnisse von Prostituierten ziehen. Doch es dürfte eher unwahrscheinlich sein, daß es eines Tages auf der Website der Stadt Frankfurt heißen wird, daß die Bordelle das Bahnhofsviertel nicht berüchtigt, sondern berühmt gemacht haben.

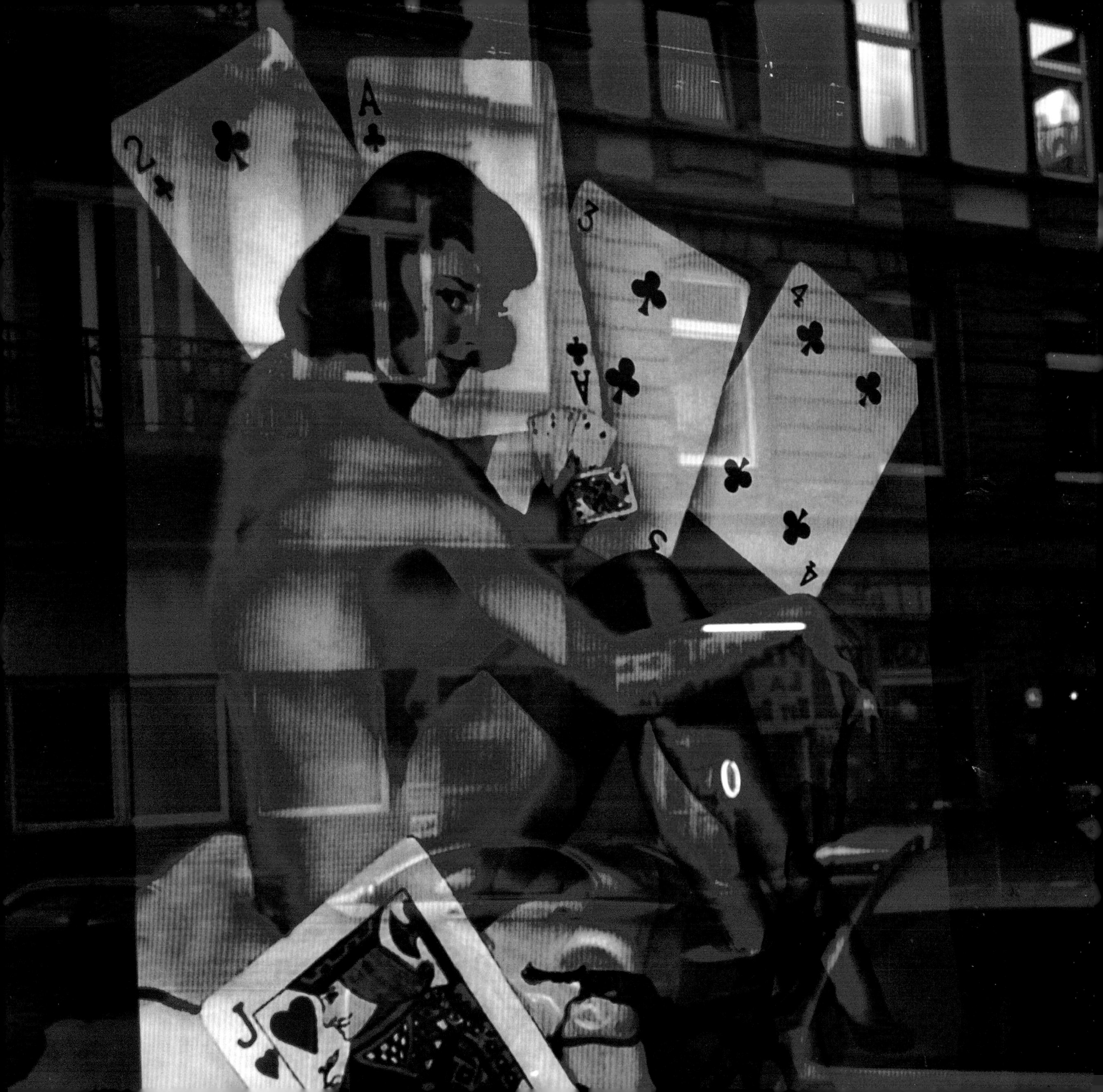

Irgendwas Braunes

OLIVER MARIA SCHMITT

Rumms! Ein dumpfer Schlag, ein Beben. Die Erde zitterte leise nach. Da lag er vor mir, in stabiler Rückenlage, schrie und ruderte mit Armen und Beinen in der Luft herum wie ein verunglücktes Insekt. Was hätte ich tun sollen? Einfach weitergehen? Wären Sie weitergegangen? Tut mir leid, daß ich hier so reinplatze – aber ich habe mir diesen Moment ja auch nicht ausgesucht, als der beste Autor aller Zeiten ohne Vorwarnung in mein Leben fiel. Er zappelte vor mir auf dem Boden, ein riesiger Kerl, und sah zu mir auf. Ich schaute auf ihn herab. Keine gute Gesprächssituation. Wenn ich mit Dialogpartnern nicht auf Augenhöhe kommunizieren kann, muß ich Veränderungsstrategien einleiten. Ich weiß das, ich bin Coach. Der Mann hatte eine Motorradlederjacke an, wirkte überrascht und verwirrt, aber auch verärgert. Ich sah mir das eine Zeitlang an, dann handelte ich. Atmete tief durch, ging in die Knie und legte mich neben ihn auf den Gehsteig. Er war kühl und feucht.

„Bleiben Sie einfach entspannt liegen."

„Du hast Nerven", sagte der Mann.

„Ist Ihnen schlecht?"

„Schön wär's. Die Arschlöcher haben mich rausgeschmissen." Er deutete hinter sich auf das schwarze Loch, aus dem er gefallen war: der Eingang zum Cabaret *Pik-Dame*. Er schwieg. Wahrscheinlich reflektierte er seine Situation.

Seit Stunden schon war ich im Frankfurter Bahnhofsviertel unterwegs, kreuz und quer im Karree aus Mosel-, Elbe- und Weser-, aus Taunus-, Münchener und Kaiserstraße, mal ging ich auf das stählerne Gewölbe des Hauptbahnhofs zu, mal hatte ich es im Rücken und blickte auf stramm erigierte Bankentürme. Sie konnten mich nicht einschüchtern. Ich konzentrierte mich wieder auf das *InteraktionsTarget*, das ich mir für heute abend gesetzt hatte: Ich wollte Alkohol trinken. Nicht weil es mir schlechtging – im Gegenteil. Ich fühlte mich leicht, easy, war einfach gut drauf. Positive Vibrationen, ganz so, wie sie diese freundlichen Damen ausstrahlten, die mir aus einem rot erleuchteten Haus in der Moselstraße zuwinkten. Ich winkte zurück und schlurfte schnell weiter. In der fleckigen Nacht war alles geschäftig.

Ich war viel zu dünn angezogen, trug nur Kapuzenshirt und Sporthose, doch das paßte zu meiner Stimmung. Wer konnte schon ahnen, daß ich gleich den erfolgreichsten Autor der Welt kennenlernen, daß ich sein persönlicher Berater, ja im Prinzip sogar Manager werden würde? Aus Fortbildungsgründen besah ich mir Aushangbilder: „Heißer Table-Dancing-Act mit der sensationellen Olinka aus Kiew!" Die vergilbten Photos im Schaufenster des Cabaret *Pik-Dame* ließen erkennen, daß Olinka vor vielen Jahren eine rustikale Schönheit gewesen war. Sie sah phantastisch darauf aus. Sollte ich spontan zu ihr reingehen? Oder lieber *Eva's Bistro* auf der anderen Straßenseite checken?

Die Eingangstür war nur angelehnt, Klaviergeklimper

quoll heraus. Hinter Glas klebte ein graviertes Messingschild: „Eintritt nur in gepflegter Kleidung!" Das konnte vielleicht ein Problem werden. Ich hatte ja noch meine Jogginghose an, ein sehr preisgünstiges Modell von Woolworth, elf Euro. Leider kein stylisches Markenbeinkleid mit Druckknöpfen an der Seite, wie es die Leute hier auf der Straße trugen. Neben dem Eingang zur *Pik-Dame* bot ein abgenagtes Plastikdach Schutz vor dem Nieselregen. Leute hetzten vorbei. Ich sah ihnen nach. Manche huschten geduckt durch die Nacht, andere schlenderten und blickten suchend umher. Ein Mann fragte nach meinem Namen: „Schnelles? Schnelles?" Ich hieß aber nicht Schnelles, und als ich ihm das gerade erklären wollte, zog er weiter und verschwand nebenan in einem Etablissement namens *Riz*. Wohnte dort dieser Schnelles?

Im *Moseleck* hatte ich um achtzehn Uhr mit einem kleinen Pils den Anfang gemacht; ganz langsam, ganz entspannt holte ich das Pils da ab, wo es herkam: am Tresen. Als ich es orderte, hatte sich der Wirt über die unverhofft eingegangene Bestellung halb kaputtgefreut. Er rief: „Leck mich fett, ein kleines Pils! Achtung, alle mal herhören, dieser Herr hier verzehrt jetzt gleich vor unseren Augen ein kleines Pils!" Danach wechselte ich in *Heidi's Bierstube* und sagte: „Leck mich fett, ich verzehre jetzt vor Ihren Augen ein kleines Pils und zusätzlich einen Schnaps!" Der Wirt sagte gar nichts und schob mir ein Pils und einen Klaren hin, der nicht schmeckte. Der zweite war schon besser, blieb jedoch so wirkungslos wie der erste – und wie die Biere im *Kakadu* und die zwei Schnäpse im *Pils Express*.

Ich streunte weiter durchs Gestein Frankfurts, nach rechts, nach links oder umgekehrt, ich weiß es nicht mehr, ich fragte irgendwelche Leute, oder die fragten mich, egal, jedenfalls waren die Leute auf einmal wieder weg, und ich stand vor diesem Schaufenster des Cabaret *Pik-Dame*. Und überlegte: ob ich reingehen sollte; ob ich mich da drin wohlfühlen würde; ob die da drin auch Getränke verkauften und in welcher Reihenfolge; ob das komische Geräusch von mir kam oder von da drin oder von sonstwoher. Nämlich: Es rummste. Den Rest kennen Sie ja: Ich lag neben dem Typ auf dem Gehsteig.

„Jetzt ist der ideale Zeitpunkt", sagte ich. „Jetzt stehen wir auf."
„Meinetwegen."

Ich schaffte mich hoch. Was nicht einfach war, denn der Mann klammerte sich derart an meinen Beinen fest, daß ich ihm, um nicht selbst umzufallen, aufhelfen mußte, was ziemlich tricky war, denn er schwankte gleichzeitig in alle Richtungen und war schwer wie ein amerikanischer Gastronomiekühlschrank. Als er sich endlich an mir hochgezogen hatte, stellte sich heraus, daß er größer war als ich – und ich nun zu ihm aufschauen mußte. Das fand ich nach allem, was ich gerade mitgemacht hatte, ungerecht. Doch ließ ich keine negativen Emotionen in mir aufkommen.

Der Kühlschrank sah empört an sich herunter, klopfte den Straßenschmutz von der speckigen Jeans, hustete, wandte sich zum Eingang der *Pik-Dame* und verschwand in dem Etablissement. Ich ging ihm nach.

Eine schummrige Plüschbar. Blutrote Wände, vergoldete Spieglein, Spieglein an der Wand, dazwischen einige Séparées, abgetrennt durch rote Vorhänge mit applizierten Goldborten. Kleine Tische, weiß bedeckt. Irgendwo im Raum schwebten zwei Karussellpferdchen, durchspießt von stählernen Haltestangen. Es roch nach Wunderbaum. Ein langhaariger Nachtpianist nötigte dem Pianoforte unvergeßliche Schlagermelodien ab, eine sehr große, fette Frau schaute ihm dabei über die Schulter. Sie war zum Glück nur gemalt, sonst wäre sie sofort aus ihrem goldenen Bilderrahmen gefallen. Gepflegte Herren saßen vereinzelt an kleinen, weiß eingedeckten Tischen mit kleinen Getränken drauf und schauten zu einer kleinen Bühne mit Leuchtboden, auf der sich nicht das Geringste abspielte. Warteten sie auf Olinka? Der Typ war nirgends zu sehen.

An der Bar waren alle Stühle frei, eine Thekerin spülte Gläser. Alles an ihr war schön: die hochgesteckte Frisur mit dem kecken Partyhütchen, ihr schimmerndes Paillettenkleid, ihre drahtigen Oberarme mit der Ankertätowierung, ihr lustig angeklebter Schnauzbart. Sie sandte hocherotische Schwingungen im Supermegahertzbereich aus, die ich noch gar nicht kannte. Entschlossen sprach ich sie an und fragte nach dem großen

IRGENDWAS BRAUNES : 225

Lederjackenmann. Sie schaute nicht auf. „Der ist da drin", seufzte sie heiser und deutete mit dem Kopf in Richtung eines dunklen Ganges. „Im Raucherzimmer, wo er hingehört. Wenn der BRAZ noch einmal hier vorne an der Bar qualmt, dann fliegt er endgültig raus." Ihre Stimme war voluminös und sexy tiefergelegt.

Das Raucherzimmer trug seinen Namen zu Recht. Mehrere auspuffartig qualmende Männer waren darin, das vermutete ich jedenfalls, denn ich konnte sie nicht sehen, nur hören. Ihre Stimmen drangen von nah aus dem dichten, grauen Dunst. Ich tastete mich vorwärts. Als ich nach einem Herrn in Lederjacke fragte, packte eine Hand meinen Unterarm und zerrte mich runter auf einen Stuhl. Mir wurde schwindlig.

„Hier ist nur für Raucher!"

Es war seine Stimme. Im Nebelplasma materialisierte sich sein Antlitz, direkt vor meinen Augen. „Warte vorne an der Bar auf mich", sagte er.

Es bereitete ihm offenbar keine Schwierigkeiten, sich Menschen gefügig zu machen. Wir kannten uns nicht mal eine Viertelstunde, da mußte ich ihm bereits fünfzig Euro leihen, damit er mir ein Getränk ausgeben konnte. Er winkte das Barfräulein heran, ich zwinkerte ihm zu, es zwinkerte zurück. Ich kam bei der Damenwelt gut an, hatte einen sogenannten Schlag, das haben mir viele Menschen, darunter auch Frauen, bestätigt. Der Lederjackenmann war gerade dabei, einen Streit mit der Bardame anzuzetteln.

„Wo ich bin, wird geraucht", verkündete er apodiktisch.

„Wo ich bin und geraucht wird, da fliegst du raus", entgegnete sie.

„Sie hat recht", flüsterte ich ihm zu und zwinkerte synchron. „Sie ist eine wunderschöne Frau, und Schönheit siegt immer."

„Du hast Tomaten auf den Augen. Sie ist ein wunderschöner Mann und heißt Kurt", entgegnete er. „Das weiß hier jeder. Kurt ist krankhaft herrschsüchtig, und das wird ihm noch mal das wunderschöne Genick brechen." Er sah mich verschwörerisch an. „Ich bin Raucher, mußt du wissen, aber Kurt läßt mich hier am Tresen nicht rauchen." Sein Name sei Jo Hollenbach, sagte der Raucher, unter dem sei er auch berühmt geworden.

Jo Hollenbach – na klar! Den Namen hatte ich in letzter Zeit etliche Male gehört oder gelesen, wußte aber nicht mehr, wo. „Müßte ich was von Ihnen kennen?"

„Da gibt's nicht viel, was du kennen kannst. Ich habe nur den einen gemacht: den BRAZ."

„Den BRAZ?"

„Den ‚Besten Roman Aller Zeiten' – BRAZ. Wer Bücher liest, weiß davon. Totaler Welterfolg mit allem Drum und Dran. Vier Millionen Verkaufte in Deutschland in sechs Monaten, weltweit schon sechsundzwanzig. Gibt's bis jetzt in sechzehn Sprachen, einundvierzig weitere Übersetzungen sind in Arbeit, in drei Monaten bin ich noch vor den Gebrüdern Grimm der meistübersetzte Deutsche, obwohl die Grimms zu zweit waren. Das Buch wird demnächst verfilmt mit Sean Connery, Bully Herbig und Witta Pohl. Steht auf Platz eins der Bestsellerlisten in sieben europäischen Ländern, außerdem in den USA, Kanada, Australien, Bhutan und nächste Woche sogar in China. Das ist ganz selten!"

Er nannte den Titel seines Buches – und ich kannte ihn tatsächlich! Es war einer dieser Titel, die man nicht vergißt, wenn man sie mal gehört hat, so ähnlich wie *Der Fänger im Weizen*.

Hollenbach indes war ungehalten, seine Bestellung kam nicht. „Wie lange sollen wir denn noch warten! Pils und 'n Bausatz, du Penner, aber flotto!"

Erst als ich bar bezahlte, erhielten wir die Bestellung: ich ein Pils, Hollenbach ein Glas Sekt und irgendwas Braunes im Schnapsglas. Das sei ein „Bausatz", erklärte er, „Champagner und Jägermeister". Im Reich der Getränke ein „totaler Klassiker", wie er anfügte. In dieser Kombination hätten das schon „die ganz Großen" getrunken, sagte er, ohne allerdings genauer zu werden. Er goß sich mit der linken Hand das eine, mit der rechten Hand das andere Glas in den Schlund, und als ich ihn anstaunte, meinte er: „Stereo – geht schneller!" Und bestellte das gleiche noch mal.

Das schöne Frl. Kurt vertröstete Hollenbach, es müsse sich gerade um die anderen Gäste kümmern. Die Stimmung an den Tischen war schlecht. Vereinzelte Herren wurden unruhig, Fragen nach Olinka kamen auf. Kurt wiegelte ab, erklärte, es sei bald so weit, und gab dem Mann am Klavier Anweisung, die Schlagerbeschallung zu verschärfen.

„Ich möchte Sie mal was fragen: Wenn Sie den erfolgreichsten Roman aller Zeiten geschrieben haben, dann sind Sie doch bestimmt auch der wohlhabendste Autor aller Zeiten, oder nicht?"

Der Erfolgsautor lachte herb. „Im Prinzip schon. Aber weißtu, ich bin momentan nicht wirklich flüssig, ich hab' da einen Liquiditätsengpaß. Um offen zu sein: Ich hab' Scheiße gebaut, gewaltige Scheiße sogar. Die Albanermafia ist hinter mir her, mein Auto ist kaputt, und meine Mutter droht mir mit Sachen, das kann ich dir gar nicht erzählen."

hier Raucherraum

Disneyland der selbsternannten Bohème

CHRISTOPH SCHRÖDER

Ich betrete das Bahnhofsviertel nur, wenn es sich nicht vermeiden läßt. Eigentlich läßt sich das aber sehr gut und immer vermeiden. Man kann das Bahnhofsviertel glücklicherweise weiträumig umfahren oder in Sachsenhausen leben, dann muß man gar nicht auf die andere Mainseite. Ins Bahnhofsviertel geht man, wenn man in den Puff oder Drogen kaufen will. Beides ist mir kein Bedürfnis. Die Bahnhofsviertelromantik, die allseits gehegt und gepflegt wird, widert mich an. Dieses so friedliche Multikultinebeneinander von Moscheen und Lebensmittelhändlern aus dem Orient und von überall her, von Prostituierten und Junkies – der Traum aller Weltumspanner und Migrationsphantasten! Meiner nicht. Wenn ich frisches Obst, Gemüse oder frischen Fisch zu günstigen Preisen in leicht verschrammeltem Ambiente kaufen will, fahre ich nach Offenbach.

Ich weiß, das Bahnhofsviertel ist das, was man kultig nennt. Ich kenne viele Leute, gerade sogenannte Kreative, die in den vergangenen Jahren dorthin gezogen sind. Junge Künstler scheint das Bahnhofsviertel geradezu magisch anzuziehen. Mit jungen Künstlern habe ich aber auch nicht allzuviel am Hut. Eigentlich gar nichts. Bevor ich im Bahnhofsviertel wohnen würde, zöge ich eher auf den Frankfurter Berg oder in den Ben-Gurion-Ring. Das wäre mit Sicherheit ehrlicher und unmittelbarer als die weichgespülte Bahnhofsviertelprotzerei.

Ja, ja, da trifft man sich in diesen Säufer- und Absturzkneipen und sitzt inmitten von Säufern und Abstürzlern und geht dann nach Hause, steigt dabei über ein paar Junkies, die auf dem Boden herumliegen, weicht dem einen oder anderen Crack-Aggressor aus und fühlt sich, sicher zu Hause angekommen, wahnsinnig verwegen. Wie oft habe ich schon Leute darüber reden hören, daß das *Moseleck* ein Geheimtreffpunkt sei, an dem sich Künstler und andere Kreative einfinden. Dabei hat das *Moseleck* eine Website, auf der sämtliche Getränkepreise aufgelistet sind, versehen mit dem Hinweis, man akzeptiere auch EC- und Kreditkarten.

Total authentisch. Ganz, ganz nah dran am Elendchic.

Überhaupt, die Kreativen, schon wieder so ein Wort. Mitarbeiter von Werbeagenturen betrachten sich selbst, wenn ich das richtig verstehe, als Kreative, mit welchem Recht auch immer. Man müßte mal nachzählen, ob mittlerweile mehr Nutten oder mehr Werber im Bahnhofsviertel arbeiten. So gentrifiziert, um das letzte Modewort auch noch einzuführen, kann das Nordend nie werden, wie es das Bahnhofsviertel als deprimierendes Disneyland der selbsternannten Bohème bereits ist.

Wenn ich die Wahl hätte, ob ich lieber mit einer Heuschrecke des Raubtierkapitalismus (oh, Verzeihung, noch ein Schlagwort) im Westend ein Glas Wein oder im *Moseleck* oder sonstwo im Bahnhofsviertel mit einem der Kreativen einen Doornkaat trinken wolle – die Entscheidung fiele mir nicht schwer. Das Bahnhofsviertel ist der verlogenste Stadtteil Frankfurts. Aber das vermute ich ja nur. Denn ich betrete das Bahnhofsviertel ja nie.

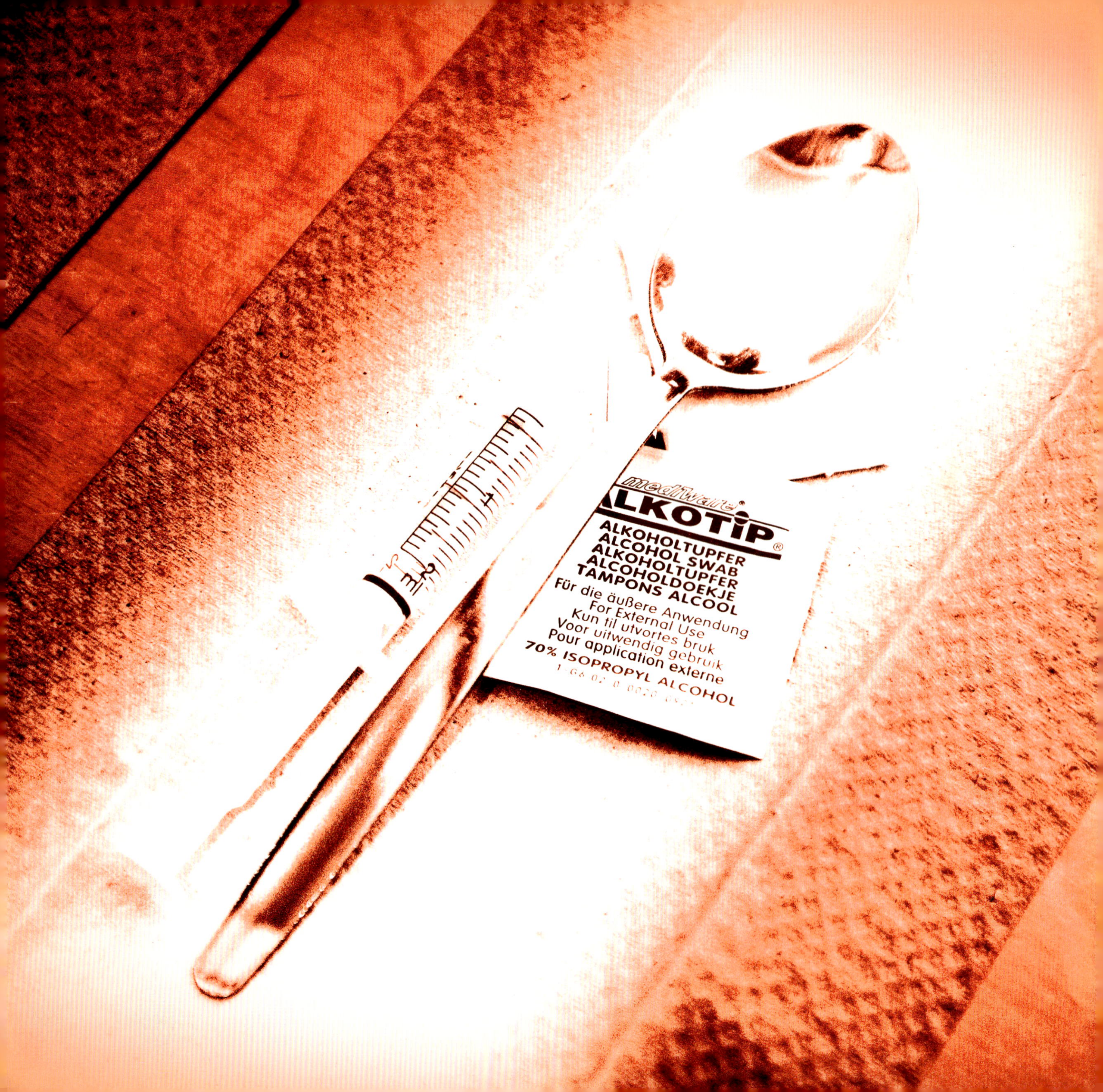
mediware
LKOTIP
ALKOHOLTUPFER
ALCOHOL SWAB
ALCOHOLTUPFER
ALCOHOLDOEKJE
TAMPONS ALCOOL
Für die äußere Anwendung
For External Use
Kun til utvortes bruk
Voor uitwendig gebruik
Pour application externe
70% ISOPROPYL ALCOHOL

Die Drogen

Sucht ist wahrscheinlich der konsequenteste Ausdruck von Amoral und Zynismus einer Zivilisation, die von Begriffs-Injektionen abhängig ist wie andere von Sexriten und dem Wort des Schamanen. Wer von etwas abhängig ist, ist schnell auf den Begriff gebracht. Mit allen, nicht aber mit Opium-Jones und Schnee-Ede kann man Frieden und Verträglichkeit auch über Barrikaden hinweg finden. Opium-Jones ist die Auflösung des Westens, gespielt vom Westen, zerstört vom Westen. Der Körper eines Junkies ist der klassische Comicstrip des 20. Jahrhunderts. Keinem fällt es schwerer als einem Junkie, eine andere Rolle zu finden. WHAT NEXT ON THE STAGE?

Jörg Fauser

Sex and Drugs and Rock 'n' Roll

ULRICH GOTTSCHALK

Abgefahren ging's im Bahnhofsviertel wohl immer schon zu, jedenfalls soweit ich mich erinnern kann. Im *CSL*, dem *Club Studio Luxemburg*, einer kleinen Imbißstube gegenüber dem Bahnhof zwischen Kaiser- und Münchener Straße, hab' ich regelmäßig zwei Stunden an einer Cola genuckelt, HB oder, wenn es finanziell schlecht lief, Lloyd geraucht und die aktuellen Hits aus England von den Swinging Blue Jeans bis zu den Beatles gehört, da Rock 'n' Roll musikalisch das war, was zählte, weil er Gefühle weckte, die nur uns zu gehören schienen. Man traf seinesgleichen und versuchte, den Mädels in den Ausschnitt zu schauen. Das war ungefähr zwischen 1963 und 1965. Ich hatte noch keine Jeans, aber Kellerfaltenhosen, und die Haare waren so lang, wie es die Eltern zuließen. Der Schwulenstrich gegenüber auf der Hauptbahnhofsüdseite wirkte so faszinierend, beängstigend und abstoßend zugleich wie heute die Junkie-Szene. Der Paragraph 175 StGB machte es möglich.

Ein paar Jahre später war es das *K52* auf der Kaiserstraße, das mir dann schon die Nächte mit einem Herrengedeck (Bier und Schnaps oder Cola-Kognak) für fünf Mark verteuert hat, aber das gut gemischte Publikum und die Copycats (eine schottische Truppe) oder auch die Rollicks, eine Berliner Band, die alles nachspielten, was rockte, waren mir die Sache wert. Jimi Hendrix, der im *K52* gespielt hat, aber damals noch unbekannt war, habe ich leider verpaßt. Es ging irgendwie gesittet zu, selbst im Anzug und mit schwarzer Lederkrawatte hatte man noch nichts falsch gemacht. Es gab bereits hin und wieder Pillen, etwa AN 1 zu Bier und Schnaps. Ich bekam davon große Augen und den Puls eines Marathonläufers. Man faßte sich noch an beim Tanzen. Bei den vielen GIs, die dort auch verkehrten, war das Sitte. Sie schleppten verdammt noch mal die schärfsten Bräute ab. Hierhin verirrte sich kein Mauerblümchen, also waren es auch einsame, hungrige Nächte für ein armes, blasses Hemd wie mich, ja, ja.

Wieder ein paar Straßen weiter und ein paar Jahre später im *Saint Germain* – einem Nachtklub an der Ecke Mainzer Landstraße/Weserstraße – sah das schon ganz anders aus. Ich kiffte und tanzte, bis ich alle Rhythmen und Konventionen hinter mir

21. Juli
GEDENKTAG

WIR TRAUERN UM DIE VERSTORBENEN DROGENABHÄNGIGEN

DROGENGEBRAUCHER UND DROGENGEBRAUCHERINNEN BESITZEN EBENSO WIE ALLE ANDEREN MENSCHEN EIN RECHT AUF MENSCHENWÜRDE. SIE BRAUCHEN ES NICHT ERST DURCH EIN ABSTINENTES UND ANGEPASSTES VERHALTEN ZU ERWERBEN. JES

JUNKIES EHEMALIGE SUBSTITUIERTE

AKZEPTIERENDE ELTERN

gelassen und endlich, endlich auch Sex mit wechselnden Partnerinnen hatte. Im Klub ging's erst ab halb zwei Uhr nachts richtig los, dann trafen sich da nachtschwärmende Studenten, Nutten, Zuhälter, Schwule, Lesben und Leute aus den Diskotheken, die noch Sex and Drugs and Rock 'n' Roll begehrten. Die meisten DJs kannte man, zum Beispiel Jürgen Zöller, den heutigen Drummer von BAP, der entweder zur Musik zappelte oder auf einem imaginären Schlagzeug mitspielte.

An einem milden Sonntagmorgen stand ich mit Freunden vor der Tür, den Joint schon geraucht, einen letzten Drink in der Hand, als ein Ziviler mit kalter Wut aufschlug, uns an die Hauswand stellte und haßerfüllt schimpfend filzte. Nachdem nichts gefunden worden war, nahm er unsere Gläser, warf sie auf den Gehsteig und jagte uns davon wie die Hasen. Es waren die Willkür und die ungebremste Brutalität, die einen erschreckten, seine Wut und sein Groll, dem er ungezügelt nachgeben konnte.

In den siebziger Jahren bündelten sich im *King's Club*, beherbergt in dem inzwischen zu zweifelhaften Ehren gekommenen *Fürstenhof*, bestimmte Phänomene der Musik- und Drogenszene. Ein Kuriosum war der von Lu und Christa betriebene „Kiosk" im *King's Club*, der quasi erste Headshop, in dem es jeglichen Hippie-Schnickschnack vom Räucherstäbchen über Papers bis zum Chillum gab. Die Musik war ein exzellenter Mix aus Liveacts und guten DJs. Es war das gehobene Nachtquartier einer sich gerade formierenden, überschaubaren, noch nicht verelendeten Drogenszene in der gegenüberliegenden Taunusanlage. Hier haben wir uns nachts mit LSD, Berliner Tinke und Haschisch versorgt. Natürlich war Alkohol immer dabei. Puristisches wie die Haschischszene an der Konstablerwache ist erst in den Folgejahren gewachsen. Signifikant für diese Epoche war, fand ich, die banale wie naive Begründung für den Konsum von Brown Sugar, wie die Berliner Tinke im englischen Sprachraum genannt wurde: Der Konsum von LSD zog am folgenden Tag etwas unangenehme Ups and Downs nach sich, die man mit Brown Sugar mildern konnte. „Too many people going underground, / [...] / Too many people pulled and pushed around", lautete die treffende Beschreibung von Paul McCartney.

Ich selbst hatte auch jede vernünftige Steuerung hinter mir gelassen. Demzufolge war es für mich lebensnotwendig, das Lager zu wechseln. Vier Jahre völlige Abstinenz war das adäquate Gegenmittel, das ich einem einsichtsvollen Moment auf Droge verdankte. Es verhalf mir letztlich, um einiges verspätet, zum Abitur und zum Studium. Danach habe ich alles nochmals geprüft, sortiert und neu gewichtet.

Die Drogenszenen verlagerten sich und fanden doch immer wieder ins Bahnhofsviertel zurück. Die Überforderung, das Geschehen ordnungspolitisch, das heißt mit polizeilichen Interventionen zu lösen, wurde immer augenscheinlicher. Die Verachtung für die Abhängigen erreichte in den Achtzigern mit dem „Junkie-Jogging" ihren Höhepunkt und dokumentierte die Ohnmacht von „Freunden und Helfern", aber auch von großen Teilen der Politik.

Entsolidarisierung und Verrohung gingen in der Szene Hand in Hand. Es verflüchtigten sich auch die Aussichten auf sinngebenden Widerstand gegen, sagen wir: reaktionäre gesellschaftliche Verhältnisse, die die erste Generation der Drogengebraucher getragen hatten, und es schwand jede Hoffnung auf künstlerische oder individuelle Entfaltung. Jörg Fauser markierte für mich eine Grenze in dieser Entwicklung.

SEX AND DRUGS AND ROCK 'N' ROLL : 235

236 : ULRICH GOTTSCHALK

Mit der Einführung legaler Substitution und von Konsum- beziehungsweise Kontakträumen wurde dem ordnungspolitischen Vorgehen ein gesundheitspolitischer Schwerpunkt verliehen. Mit Erfolg. Der bemißt sich nicht nur an der Minimierung der Straßenszene, sondern vor allem an der Reduzierung der Drogentoten. Die zivile und humanistisch orientierte Drogenhilfe der späten sechziger und frühen siebziger Jahre hatte sich in den Folgejahren überrumpeln lassen und ausschließlich auf strikte Abstinenz gesetzt. Ich war selbst ein gutes Beispiel dafür, daß Selbsterkenntnis und daraus abgeleitete Handlungsschritte zu jedem Zeitpunkt möglich sind, nicht erst nach dem psychophysischen Ruin, wie Synanon, Datop und andere Drogenhilfeeinrichtungen propagierten.

In den achtziger Jahren hatte sich die Symbiose von Musikkultur und Drogenszene im Bahnhofsviertel aufgelöst. Sie lebte allenfalls mit Techno und Partydrogen jenseits des Bahnhofsviertels etwas cleaner und sozialverträglicher wieder auf. Ins Bahnhofsviertel kehrt die Klubkultur als weitestgehend drogenfreies Crossover aus intellektuellen Partygängern, Prostituierten, Freiern, Schwulen und Lesben zurück.

Im Viertel haben sich bestimmte Aspekte der Drogenszene und Drogenhilfe dynamisiert und verfestigt. Jede Form von Genuß, wie sie auf sicher romantisierende, idealisierende und selbstheroisierende Weise in Burrouhgs' *Naked Lunch* beschrieben worden war, konnte schon in den Siebzigern nur noch das Elend kaschieren. Aber der Hedonismus befeuerte unsere Träume von der Individualisierung. Verschwunden war inzwischen jedwede antibürgerliche Überzeugung. Allenfalls intersubjektive Suche, häufiger wohl Verzweiflung, ist das Movens der heutigen Szene.

Ein Teil des Konsums findet nach wie vor öffentlich statt und wird oftmals in altbekannter Manier bekämpft. Der Polizist schlendert vorbei und tritt, wie zufällig oder auch nicht, die vom Junkie zum Aufkochen des Heroins umgebaute Coladose mitsamt dem Stoff in den Bordstein. Die Drogenhilfe hilft nicht, sie repariert eher. Eine wirklich durchgreifende Veränderung kann sie nicht bewirken. Zu vielschichtig – eben auch drogenpolitisch – ist die Problemlage. Der exzessive Konsum von Crack seit den neunziger Jahren treibt besondere Blüten. Schaut man sich auf www.bild.de die aktuelle Berichterstattung an, sieht man eine Frau, die sich in einer Art Veitstanz krümmt, während eine andere, zum Bordstein heruntergebeugt, wankend verharrt.

Der Konsum von Drogen verschiebt idealerweise die dünne Membran zwischen Normalem und Anderem, er kann ekstatische Zustände auslösen. Unter LSD können wir – um zwei Pole zu benennen – Göttliches oder die ewige Verdammnis erfahren. Daß mit Drogen nur das zum Vorschein gebracht wird, was wir ontogenetisch in uns tragen, scheint nicht hinnehmbar. „Jumpin' Jack Flash it's a gas gas gas ..." Es bleibt nur die Arbeit am eigenen Selbst.

Die Drogenhilfe kann ihren Klienten lediglich Hinweise auf eine solidarische Gesellschaft und ein bürgerliches Leben geben. Als Kitt bleibt sie unverzichtbar. Sisyphos scheint ihr Pate zu sein, aber die überlebenden und gefestigten Junkies sind zählbare Erfolge.

Sex and drugs ohne den Hauch von wirklichem Genuß beherrschen die Szene im Bahnhofsviertel. Die attraktive Verbindung vor allem mit Rock 'n' Roll hat sich endgültig aufgelöst.

Arrival Arrivée Frankfurt(Main)

Gleis / Track / Voie	Zeit / Time / Heure	Zug / Train	aus Richtung / From / en provenance de
9	17:32	RB 15268	Aschaffenburg 16:11 – Hanau 17:02 –
		RB 15270	Frankfurt Süd 17:26
			Sa, † als RB 15270 nur von Hanau
			* nicht 22. bis 24. Apr
17	17:35	HLB 24973	HLB 24973: Siegen 15:54 – Wetzlar 16:37 –
		HLB 24971	HLB 24971: Marburg 16:23
			Zugvereinigung in Gießen
			Gießen 16:54 – Friedberg 17:12
13	17:35	VIA 25089	Kaub 16:06 – Rüdesheim 16:23 –
	X außer Sa		Wiesbaden 17:02 – Mainz-Kastel 17:09 –
			Frankfurt-Höchst 17:29
1	17:36	ICE 26	Wien Westbf 10:36 – Passau 13:24 –
			Regensburg 14:29 – Nürnberg 15:28 –
			Würzburg 16:27 – Hanau 17:20
8	17:36	RE 3315	Saarbrücken 14:51 –
			Idar-Oberstein 15:52 – Mainz 16:59 –
			Rüsselsheim 17:08 –
			Flughafen/Airport 17:22
22	17:36	S7	Riedstadt-Goddelau 17:07 –
			Groß Gerau-Dornberg 17:16 –
			Stadion 17:27
	17:40	IC 2292	Stuttgart 16:06 –
			Bensheim 17:18 – Darmstadt 17:28
6	17:41	ICE 17	ICE INTERNATIONAL
			Bruxelles-Midi 14:25 –
			Aachen Hbf 15:39 – Köln 16:20 –
			Siegburg/Bonn 16:36 –
			Montabaur 16:57 – Limburg Süd 17:12
			Flughafen/Airport 17:31

In Frankfurt ausgestiegen,
aber nicht angekommen

HARALD HANS KÖRNER

Das Frankfurter Bahnhofsgebiet ist das pulsierende Herz der Stadt. Es ist nicht nur ein Verkehrsknotenpunkt, von dem aus täglich viele tausend Geschäftsleute und Arbeiter zu ihren Arbeitsplätzen strömen, sondern auch multikultureller Lebensmittel- und Treffpunkt zahlreicher Nationalitäten. Die prächtigen Patrizierhäuser des Bahnhofsgebietes dokumentieren Wohlstand und Stadtgeschichte.

Das Bahnhofsgebiet ist zwar nicht das attraktivste und sauberste Viertel der Stadt, aber das lebendigste und vielfältigste, bei Tag und bei Nacht. In ihm treten die Lebensqualitäten und Lebensprobleme der Stadtgesellschaft offen zutage, Reichtum, Elend und Kriminalität prallen aufeinander. In den Straßen zu bummeln ist reiz- und eindrucksvoll. Die zahlreichen Spezialitätenrestaurants, die Obst- und Gemüsehändler, die Fisch- und Feinkostläden, die Schmuckläden, Nachtbars und Wettbüros verleihen den Hauptstraßen des Viertels die Atmosphäre eines orientalischen Basars.

In den Seitenstraßen ist jedoch in billigen Kneipen und Absteigen des Rotlichtviertels das Elend zu Hause. Hier treffen sich Menschen, die am Hauptbahnhof zwar aus dem Zug gestiegen, aber in dieser Stadt nie richtig angekommen sind. Sozial entwurzelte, vereinsamte und verzweifelte Menschen ohne Wohnung, ohne Arbeit, ohne Geld und ohne Zukunft verkriechen sich in den Katakomben des Bahnhofsgebäudes und in den Einrichtungen der Drogenhilfe oder der Bahnhofsmission, während ein paar Straßen weiter die Bankenhochhäuser und Kontenguthaben in den Himmel wachsen. Um ihr grausiges Elend zu vergessen, betäuben sich viele mit Alkohol, Rauschgiften oder Arzneimitteln, die sie durch Straftaten an sich gebracht haben.

Viele Menschen sehen in der Staatsanwaltschaft eine Art Reisebüro, deren Mitarbeiter kleine und große Straftäter im Gefängnis unterbringen. Das ist jedoch ein Zerrbild. So, wie die Feuerwehr nicht nur Brände löscht, sondern auch entgleiste Züge wieder aufs Gleis setzt und vielfältige Katastrophenhilfe leistet, kämpft auch die Staatsanwaltschaft nicht nur gegen das Verbrechen und stellt Strafanträge, sondern bemüht sich auch darum, sozial entgleisten und kranken Menschen Lebenshilfe und Therapien anzubieten, um sie wieder auf den rechten Weg zu bringen. In einem freiheitlichen Staat kann die Aufgabe von Polizei und Staatsanwaltschaft nicht allein sein, das Leben von Betäubungsmittel konsumierenden Bürgern mit einem lückenlosen Netz von zum Teil schwerverständlichen Vorschriften und mit Kontrolle und Überwachung so lange zu überziehen, bis sich der Bürger im Labyrinth der Vorschriften verirrt. Bei einer modernen, bürgernahen Staatsanwaltschaft müssen Drogenhilfe und Prävention Vorrang vor der Repression haben. So hat die Staatsanwaltschaft neben der

Strafverfolgung von Drogendealern auch die Aufgabe, drogenabhängigen Menschen Wege aus ihrer für sie ausweglosen Situation aufzuzeigen, Möglichkeiten, wie sie durch Hilfs- und Therapiebemühungen gesunden und wieder am gesellschaftlichen Leben teilnehmen können.

Als in der achtziger und neunziger Jahren die Drogenabhängigen das Bahnhofsgebiet, die Parkanlagen und die Bankenhochhäuser belagerten, als die Zahlen der Drogentoten exorbitant anstiegen, beteiligten sich die Frankfurter Staatsanwaltschaft und Polizei in der vom städtischen Drogenreferat geleiteten Montagsrunde an mannigfachen Hilfs- und Therapieprojekten. Diese Bestrebungen warfen jedoch schwierige Rechtsfragen auf. Denn die Hilfen für die zumeist aidskranken Fixer – die Vergabe von Einmalspritzen, das Fixen in Übernachtungseinrichtungen, die ärztliche Substitutionsbehandlung mit Polamidon und Methadon nebst psychosozialer Begleitung, die Einrichtung von Krisenzentren und Konsumräumen, die ärztlich kontrollierte Vergabe von Heroin – verstießen gegen die Normen des Betäubungsmittelgesetzes, über deren Einhaltung die Staatsanwaltschaft zu wachen hatte. Dennoch erschienen viele dieser Maßnahmen erkennbar hilfreicher als eine blinde Strafverfolgung mit dem Drehtüreffekt, der die Drogenabhängigen nach der Konfiszierung des Stoffes, nach Bestrafung und nach der Haftentlassung suchtbedingt der nächsten Dosis hinterherjagen ließ. Die Erkenntnis, daß gerade die verschmutzten Spritzen und das verschmutzte Straßenheroin den Drogentod begünstigen, daß Drogenkranke nicht mit Strafen, sondern nur mit ärztlicher Behandlung geheilt werden können und daß ein AIDS-Virus nicht dem Gesetz gehorcht, erzwang bei der Staatsanwaltschaft in Frankfurt die Einsicht, daß innovative Lösungswege beschritten und eine zeitgemäße Gesetzesauslegung erfolgen mußten. Mit einer Serie von Rechtsgutachten wurden Grundsätze wie „Therapie statt Strafe", „Drogenhilfe statt Strafe" und „Zurückstellung der Strafvollstreckung zugunsten der Therapie" entwickelt und mit dem hessischen Justizministerium und allen Frankfurter Strafverfolgungsbehörden abgestimmt. Es wurden Rechtsgrundlagen für die Frankfurter Drogenprojekte erarbeitet, die nach zahlreichen Widerständen und Anfeindungen später von vielen Städten übernommen und vom Bundesgesetzgeber in neue gesetzliche Vorschriften umgesetzt wurden.

Der Frankfurter Weg, der von sämtlichen mit Drogenproblemen in dieser Stadt befaßten Behörden und Einrichtungen in den letzten zwanzig Jahren gemeinsam beschritten und von allen Parteien im Stadtparlament unterstützt wurde, hat weder die Drogenprobleme aus der Welt geschafft noch das Bahnhofsgebiet von Alkoholikern und Drogenabhängigen befreit. Er hat aber die Zahl der Drogentoten und der Drogenkranken stark verringert. Er lindert die vielfältigen Gesundheitsprobleme, sorgt für einen menschenwürdigen Umgang mit Drogenabhängigen und vermittelt ihnen die Hoffnung, daß sie in Frankfurt angekommen sind und ihre Drogensucht schrittweise überwinden können. ∴

IN FRANKFURT AUSGESTIEGEN, ABER NICHT ANGEKOMMEN : 241

Drogenkonsumräume

.... JÜRGEN KLEE

Drogen sind aus dem Bahnhofsviertel weder wegzudenken noch wegzuschaffen. Das Viertel lebt von Gegensätzen, wie alle Beiträge dieses Buches verdeutlichen. Auch Heroin-, Crack- und TablettenkonsumentInnen sind wie Alkoholabhängige Teil der Bestandskultur des Karrees zwischen Mainzer Land- und Münchener Straße, Taunusanlage und Hauptbahnhof. Der Kaisersack ist seit Jahrzehnten Treff- und Sammelpunkt verschiedenster Menschen, die den öffentlichen Raum nutzen, um zu kommunizieren.

DrogenkonsumentInnen prägen mancherorts die Gegend rund um den Hauptbahnhof, weil man dort oft in großen Menschenansammlungen gut untertauchen kann. Da der Kauf von Drogen überall illegal ist, begibt man sich besser in eine Menschenmenge. Maßnahmen dagegen werden wohl so lange scheitern, bis die gesetzlichen Bestimmungen geändert werden.

Lange konnte man sich auch nicht vorstellen, daß es einmal Einrichtungen geben würde, in denen Heroin injiziert wird. Deren Betrieb beruht einerseits auf dem Gedanken der Kontrolle, andererseits und wesentlich auf der Angst vor AIDS und anderen Infektionskrankheiten. Dort kann auf die Menschen eingewirkt werden: mit der Ausgabe hygienischer Artikel wie steril verpackter Spritzen und Nadeln, aber auch durch Informationen und die Unterstützung bei der Vermittlung eines Entgiftungsplatzes oder einer stationären Entwöhnungstherapie. Drogenkonsumräume heißen diese Einrichtungen nun offiziell. Im Bahnhofsviertel sind gleich vier notwendig, um Versorgung und Hilfe sicherzustellen. In der Niddastraße, der Elbestraße, der Moselstraße und am Platz der Republik wurden sie eingerichtet, weil hier die offene Drogenszene lebt – und nicht umgekehrt.

Verelendung und Infektionsgefahren nahmen während der achtziger Jahre überall dermaßen zu, daß die Regierung mit Bundesmodellprojekten versuchte, die Reichweite der Drogenhilfe zu erhöhen und sie den Menschen näherzubringen. Sogenannte niedrigschwellige Einrichtungen mußten entstehen, weil die Menschen sich kaum mehr an die etablierten wandten. In den neugeschaffenen Kontaktcafés, Notschlafstellen und Aufenthaltsräumen, die von drogengebrauchenden Menschen förmlich überrannt wurden, entstanden sozusagen notwendigerweise Drogenkonsumräume, zunächst illegal, aber teilweise geduldet beziehungsweise nicht kontrollierbar. Später wurden sie mehr und mehr in gesetzlich anerkannte Einrichtungen verwandelt.

Gerade in Frankfurt wurde diese Entwicklung forciert, indem auch die hiesige Staatsanwaltschaft wichtige bewußtseinsbildende und rechtliche Vorarbeiten leistete: „Wer nur die hygienischen Konsumbedingungen verbessert und den Menschen hilft, soll nicht angeklagt und juristisch verfolgt werden", lautete der Tenor eines strafrechtlichen Gutachtens, das in Frankfurt von 1994 bis zur bundesgesetzlichen Regelung im Jahre 2000

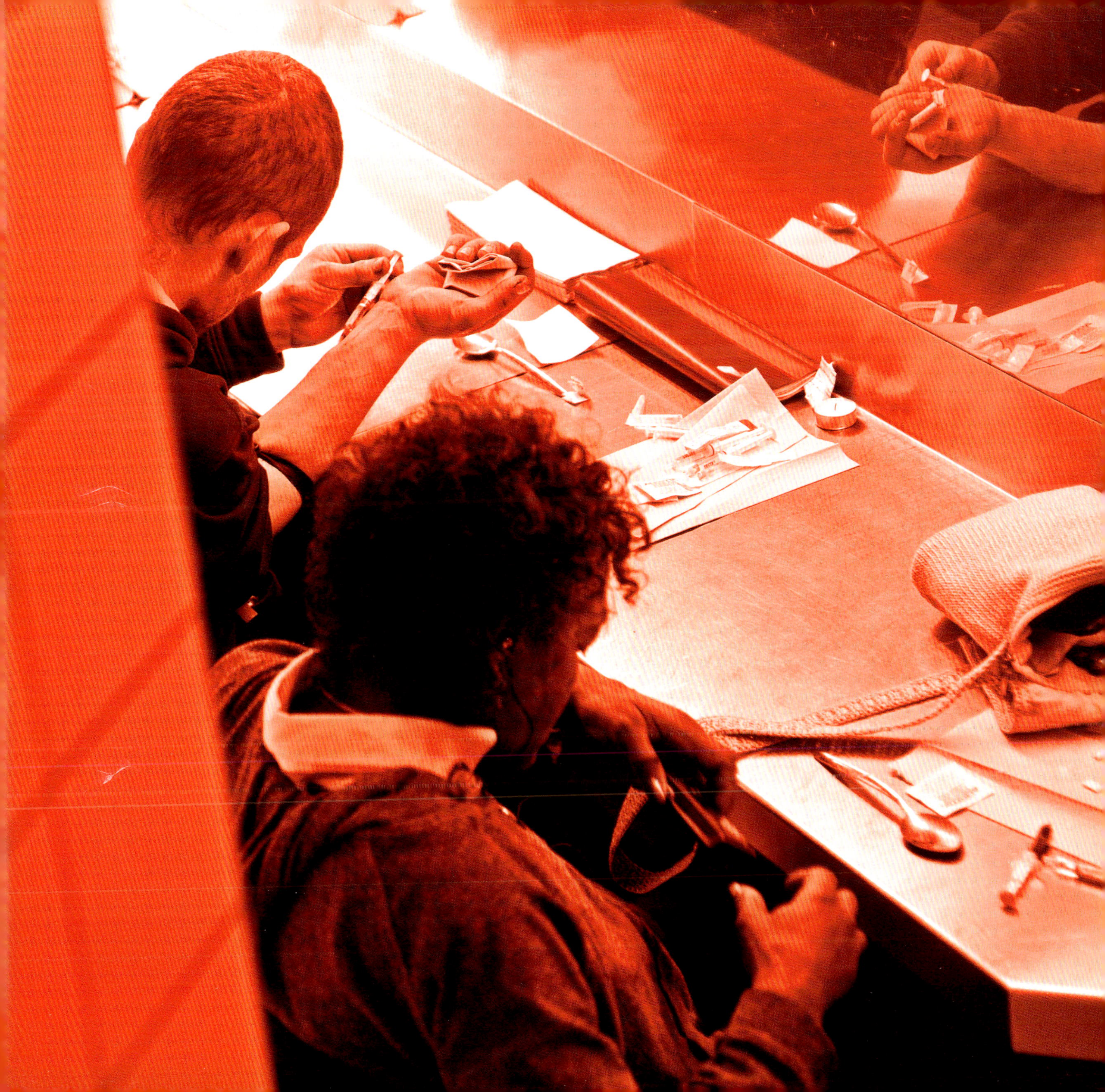

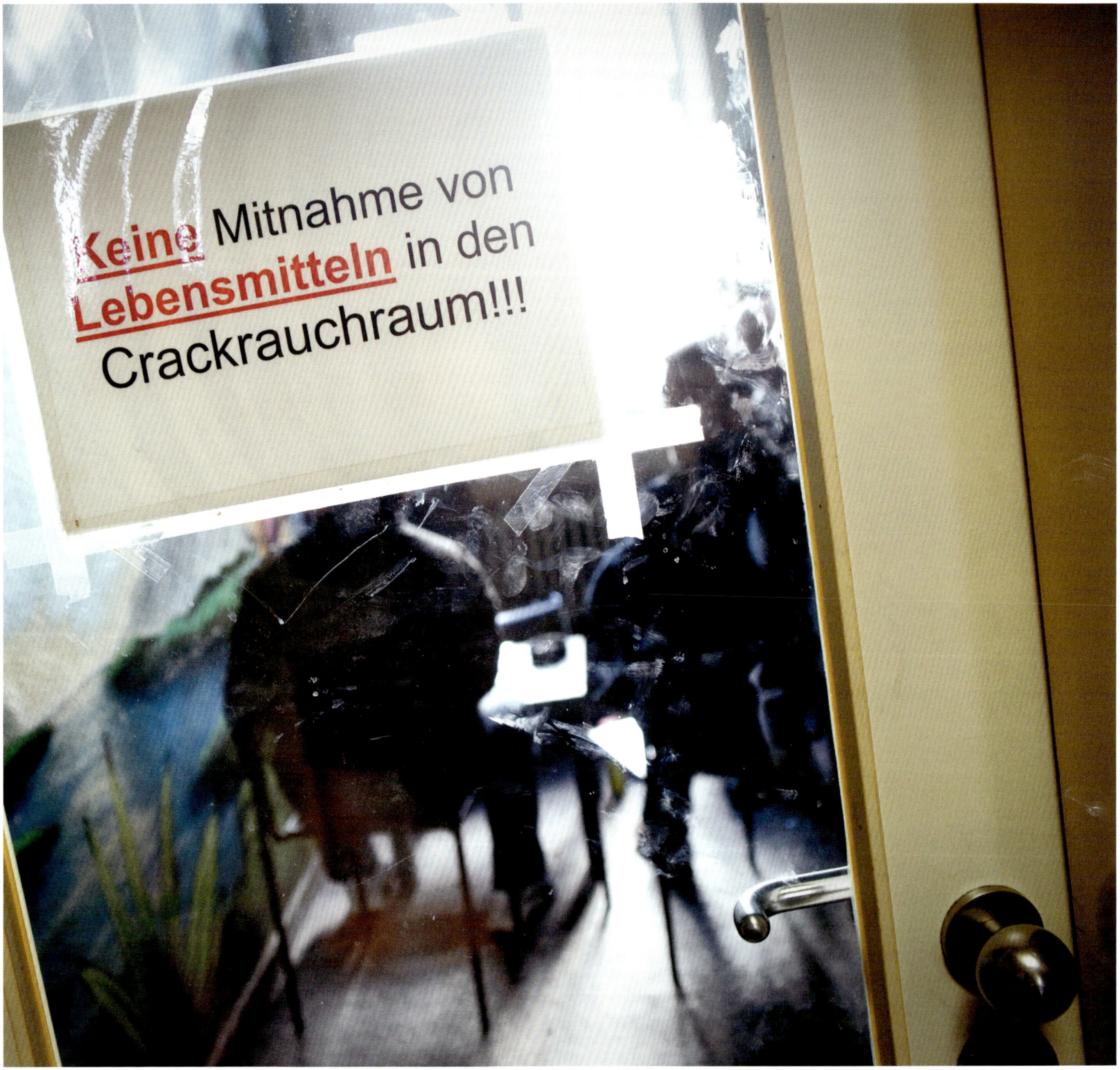
Keine Mitnahme von
Lebensmitteln in den
Crackrauchraum!!!

als Rechtsgrundlage für den Betrieb der Druckräume diente. Der Ablauf wurde organisiert, und es wurden die zum intravenösen Konsum benötigten Materialien ausgegeben: neben Spritzen und Nadeln unterschiedlicher Länge und Dicke Venenstauer, Ascorbinsäurepulver, Kochsalzlösung, saubere Löffel und Unterlagen. Um die Ausbreitung des HI-Virus zu verhindern, wurden gebrauchte Spritzen gegen sterile eingetauscht. So schließt man eine weitere Verwendung aus, und die benutzten Teile werden ordnungsgemäß entsorgt.

Nachdem Frankfurt und Hamburg auf Grund der großen offenen Drogenszenen lange Zeit eine Vorreiterrolle einnehmen mußten, sind seit dem Jahre 2000 mittlerweile fünfundzwanzig Einrichtungen in vierzehn weiteren Städten in Betrieb genommen worden. Dadurch werden Menschenleben gerettet. Alle MitarbeiterInnen sind zu Drogennotfallhelfern ausgebildet, so daß beispielsweise bei einer Atemdepression, einer häufigen Folge von hohem Heroinkonsum, mit einem Beatmungsbeutel Erste Hilfe geleistet werden kann. Auch epileptische Anfälle sind nicht selten. Die Betroffenen werden bis zum Eintreffen des Notarztes mit einem Beißkeil vor Verletzungen geschützt. So konnten in Drogenkonsumräumen pro Jahr mindestens zweihundertsechzig Menschenleben gerettet werden. Ohne sofortiges Eingreifen der MitarbeiterInnen wäre jede andere Hilfe unweigerlich zu spät gekommen.

Drogenkonsumräume bieten Vorteile für alle. DrogengebraucherInnen halten sich längere Zeit in Einrichtungen auf, werden betreut, zu Verhaltensänderungen motiviert und erhalten saubere Materialien. Sie finden einen Ort vor, an dem sie angenommen werden und ihre Anliegen vorbringen können – einen Schutz- und Ruheraum abseits des hektischen und stressigen Szenelebens.

Neben den gesundheitspolitischen Zielen wie Infektionsschutz, Notfallhilfe, Hygiene, Konsumreduktion und Abstinenzmotivation wurden von kommunalpolitischer Seite immer auch ordnungspolitische Zielsetzungen mit der Einrichtung derartiger Angebote verknüpft und umgesetzt: Entlastung des öffentlichen Raumes, Kontrolle und Reduzierung der Szene und der damit verbundenen Belästigungen/Verschmutzungen, Eindämmung infektiöser Krankheiten wie Hepatitis und HIV. Darüber hinaus leisten Drogenkonsumräume einen entscheidenden und erfolgreichen Beitrag zur Überlebenshilfe und zur Risikominimierung beim Konsum illegalisierter Drogen.

So wichtig Drogenkonsumräume für die KonsumentInnen und eine professionelle Drogenhilfe auch sind: Es bleibt eine Illusion, daß sich alles vom öffentlichen und sichtbaren Raum sozusagen ins Private und Unsichtbare verlagern läßt. Neben den vielen glänzenden und glanzvollen Seiten des Bahnhofsviertels gibt es auch diejenigen, auf die der Schatten fällt. Der Konsum auf Straßen und Plätzen läßt sich reduzieren und verdrängen. Ohne eine mutige gesetzliche Neubewertung wird es ihn aber so lange geben, wie alles außer dem Akt des Konsums strafbar ist.

Auch wenn es im Viertel immer wieder zu unerwünschten und unschönen Szenen und Ansammlungen kommt – die übergroße Zahl der, realistisch geschätzt, acht- bis zehntausend Frankfurter DrogenkonsumentInnen konsumiert verantwortungsvoll und unauffällig. Sonst wäre das sichtbare Elend ein vielfaches.

BIOGRAPHIEN

DIE HERAUSGEBER

JÜRGEN LENTES lebt seit 1985 in Frankfurt am Main. 2008 erschien im B3-Verlag das von ihm herausgegebene Buch *beim apfelwein – Geschichten aus Frankfurter Wirtschaften*. *Die Furie der Funktionalisierung* – Originalbeitrag, © Jürgen Lentes

JÜRGEN ROTH, geboren 1968, lebt als Schriftsteller in Frankfurt am Main. Jüngste Veröffentlichung: *Sie Düffeldoffel da! – Herbert Wehner – Ein komischer Heiliger* (München 2010). *Raddatz rockt* und *Ein Überbleibsel* – Originalbeiträge, © Jürgen Roth

DIE PHOTOGRAPHEN

THOMAS GOOS verdient seit 1973 sein Brot als Werbephotograph. In Groß-Gerau und auf Mallorca betreibt er Photostudios, in denen schon reichlich Prominenz zu Gast war. Seine große Leidenschaft ist der Boxsport. Weitere Bilder von ihm auf www.studio-goos.de.

ANDREAS STIMPERT, geboren 1963, arbeitet seit 2007 als freier Photograph in der Mainmetropole. Seit 2005 verfolgt er mit „Frankfurt Vertikal" die Ausdehnung der Stadt nach oben. Zahlreiche Ausstellungen. Mehr zu sehen ist auf www.stimpert-fotografie.de.

DER GESTALTER

ROBIN PILLMANN, geboren 1974, lebt als freiberuflicher Graphikdesigner seit elf Jahren in Frankfurt am Main und ist für verschiedene Werbeagenturen tätig. Neben diversen Büchern, die er in den vergangenen Jahren für den B3-Verlag gestaltet hat, stammen auch die Motive des Bembel-Kalenders von ihm. www.digitales-handwerk.de

DIE AUTOREN UND ZEICHNER

MATTHIAS ALTENBURG, geboren 1958, lebt als Schriftsteller, Kritiker und Essayist in Frankfurt am Main. Jüngst erschien unter dem Pseudonym Jan Seghers *Die Akte Rosenherz* (Reinbek 2010). *Abends in Deutschland* und *Blaue Stunde* – aus: *Irgendwie alles Sex* (Köln 2002), © Matthias Altenburg

JAKOB ARJOUNI wurde 1964 in Frankfurt am Main geboren. Zuletzt erschien *Kismet* (Zürich 2009). *Happy birthday, Türke!* (Titel von den Herausgebern) – aus: *Happy birthday, Türke!* (Zürich 1987), © Diogenes Verlag AG

DIETER BARTETZKO, geboren 1949, arbeitet als Redakteur im Feuilleton der *Frankfurter Allgemeinen Zeitung*. Zuletzt erschien u. a. *Türme, Paläste und Kathedralen – Eine Zeitreise durch die Geschichte der Architektur* (Frankfurt/Main 2008). *Du oder ich – Die Botschaft eines architektonischen Invaliden des Bahnhofsviertels* – Originalbeitrag, © Dieter Bartetzko

ANGELIKA BARTH lebt seit 1984 in Frankfurt am Main und ist seitdem als Reisende für einen bekannten Verlag tätig. *Noch zu früh für Rudi* – Originalbeitrag, © Angelika Barth

STEFAN BEHR wurde 1966 in Offenbach geboren, lebt unterdessen in Frankfurt am Main und schreibt für die *Frankfurter Rundschau*. *Laterna magica* – Originalbeitrag, © Stefan Behr

MATTHIAS BELTZ, geboren 1945, gestorben 2002. Kabarettist und Mitbegründer des Frankfurter Varietés *Tigerpalast*. *Musik und Gebüsch* (Titel von den Herausgebern) – aus: *Gut/Böse – Gesammelte Untertreibungen* (Frankfurt/Main 2004), © Zweitausendeins

THORSTEN BENKEL, Soziologe an der Goethe-Universität. Jüngst erschienen (als Hg.): *Das Frankfurter Bahnhofsviertel – Devianz im öffentlichen Raum* (Wiesbaden 2010). *Interaktionsgeheimnisse – Mythen des Alltags in der Laufhausprostitution* – Originalbeitrag, © Thorsten Benkel

MATTHIAS BISCHOFF, geboren 1962 bei Bad Mergentheim, arbeitet als Lektor im Eichborn Verlag. *Kaiser Sixty-six* – Originalbeitrag, © Matthias Bischoff

HEINER BOEHNCKE, geboren 1944, lebt als freier Autor und Literaturwissenschaftler in der Nähe von Frankfurt am Main. Zuletzt erschien (gemeinsam mit Hans Sarkowicz) *Die Geschichte Hessens* (Frankfurt/Main 2010). *Kultur und Bahn* – Originalbeitrag, © Kultur & Bahn e. V.

PETER O. CHOTJEWITZ, 1934–2010, Schriftsteller und Übersetzer, lebte seit 1995 in Stuttgart. Jüngst erschien *Fast letzte Erzählungen 4* (Berlin 2010). *Kapitel 71* – aus: *Das Wespennest* (Hamburg 1999), © Cordula Güdemann

EVA DEMSKI lebt als Schriftstellerin und Journalistin in Frankfurt am Main. Zuletzt erschien *Gartengeschichten* (Frankfurt/Main 2009). *Bahnhofsviertel* (Titel von den Herausgebern) – aus: *Scheintod* (München 1984), © Eva Demski

ANDREAS DOSCH wurde 1964 in Frankfurt am Main geboren. Filmredakteur beim Stadtmagazin *Journal Frankfurt*. *Der berühmte Zug nach nirgendwo* – Originalbeitrag, © Andreas Dosch

STEFAN GEYER, geboren 1953, war Buchhändler und Verlagsmitarbeiter, lebt in Frankfurt am Main. *Wo Haare sind, ist Freude* – Originalbeitrag, © Stefan Geyer

ULRICH GOTTSCHALK, geboren 1949, arbeitet seit 1998 als Berater und Geschäftsführer bei einem Drogenhilfeträger in Frankfurt am Main. *Sex and Drugs and Rock 'n' Roll* – Originalbeitrag, © Ulrich Gottschalk

GRESER & LENZ leben und arbeiten als Cartoonisten in Aschaffenburg. Ihre Witze erscheinen in der *Titanic*, der *Frankfurter Allgemeinen Zeitung* und im *stern*. Zuletzt erschien *Hurra, die Krise ist vorbei!* (München 2009). *Lola Club, zum Essen zur Mutter*, © Greser & Lenz

BIOGRAPHIEN

SEVERIN GROEBNER, geboren 1969 in Wien, lebt als Autor und Kabarettist in Frankfurt am Main. *Willkommen und Abschied* – Originalbeitrag, © Severin Groebner

THOMAS GSELLA, 1958 in Essen geboren, lebt als Satiriker und Schriftsteller in Aschaffenburg. Zuletzt erschien *Blau unter Schwarzen – Gsellammelte Prosa I* (Köln 2010). *Das Ereignis* – aus: *Blau unter Schwarzen – Gsellammelte Prosa I* (Köln 2010), © DuMont Buchverlag GmbH & Co. KG; *Der Überfall* – Originalbeitrag, © Thomas Gsella

KAI GUTHKE, geboren 1967 in Frankfurt am Main, arbeitet seit 2004 ebenda als Rechtsanwalt mit Schwerpunkt im Strafrecht und seit 2006 als Lehrbeauftragter an der Fachhochschule Frankfurt am Main. *Vor dem Gesetz oder im Recht?* – Originalbeitrag, © Kai Guthke

TERESA HABILD, geboren 1979 in München. Arbeitet als freie Illustratorin in Offenbach und zeichnet seit 2007 wöchentlich Cartoons für die *Frankfurter Allgemeine Zeitung*. *Willkommen in Frankfurt/Main Hauptbahnhof* – Originalbeitrag, © Teresa Habild

HAUCK & BAUER leben und arbeiten als Witzemacher in Berlin und Frankfurt am Main. Ihre Cartoons erscheinen in der *Frankfurter Allgemeinen Sonntagszeitung*, der *Titanic* und auf Spiegel Online. Jüngste Buchveröffentlichung: *Hier entsteht für Sie eine neue Sackgasse* (München 2010). *Eintracht vom Main* – Originalbeitrag, © Hauck & Bauer

ALBAN NIKOLAI HERBST, geboren 1955, lebt als Dichter, Autor, Librettist und Rundfunkregisseur in Berlin. Zuletzt erschienen die beiden Erzählungsbände *Selzers Singen* und *Azreds Buch* (Berlin 2010). *Sauna & Fleisch* – aus: *Die Verwirrung des Gemüts* (München 1983), © Alban Nikolai Herbst

LUDWIG HOMANN lebt als freier Schriftsteller im niedersächsischen Glandorf. Zuletzt erschien *Befiehl dem Meer* (Berlin 2006). *Initiation am Hauptbahnhof* – Originalbeitrag, © Ludwig Homann

HENRY JAEGER, geboren 1927 in Frankfurt-Bornheim als Karl-Heinz Jaeger, gestorben 2000 in Ascona. In den fünfziger Jahren Anführer der sogenannten Jaeger-Bande. Veröffentlichte nach seiner Haftentlassung zahlreiche Bestseller. *You have a car?* (Titel von den Herausgebern) – aus: *Nachruf auf ein Dutzend Gauner* (München/Gütersloh/Wien 1975), © Elke Jaeger-Dürr

CHRISTIAN JÖRICKE, geboren 1976, lebt als freier Journalist in Trier, wo er u. a. die Online-Zeitung www.16vor.de mitherausgibt. *Früher war die Currywurst am Koblenzer Hauptbahnhof besser* – Originalbeitrag, © Christian Jöricke

JÜNGER & SCHLANKER sind der Wuppertaler Cartoonist POLO (geboren 1959) und der Hamburger Autor und Satiriker Andreas Greve (geboren 1953). Seit Sommer 2009 arbeiten sie zusammen. Ihre Cartoons erscheinen im *Eulenspiegel*, *Nebelspalter*, in der *Titanic*, auf Spiegel Online und andernorts. *Straßenstrich* – Originalbeitrag, © Jünger und Schlanker

SVEN KEMMLER, geboren 1968, lebt als Autor und Kabarettist in München. Jüngst erschien der Roman *Und was wirst du, wenn ich groß bin?* (München 2010). *Lied über den Bahnhofskiosk an Gleis 6* – Originalbeitrag, © Sven Kemmler

BODO KIRCHHOFF, geboren 1948 in Hamburg, lebt und arbeitet als freier Schriftsteller in Frankfurt am Main und am Gardasee. Zuletzt erschien *Erinnerungen an meinen Porsche* (Hamburg 2009). *Zehn Minuten vergehen* – aus: *Die Einsamkeit der Haut* (Frankfurt/Main 1981), © Suhrkamp Verlag

KITTYHAWK, 1972 in Recklinghausen geboren, lebt und arbeitet seit 2000 in Berlin. Ihre Cartoons erscheinen u. a. in *Zitty*, *Titanic*, auf Spiegel Online und in der *Sächsischen Zeitung*. *Happyaua*, © Kittyhawk

JÜRGEN KLEE, Jahrgang 1958, Dipl.-Politologe, ist seit zwanzig Jahren als Mitarbeiter der AIDS-Hilfe Frankfurt e. V. im Bahnhofsviertel tätig. Er leitet seit 1994 das La Strada – Drogenhilfe & Prävention. *Drogenkonsumräume* – Originalbeitrag, © Jürgen Klee

HARALD HANS KÖRNER, geboren 1944 in Mainz, seit 1974 Staatsanwalt, von 1989 bis 2009 Oberstaatsanwalt mit dem Schwerpunkt Drogendelikte in Frankfurt am Main. *In Frankfurt ausgestiegen, aber nicht angekommen* – Originalbeitrag, © Harald Hans Körner

ERICH KUBY, 1910 in Baden-Baden geboren und 2005 in Venedig gestorben, war einer der bedeutendsten linken Publizisten und Journalisten der Bundesrepublik. *Das Mädchen Rosemarie* – aus: *Mein ärgerliches Vaterland – Eine Chronik der Bundesrepublik – Mit einem Nachwort von Peter O. Chotjewitz* (Berlin 2010), © Aufbau Verlag GmbH & Co. KG

PETER KUPER lebte als passionierter Autodieb, Lebenskünstler und Kneipier in Frankfurt am Main, starb 2008. 1980 erschien im März Verlag (zusammen mit Jörg Schröder) sein Buch *Hamlet oder Die Liebe zu Amerika*. *Lebenslänglich* (Titel von den Herausgebern) – aus: *Hamlet oder Die Liebe zu Amerika*, © Barbara Kalender

PETER KURZECK, geboren 1943, lebt und arbeitet als Schriftsteller in Frankfurt am Main und im französischen Uzès. Jüngst erschien das Hörbuch *Da fährt mein Zug – Peter Kurzeck erzählt* (Berlin 2010). *Das zeitweilige Nachleben der ehemaligen Vergangenheit in Bildern* – aus: *Mein Bahnhofsviertel* (Frankfurt/Main 1991), © Stroemfeld/Roter Stern

ANNE LEMHÖFER, geboren 1978, arbeitet als Redakteurin bei der *Frankfurter Rundschau* sowie als freie Autorin für den Reiseteil der *Zeit* und das Magazin *Neon*. *Bleiben oder gehen?* – Originalbeitrag, © Anne Lemhöfer

LUDWIG LUGMEIER, geboren 1949, lebt in Berlin. 2005 erschien seine Autobiographie *Der Mann, der aus dem Fenster sprang – Ein Leben zwischen Flucht und Angriff*. *Wenn der Kobold kichert* (Titel von den Herausgebern) – aus: *Der Mann, der aus dem Fenster sprang – Ein Leben zwischen Flucht und Angriff* (München 2005), © Verlag Antje Kunstmann GmbH

BIOGRAPHIEN

ANDREAS MAIER wurde 1967 in Bad Nauheim geboren und lebt in Frankfurt am Main. Jüngst erschien sein Roman *Das Zimmer* (Berlin 2010). *Altbauglück* – Originalbeitrag, © Andreas Maier

MARTIN MOSEBACH, geboren 1951, lebt als Schriftsteller in Frankfurt am Main. Zuletzt erschien sein Roman *Was davor geschah* (München 2010). *Im Hotel Metropol* (Titel von den Herausgebern) – aus: *Der Nebelfürst* (Frankfurt/Main 2001), © Eichborn AG

CHRISTOPH PALMERT, geboren 1981, studiert Soziologie an der Goethe-Universität in Frankfurt und arbeitet als Trainee bei S.T.E.P. in Bad Nauheim. *Las Vegarisierung – Devianz als Attraktion* – Originalbeitrag, © Christoph Palmert

ARI PLIKAT, geboren 1958, lebt als Cartoonist und Illustrator in Dortmund. Cartoons u. a. für *Titanic*, *taz*, *Eulenspiegel*, *Zitty*, *Pardon*, *Tagesspiegel*, *Frankfurter Allgemeine Zeitung*, Spiegel Online. Zuletzt erschien *Jetzt kommt das Beste!* (Hamburg 2009). *Blau*, © Ari Plikat

JÜRGEN PLOOG, 1935 in München geboren, lebt in Frankfurt am Main. Neben Essays veröffentlichte er zuletzt *Undercover* (Braunschweig 2005). *Nächte im Nizza* – Originalbeitrag, © Jürgen Ploog

RATTELSCHNECK sind die 1963 geborenen Marcus Weimer und Olav Westphalen. Cartoons u. a. in *Titanic*, *Kowalski*, *Zeit-Magazin* und *Wochenpost*. Zuletzt erschien *Helden und Geschichten – Ein großes Rattelschneck-Buch* (Hamburg 2009). *Slibulsky und ich*, © Rattelschneck

NORBERT ROJAN arbeitete als Buchhändler, in diversen Verlagen sowie dem Börsenverein des Deutschen Buchhandels, bevor er 2005 den B3-Verlag gründete. *Titanen oder: Gut, daß wir einen Atlas haben* – Originalbeitrag, © Norbert Rojan

STEPHAN RÜRUP lebt und arbeitet in Münster und Frankfurt am Main. Seit 2000 Redakteur und Zeichner beim Satiremagazin *Titanic*. Cartoons und Karikaturen für *Welt am Sonntag*, *Journal Frankfurt*, *Metallzeitung*, *Zitty*, *Absatzwirtschaft* u. v. a. *Neulich im Bahnhofsviertel*, © Stephan Rürup

TORSTEN SCHILLER, geboren 1941, war von 1972 bis 1981 zunächst stellvertretender, ab 1974 Leiter des Ordnungsamtes der Stadt Frankfurt am Main. 1981 wechselte er die Seiten und arbeitet seither als niedergelassener Rechtsanwalt ebenda. *Härtere Bandagen* (Titel von den Herausgebern) – Originalbeitrag, © Torsten Schiller

WOLFGANG SCHIVELBUSCH, geboren 1941 in Berlin, lebt seit 1973 als Historiker und Publizist in New York. Zuletzt erschien *Entfernte Verwandtschaft – Faschismus, Nationalsozialismus, New Deal 1933–1939* (München 2005). *Eintritt in die Stadt: Der Bahnhof* – aus: *Geschichte der Eisenbahnreise – Zur Industrialisierung von Raum und Zeit im 19. Jahrhundert* (München 1977), © Carl Hanser Verlag

UVE SCHMIDT, geboren 1939 in Wittenberg, lebt seit 1967 als freier Texter und Schriftsteller in Frankfurt am Main. Er schreibt für die Internetliteraturzeitung Glanz und Elend die Kolumne „Volk ohne Traum", ein monatliches Statement mit Sommerpause. *Die Rache der verschmähten Braut* – Originalbeitrag, © Uve Schmidt

OLIVER MARIA SCHMITT, geboren 1966 in Heilbronn, lebt in Frankfurt am Main. 2011 erscheint das USA-Reisebuch *Wo verdammt ist Uncle Eddie?* (Berlin). *Irgendwas Braunes* – für dieses Buch überarbeiteter Auszug aus *Der beste Roman aller Zeiten* (Berlin 2009), © Oliver Maria Schmitt

CHRISTOPH SCHRÖDER, geboren 1973, lebt als Literaturredakteur des *Journal Frankfurt* sowie als freier Autor und Kritiker in Frankfurt am Main. Er veröffentlichte gemeinsam mit Katja Kupfer *Unsere Stadt – Frankfurt in vier Spaziergängen* (Frankfurt/Main 2007). *Disneyland der selbsternannten Bohème* Originalbeitrag, © Christoph Schröder

HUBERT SPIEGEL, geboren 1962 in Essen, arbeitet als Deutschlandkorrespondent im Feuilleton der *Frankfurter Allgemeinen Zeitung*. Jüngst erschien (als Hg.) *Kafkas Sätze* (Frankfurt/Main 2009). *Tante Mohrle* – Originalbeitrag, © Hubert Spiegel

MARK-STEFAN TIETZE, geboren 1966 in Siegen, ist Redakteur der *Titanic*. Zuletzt erschien (als Mitherausgeber) *Titanic – Das endgültige Satirebuch – Das Erstbeste aus 30 Jahren* (Reinbek 2009). *Wo Elvis und ich gerne hingehen* – Originalbeitrag, © Mark-Stefan Tietze

SILKE WUSTMANN, Historikerin und Kunsthistorikerin. Seit vielen Jahren zahlreiche Frankfurt-Führungen für die unterschiedlichsten kulturellen Institutionen. Im B3-Verlag veröffentlichte sie *Frankfurter Liebespaare* (2008) und, gemeinsam mit Christian Setzepfandt, *Frankfurter ArchitekTour* (2009). *Ist der Ruf erst ruiniert … – Schlaglichter auf die Geschichte des Bahnhofsviertels* – Originalbeitrag, © Silke Wustmann

PETER ZINGLER lebt und arbeitet seit seiner letzten Haftentlassung 1985 in Frankfurt am Main als Journalist, Regisseur sowie Buch- und Filmautor. Im B3-Verlag erschien (als Hg.) *Rotlicht im Kopf – Das Sudfaß – Über das berühmteste Bordell der Welt und warum Männer in den Puff gehen* (2010). *Maus und Katz* – Originalbeitrag, © Peter Zingler

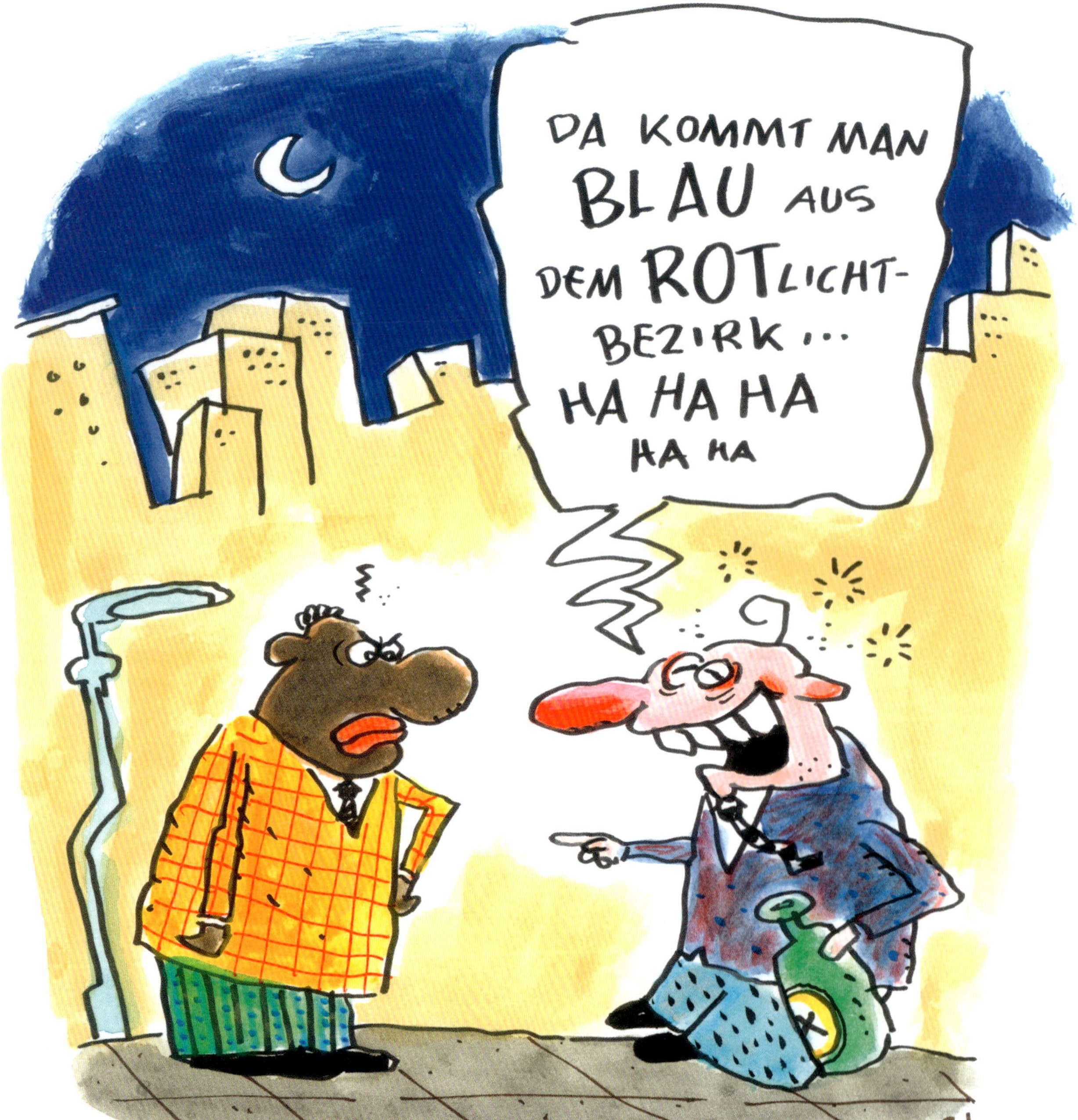
DA KOMMT MAN BLAU AUS DEM ROTLICHT-BEZIRK... HA HA HA HA HA

EIIINTRACHT VOM MAAIIIN! NUR DUUU SOLLST HEUTE SIIIIEEEGEN!
FRANKFURT
Wir drücken Euch die Daumen, Schatz!
Ich wußte gar nicht, daß Dein Mann Eintracht-fan ist.
Ach Quatsch, der fährt wieder ins Bahnhofsviertel
H&B